23. 4. 2015

Ausführliche Informationen über
unsere Autoren und Bücher
finden Sie auf unserer Website
www.dtv.de

Michael Wolffsohn

Zum Weltfrieden

Ein politischer Entwurf

Mit 10 Abbildungen

Deutscher Taschenbuch Verlag

Dieses Buch ist auch als E-Book erhältlich.

Originalausgabe 2015
© Deutscher Taschenbuch Verlag GmbH & Co. KG,
München

Umschlagkonzept: Balk & Brumshagen
Umschlaggestaltung: Katharina Netolitzky
Abbildungen: Michael Wolffsohn
Satz: Bernd Schumacher, Friedberg
Druck und Bindung: CPI – Ebner & Spiegel, Ulm
Gedruckt auf säurefreiem, chlorfrei gebleichtem Papier
Printed in Germany · ISBN 978-3-423-26075-6

We are all Federalists.
Thomas Jefferson, Antrittsrede als Präsident 1801

Inhalt

Vorwort

Der Titel verspricht mehr, als ich halten kann. Warum sollte es mir besser ergehen als dem Geistesgiganten Immanuel Kant? Sein Werk ›Zum ewigen Frieden‹, erstmals 1795 erschienen, nannte er einen »philosophischen Entwurf«. Wenn ich recht sehe, ist Frieden seitdem unverändert mehr Sehnsucht als Wirklichkeit geblieben. Vom ewigen Frieden ganz zu schweigen. Den Weltfrieden werde auch ich nicht herbeizaubern können. Ich will jedoch aufzeigen, wo und weshalb heute die großen Konflikte und Kriege stattfinden oder noch stattfinden werden. Ich will vor allem zeigen, dass und wie jene Konflikte eingedämmt, ja sogar beendet werden könnten. Gewiss nicht alle, aber eben doch die ganz gefährlichen.

Für die Politik gilt wie für die Medizin: ohne Diagnose keine Therapie.

Die Diagnose lautet: Sofern Menschen nicht manipuliert, also missbraucht werden, streben sie nach Selbstbestimmung. Sowohl als Individuen wie auch im Kollektiv. Menschen wollen politische Teilnahme und Teilhabe. Insbesondere wollen sie ihren Alltag selbst gestalten: politisch, wirtschaftlich, sprachlich-religiös, kulturell. Sie wollen ihr, ihr ganz eigenes Leben leben, in ihrer, der eigenen Gemeinschaft. Gleichzeitig wollen sich viele Menschen auch abkapseln, abgrenzen gegen andere: ethnisch, sprachlich, kulturell, religiös oder national. Das mag man bedauern, aber auch das ist ein evolutionsbiologisches Grundmuster. Den »Neuen Menschen« wird niemand (er)schaffen können. Deshalb müssen wir Mittel und Wege finden, um zu verhindern, dass diese Abkapselung – jenseits der Selbstbestimmung – Konflikte oder gar Kriege anheizt.

In meinem Buch stelle ich die These auf, dass nicht nur derzeit Staaten zerfallen, sondern dass in Zukunft noch mehr Staaten zerfallen werden. Und ich versuche diese These zu belegen. Um Missverständnissen zuvorzukommen: Ich bin weder dafür noch dagegen. Es ist das Ergebnis meiner Analyse. Grundlage der Analyse ist eine wissenschaftliche Methode, die man salopp formuliert, historisch-bevölkerungspolitisches (= demografisches) Röntgen nennen kann. Anders als üblich betrachte ich dabei Staaten nicht als einheitliche, sondern als zusammengesetzte Akteure. Ich durchleuchte sie demografisch. Für mich sind sie keine festen Größen, sondern veränderbar, nicht statisch, sondern dynamisch, nicht nur geworden, sondern auch immerfort werdend. Was wird, weiß, wer weiß, was wurde. Denn werden kann politisch nur etwas aus dem Gewordenen. Ergo: Wer weiß, was war, weiß, was wird.

Mit Hilfe dieser Methode kann man Kriterien für eine politische Lenkung finden, durch die nicht die Auflösung von Staaten befördert, sondern ihre (über)lebensfähige Umformung ermöglicht wird. Auf eine staatliche Organisation an sich kann natürlich nicht verzichtet werden. Die jeweiligen Bürger müssen nach innen und außen geschützt, die Verwaltung des Alltags muss geplant und gestaltet werden. Ebenfalls nach innen und außen. Darüber hinaus muss ein Weg gefunden werden für die zumindest funktional notwendige Zusammenarbeit zwischen den Staaten und Regionen, in denen Konflikte herrschen.

Ohne Selbstbestimmung rebelliert oder revoltiert der Mensch. Als Grundlage für kollektive Selbstbestimmung wird in der westlichen Welt seit dem 19. und 20. Jahrhundert auch global das Konzept des Nationalstaates gesehen. Doch insbesondere die Staaten, die nach dem Ersten Weltkrieg und später im Zeitalter der Entkolonialisierung entstanden sind, waren meistens Kunstprodukte und damit Totgeburten. Durch diese neuen Staaten wurden die Probleme nicht gelöst. Stattdessen wurden neue Probleme geschaffen. Unter dem Vorzeichen »nationaler Selbstbestimmung« entstanden Staaten, in denen die früher vorherrschende(n) Gruppe(n) durch andere abgelöst wurde(n) und Minderheiten unterdrückte(n). Dafür gab und gibt es unterschiedliche Muster.

Möglichkeit 1 ist die *Dominanz* (Vorherrschaft) der Gruppe A über die Gruppen B, C und gegebenenfalls weitere. Ein klassisch-historisches Beispiel hierfür ist die nach dem Ersten Weltkrieg gegründete Tschechoslowakei. Tschechen beherrschten Slowaken und Deutsche. Eine Weile lang hielt dieses Kunstprodukt. Doch nicht lange, denn deutsche und slowakische Akteure von innen und außen warteten nur auf eine Gelegenheit, um den Status Quo zu verändern. Das geschah 1938/39. Nach 1945 wurde die Tschechoslowakei unter sowjetischer Ägide mit gewissen territorialen Änderungen und ohne die vertriebenen Deutschen wiedergegründet. Nach dem Fall des Eisernen Vorhangs zerbrach sie erneut und es entstanden 1993 wieder zwei Staaten. Dass dies friedlich vor sich ging, ist der Weichenstellung durch eine Einzelpersönlichkeit zu verdanken. Es war weitgehend das Werk Václav Havels.

Auch in Jugoslawien begegnen wir einem vergleichbaren Dominanzmuster. Jugoslawien, der Staat der Süd-Slawen, wurde nach dem Ersten Weltkrieg gegründet. Serben beherrschten Kroaten, Slowenen, Slawonen, Bosniaken, Herzegowiner, Montenegriner, Mazedonier, Deutsche und Ungarn. Es war von Anfang an keine Liebesheirat, der Staat zerfiel seit 1941 durch Außenund Innenkräfte und wurde nach dem Zweiten Weltkrieg wiedergegründet. Dieser Kunststaat zerfiel (so weit es das in der Menschheitsgeschichte gibt) endgültig zwischen 1991 und 1995 in den Kriegen der verschiedenen Nachfolgestaaten. Dies ging nicht friedlich vor sich.

Möglichkeit 2 besteht in der *Diktatur* einer oder mehrerer Personen, die die staatliche Einheit garantieren, trotz demografischer oder anderer Vielfalt. Abgesehen von der – freilich entscheidenden – Amoral jeglicher Diktatur besteht seit der Antike jede Diktatur nur über einen begrenzten Zeitraum, weil auf Dauer ineffizient. Die Unterdrückung der eigenen Bürger verringert deren Leistungsfähigkeit und Leistungswilligkeit. Auf diese Weise zerstört ein solcher Staat sich selbst.

Möglichkeit 3: Bürger- oder zwischenstaatliche Kriege. Anschauungsunterricht lieferte von 1991 bis 1995 der Zerfall Jugoslawiens und die daraus folgende Bildung von Serbien, Slowenien, Kroatien sowie Bosnien-Herzegowina. Das Zeitalter der biblischen Propheten ist vorbei. Man muss jedoch kein Prophet sein, um vorherzusagen, dass auch das von den USA erkämpfte und der UNO abgesegnete, militärisch abgesicherte Kunstprodukt Bosnien-Herzegowina keinen Ewigkeitsanspruch haben kann. Wir werden noch darauf zurückkommen.

Möglichkeit 4: Ethnische Säuberung. Sie ist moralisch absolut inakzeptabel, was in der Menschheitsgeschichte freilich nicht bedeutete, dass sie nicht vielfach angewandt wurde. Sie beendete in den seltensten Fällen die zugrundeliegenden demografischen oder politischen Auseinandersetzungen. Das galt schon für die im Alten Testament beschriebene (und historisch nachgewiesene) Verschleppung der Juden 721 nach Assyrien, 586 v. u. Z. nach Babylon oder 70 u. Z nach Rom. Irgendwann, manchmal Jahrtausende später, präsentieren die Opfer-Nachfahren den Täter-Nachfahren, gelegentlich auch Nichtbetroffenen, die historisch-moralische Rechnung. Ein Beispiel dafür sind die Palästinenser. Sie müssen seit 1882 (Beginn der zionistisch motivierten Einwanderung ins Heilige Land) bzw. 1947/48 (Staatsgründung Israels) die Rechnung dafür begleichen, dass Roms Feldherr und später Kaiser Titus vor rund 2000 Jahren viele (nicht alle) Juden aus Judäa nach Rom gezwungen hatte.

Die jungtürkische Führung vertrieb von 1915 bis 1923 mehr als eine Million Armenier aus ihrem Herrschaftsgebiet und fand dabei unter der kurdischen Bevölkerung willige Helfer. Ob man dabei von »Völkermord« oder nur (nur?) von »Vertreibung« spricht, ist zweitrangig, erstrangig ist die Tatsache, dass die türkisch-armenischen und die armenisch-kurdischen Beziehungen sowie das Verhältnis zwischen Armenien und dem Turkvolk der Azeris nach wie vor mehr als nur gespannt sind.

Und die »Endlösung« der Judenfrage, die ebenfalls eine Variante ethnischer Säuberung war? Rund sechs Millionen Juden wurden ermordet. Die »Judenfrage« löste das nicht. Gab oder gibt es sie? Ich bezweifle das. Nie und nirgends brachten jüdische Gemeinschaften ihren sogenannten Gastvölkern Nachteile. Im Gegenteil, die kulturelle und wirtschaftliche Bilanz der jeweiligen Gastgeber haben »die« Juden erheblich verbessert. Wer Juden ethnisch »säuberte«, beging nicht nur physischen Massenmord, sondern zugleich kulturellen sowie wirtschaftlichen und natürlich moralischen Selbstmord. Morden, umorten, vertreiben konnte nicht nur Hitler, auch Stalin. Vertreibungen von heute und morgen sind zum Teil noch immer Nachwehen jener demografischen Fundamentaländerungen.

Kein Kollektiv (auch Individuum?) ist aber ewig Opfer. Auch nicht das jüdische. Und sicher nicht freiwillig und auf Dauer wehrunfähig oder -unwillig. Die zionistische Gemeinschaft in Palästina wurde seit den 1920er Jahren und vor allem seit November 1947 von den arabischen Palästinensern im Bürgerkrieg und ab Mai 1948 von den arabischen Staaten angegriffen. Aus der Verteidigung gingen die Juden Palästinas/Israels in den Angriff über. Dabei wurden ca. 700.000 Palästinenser vertrieben. Bis 1947/48 war Israels demografischer Rahmen binational jüdisch und arabisch, danach weitgehend jüdisch. Durch natürliche Vermehrung sind inzwischen rund 20 Prozent der Bürger im Jüdischen Staat überwiegend muslimische Palästinenser. Die Vertreibung – ob gewollt oder nicht – erwies sich nur als kurzfristige »Korrektur« der demografischen Struktur, nicht als Lösung.

Ebenfalls in den späten 1940er Jahren wurden ungefähr gleich viele Juden aus arabisch-islamischen Staaten vertrieben. Die meisten gehörten zur funktionalen Elite dieser Länder, zum Bildungs- und Wirtschaftsbürgertum. Genau dieses fehlte den arabisch-islamischen Staaten jahrzehntelang. Allmählich ist es wieder entstanden, doch wertvolle Zeit wurde verloren. Ist sie aufholbar? Das ist nicht unser Thema. Hier sollte nur bewiesen werden, dass Vertreibung, also Inhumanität, die Überlebensqualität von Staaten langfristig schwächt und, anders als von den Vertreibenden erwartet, nicht verbessert.

Möglichkeit 5, um das demografisch-politische Gefüge im Sinne des Stärkeren zu verändern, ist die *Siedlungspolitik*, also die verstärkte Besiedlung des Besiegten-Gebietes durch die Sieger. Bei dem Begriff »Siedlungspolitik« denkt heute jedermann an Israels Siedlungspolitik im Westjordanland. Das ist gedanklich zu kurz gesprungen. Die Menschheitsgeschichte kennt viele Beispiele dieser Art. Manche erinnern sich an den Menschenimport der Assyrer ins Gebiet des zuvor besiegten Königreiches Israel. So kamen die Samaritaner ans östliche Mittelmeer. Die indoeuropäische Völkerwanderung war auf ihre Art auch Siedlungspolitik. Was hatten denn etwa ursprünglich die Westgoten auf der Iberischen Halbinsel zu suchen? Beim »Sammeln Russischer Erde« bedienten sich diverse Zaren seit ca. 1500 u. Z. russischer und anderer Siedler, um das Gebiet der Besiegten und Besetzten in Besitz zu nehmen. Ähnlich dachten und handelten die chinesischen Kaiser, um Gebietserweiterungen zu sichern. Nicht anders agiert die gegenwärtige Führung der Volksrepublik China. Sie siedelt massenweise Han-Chinesen in Tibet und im nordwestlichen Xinjiang an. Englische Kolonisten besiedelten seit dem 12. Jahrhundert das keltische Irland. Die Folgen sind noch heute politisch wirksam. Nicht anders ist das Grundmuster zwischen England und Schottland, England und Wales. Und, Hand aufs Herz, war das Muster der deutschen Ostkolonisation seit dem 11. Jahrhundert anders? Endlos ließe sich ein historisch-demografisches Beispiel nach dem anderen darstellen. Entscheidend ist dies: Die ursprüngliche Bevölkerungsmehrheit wird auf diese Weise zur Minderheit. Das ist das strategische Ziel.

Fast überall auf der Welt kam es von der Frühgeschichte der Menschheit bis heute zu Mischgesellschaften. Manche vermischten sich bis zur Ununterscheidbarkeit, manche, die meisten, bewahrten, freiwillig oder nicht, ihre Unterscheidungsmerkmale. Nicht von diesen Fakten ist die gegenwärtige StaatenUNordnung geprägt, sondern von der Fiktion der Einheitlichkeit der jeweiligen Nation auf dem jeweiligen Gebiet. Daraus – falsch –

abgeleitet wurde und wird auf dem Territorium A der Nation A ihr vermeintliches Gebiet zugewiesen. Absurd. *Möglichkeit* 6 ist die einzig wirklich friedliche: *die föderative Lösung*. Heute noch und immer wieder revoltieren die unterdrückten Minderheiten, die machtlosen Gruppen, weil sie ihren eigenen Staat wollen, der unweigerlich ein neues Kunstprodukt, eine weitere Totgeburt ist. Wie kann man diesen Teufelskreis durchbrechen? Durch vielfältige *föderative Strukturen*. Damit können und würden nicht alle, aber doch viele Konflikte und Kriege dieser Welt entschärft werden. Dadurch kann »ein bisschen mehr Frieden« geschaffen werden, ohne Waffen und auch ohne Phrasen und hohle Appelle.

Worauf beruht meine Zuversicht? Ich bin durch Empirie überzeugt, dass föderative Rahmenbedingungen das Macht-Gleichgewicht sichern und Verteilungskartelle erschweren oder verhindern.

Es ist sinnlos, falsches Denken immer weiter zu betonieren. Was nicht richtig gedacht wird, kann nicht richtig gemacht werden. Im 19. Jahrhundert mag das Konzept des Nationalstaats für eher einheitliche Gesellschaften richtig gewesen sein. Die Übertragung auf ethnisch, religiös, sprachlich oder kulturell extrem vielschichtige Gesellschaften ist falsch gedacht, sie funktioniert nicht.

Dieses falsche Denken im völkerrechtlich gesetzten Rahmen unantastbarer, souveräner, dauerhafter Nationalstaaten, die faktisch Kunstgebilde sind, die auseinanderbrechen und auseinanderbrechen werden, muss man überwinden. Das ist die Aufgabe von Wissenschaft, Medien und Politik. Wenn dieses edel gewollte, doch unter den beschriebenen Rahmenbedingungen falsch gedachte Völkerrecht unser Denken und Handeln weiter bestimmt, sind Kriege und Konflikte dauerhaft programmiert.

Was wollen wir? Was wollen vor allem die Lenker der zerfallenden Staaten, zum Beispiel in Israel, Syrien, Irak, Iran, Türkei, Afghanistan, Russland, China, Mali, Zentralafrikanische Republik, Nigeria, Kongo und, und, und? Der Westen will diese Staaten manchmal durch Rat und Tat oder hier und da durch humanitäre

Interventionen stabilisieren. Es ist jedoch nicht möglich, dauerhaft zu stabilisieren, was vom Fundament her grundsätzlich instabil ist. Es ist absurd. Ist also unser politisches Denken und Handeln absurd? Ich bin der Überzeugung, dass wir umdenken müssen. Wir haben keine andere Wahl. Wer ist dieses Wir? Es sind nicht nur die Politiker, es sind die Journalisten und Wissenschaftler und es müssten letztendlich auch die Bestwisser an den Stammtischen und in den Talkshows dieser Welt sein. Das alles betrifft nicht nur die aus europäischer Sicht weit entfernten Weltgegenden. Langfristig wird sich auch die Binnenform vieler Staaten Europas verändern. Frankreich wird sich bundesstaatlich neu erfinden müssen, wenn es im internationalen Wettbewerb nicht abgehängt werden soll sowie die eigene Bevölkerung motivieren und mobilisieren will. Auch das Vereinigte Königreich hat in Anbetracht etwa von Schottlands Sonderweg nur als Bundesstaat eine Überlebensperspektive. Spanien wird sich bezogen aufs Baskenland, Galicien und Katalonien noch mehr föderalisieren (müssen). Es wird in diesem Buch zu klären sein, wie »bundesstaatlich« in diesem Fall zu verstehen ist. Wenn die Integration muslimischer Minderheiten auf ein vollständiges Anerkennen und Anwenden des umfassenden Regelwerks der nichtmuslimischen Mehrheit hinauslaufen soll, dann wird auch dies in Europa nicht gelingen. Wenn man dauerhaft den inneren Frieden retten will, wird über gruppen-, nicht raumbezogene Sonderregeln nachzudenken sein.

Das sind Gedanken, die gewiss unverzüglich in Frage gestellt werden. Das ist immer so. Das Bestehende ist nun einmal das Faktische. Ob bewährt oder nicht, man kennt es und weiß, was einen erwartet. Nicht nur der Bauer »frisst« nicht, was er nicht kennt. Nicht alle der hier vorgetragenen Grundgedanken sind ganz neu. Auch ich habe einige davon zuvor, seit rund dreißig Jahren, meist in kleineren wissenschaftsinternen Texten oder in diesem oder jenem Zeitungsartikel vorgetragen. Allerdings nicht im globalen Zusammenhang.[1] »Unrealistisch« oder »the-

oretisch« seien die Analysen, haben mir bei solchen Anlässen
die sogenannten Fachleute vorgehalten. De facto ist vieles davon
inzwischen sehr real, faktische und praktische Politik. Immer
mehr Staaten zerfallen. Umso dringlicher sind konzeptionell-
politisches Umdenken und Gegensteuern.

Nach den Massakern von Assad senior an zigtausenden Sunniten im Jahre 1982 hatte ich einem Syrien- und Arabien-Fach-
mann den Zerfall Syriens sowie des Sudan vorhergesagt. Der Ex-
perte kannte diese Staaten weit besser als ich. Jede Straßenecke
und jede Moschee dort war ihm bekannt. Er lachte mich damals
aus.

Meine Grundgedanken seien unrealistisch, hielten mir jahrzehntelang auch ranghohe nationale und internationale Politiker oder Journalisten entgegen. Ihnen schien ein Zerfall, besonders der nahöstlichen Staatenwelt, nicht nur unrealistisch,
sondern absurd. Ich hielt und halte meinerseits dagegen: Absurd
ist das Festhalten an der Fiktion von der Dauerhaftigkeit unserer Staatenwelt. Seltsam, dass nach dem vielfachen Zerfall von
Reichen, Großreichen und Staaten, jüngst der Sowjetunion oder
Jugoslawiens noch immer so viele an die scheinbare Ewigkeit bestehender Staaten glauben. Man fühlt sich an den alten Preußen-
General Gneisenau erinnert: »Auf Poesie ist die Sicherheit der
Throne gegründet«, wortfeuerte er 1811 in seiner an den König
gerichteten Denkschrift über die Volksbewaffnung.[2] Auf unser
Thema im Hier und Heute und Morgen bezogen: Auf Poesie ist
die Stabilität unserer Staatenwelt gegründet.

Wir sind heute ganz real mit dem Zerbröseln vieler Staaten, mit
den damit verbundenen Kriegen und Konflikten konfrontiert.
Wir haben es vor Augen. Es ist Empirie, Wirklichkeit. Die herkömmlichen Denkweisen, die traditionelle Politik scheinen es
nicht verhindern zu können. Allein das ist ein logischer Grund,
über Alternativen nachzudenken. Angesichts dieser Entwicklung erscheint das scheinbar Unrealistische in einem anderen
Licht. Man kann die Welt nicht neu erfinden. Aber man kann auf
richtig Gedachtes, doch Vergessenes zurückgreifen. Man kann

noch einmal neu denken, man kann falsche Konzepte den neuen Gegebenheiten anpassen. Frieden schaffen mit Kopfes Waffen. Das sei in diesem Buch versucht.

Kapitel I

Befund 1: Das zerschnittene Wir

Warum unsere StaatenUNordnung zerbröselt

Unsere Staatenwelt ist ein Kunstprodukt. Sie ist eine Kopfgeburt und als Kopfgeburt eine Totgeburt. Deshalb zerbröselt ein Staat nach dem anderen. Die Welt ist aus den Fugen – und merkt es nicht. Manche merken es. Sie nutzen es. Andere merken es ebenfalls, sehen aber nur jeden einzelnen Staat und verstehen die Zusammenhänge nicht. Sie erkennen nicht, dass der weltweite Staatenzerfall Methode hat; unabhängig von einzelnen Anlässen, Ereignissen, Personen oder Institutionen. Der globale Staatenzerfall hat eine reale Ursache, nämlich ein unsinniges Konstruktionsprinzip. Der Bauplan der meisten Staaten und damit unserer Weltordnung ist unsinnig. »Obwohl es Wahnsinn, so hat es doch Methode«, lässt Shakespeare Polonius über Hamlet sagen. Übertragen aufs Thema dieses Buches: Jener Unsinn hat Methode. Es kommt noch schlimmer, und wieder findet sich dafür ein Zitat aus einem anderen Menschheitskanon, dem Neuen Testament: »Herr, vergib ihnen, denn sie wissen nicht, was sie tun.«

Die Konstrukteure unserer heutigen WeltUNordnung wussten es wirklich nicht. Das Fundament für ihre Konstruktion wurde nach Art eines Backrezeptes hergestellt. Es stellt eine Bausünde dar. In den Jahren 1919 bis 1922 wurde als Folge des Ersten Weltkrieges die alte, im Prinzip nach dem Wiener Kongress (1815) und der Gründung des deutschen Kaiserreiches (1871) errichtete und gar nicht so schlecht funktionierende Ordnung zerstört.

Im Weltmaßstab wurde nach dem Ersten Weltkrieg, also seit und um 1919, an die Verwirklichung des nationalen Selbstbestimmungsrechtes für die Völker der Vielvölkerstaaten Russland, Österreich-Ungarn sowie das Osmanische Reich gedacht. So jedenfalls der Wille der im Zarenreich unterdrückten Völker bzw. Nationen, Die Niederlage Russlands wollten sie als Anfang ihrer nationalen Selbstbestimmung nutzen. Nach der Niederlage Österreich-Ungarns erhielten einige, doch nicht alle Nationen bzw. Völker ihr Selbstbestimmungsrecht, sprich: ihren Nationalstaat als Alternative zum vorherigen k.-u.-k.-Vielvölkerstaat. Gleiches war zumindest auf dem Papier den einzelnen Nationen des osmanisch-türkischen Vielvölkerstaates versprochen worden. Tatsächlich entstanden aus dem großen Völkergefängnis viele kleine Völkergefängnisse, »Staaten« genannt. Meist herrschte hier eine Mehrheitsnation A über nationale Minderheiten B, C und so weiter. Die Tschechen zum Beispiel hatten sich von Wien befreit, doch in der Tschechoslowakei diskriminierten sie Slowaken und Deutsche. Kein Wunder, dass Slowaken ihren Staat wollten, eine »Slowakei«, die sie später von Hitler, mit einer seiner Marionetten an der Spitze, bekamen und 1993 mit Prag einvernehmlich-friedlich errangen. Die meisten Deutschen in der Tschechoslowakei wollten zu Deutschland. Das durften sie nicht. Als Hitler sie »heim ins Reich« holte, jubelten sie. Das war alles andere als unverständlich, denn zuvor war ihnen das Selbstbestimmungsrecht von der internationalen (Sieger-)Gemeinschaft versagt worden. Der Verbrecher, Hitler, verwirklichte ihr Selbstbestimmungsrecht. Auch Recht ist manchmal mehrschichtig und keineswegs immer eindeutig bzw. einschichtig.

Die zweite Bausünde wurde nach dem gleichen falsch gedachten Konzept bzw. Rezept begangen, und zwar im Rahmen der an sich politisch richtigen und moralisch notwendigen Entkolonialisierung nach dem Zweiten Weltkrieg. Bis heute bestimmt dieses falsche Denken das politische, wissenschaftliche und mediale Lenken.

Wohin immer man weltweit schaut – scheiternde Staaten. Im

Fachjargon: »Failing states«. Für jeden einzelnen der zahlreichen zerfallenden Staaten geben die Experten Detailerklärungen. Diese Erklärungen sind mit imposanten Zahlen garniert. Ein Index für A, ein anderer für B und C bis Z. Obwohl fast jede einzelne Kennziffer richtig ist, lässt sich damit nichts belegen, geschweige denn erkennen. Das ist Zeitverschwendung. Experten für Blatt und Baum kennen nicht unbedingt den Wald. Man sieht den Wald vor lauter Bäumen nicht.

Ursache des Zerbröselns unserer Staatenordnung ist also falsches Denken. Begleiterscheinungen und Folgen jenes weltweiten Zerfallens von Staaten sind bewaffnete Konflikte: national-innerstaatliche und international-zwischenstaatliche, teils regionale. Hier konventionelle Kriege, dort Klein-Kriege (»Guerilla«) gegen das feindliche Militär. Fast immer werden sie von Terroraktionen gegen die feindliche Zivilbevölkerung begleitet, die über den nationalen Rahmen hinaus durchaus globale Folgen auslösen.

Ich will mit meinem Buch jedoch nicht nur die Analyse des Zerfalls und der Folgen darstellen, zu denen Kleinkriege (Guerilla) und Terror gehören. Ich biete auch Lösungsvorschläge an, Auswege. Ausweglos ist nur die Fortschreibung des Noch-Bestehenden. Dieses Buch behandelt auch die aus dem Zerbröseln der Weltunordnung abgeleiteten wirtschaftlichen Folgen für Deutschland, Europa und die Welt. Im Mittelpunkt der Aufmerksamkeit stehen dabei der Im- und Export von Erdöl und Erdgas.

Ohne Wasser kein Leben, kein Überleben, keine Wirtschaft. Kriege um Wasser sind nicht nur denkbar, sie sind geradezu wahrscheinlich und werden heute schon geführt. Wasserpolitik ist von der Un- und Umordnung der Staaten nicht zu trennen. Auch sie betrifft unser Thema.

Unser Staat, Deutschland, zerbröselt nicht, er ist aber vom Zerbröseln der Staatenordnung sowohl innen- als auch außenpolitisch direkt betroffen. Daran wird zu denken, darüber zu reden und dagegen zu handeln sein.

Wir erleben einen historischen Vorgang, nämlich den Übergang von der zeitweisen, scheinbar stabilen Weltordnung des Kalten Krieges zur WeltUNordnung der Gegenwart und, noch viel heftiger, der Zukunft. Dieser historische Prozess ist *das* Thema dieses Buches. Er ist noch lange nicht zu Ende, und er betrifft nicht nur diesen oder jenen Staat, sondern unzählige Staaten.

Falsch gedacht – falsch gemacht

Ist dieser Prozess unumkehrbar? Ja, in der bestehenden Form sind die meisten Staaten dieser Welt instabil und, weil instabil, mit den bisherigen Mitteln nicht stabilisierbar. Da helfen auch keine »Humanitären Interventionen«, die wohlmeinende Politiker, Journalisten und Wissenschaftler neuerdings als (All)Heilmittel beschwören.

Sind wir also machtlos? Nein. Wir können gegensteuern, wir können dagegen etwas »machen«.

Fallbeispiel: Israel und Palästina

Des falschen Denkansatzes bedienen sich die meisten Wissenschaftler, Journalisten und Politiker bezüglich bestehender und auch bei der Planung künftiger Staaten. Ich denke hier zuerst und vor allem an die sogenannte Lösung des Dauerkonfliktes zwischen Israel und Palästinensern. Gemeinhin wird die Gründung eines Palästina-Staates, neben Israel, also die Zweistaatenlösung, als Ei des Kolumbus, als Königsweg zum Konfliktende gepriesen. Sie führt, wie zu zeigen sein wird, zu neuen Problemen, ohne die alten zu lösen. US-amerikanische, europäische, deutsche oder andere Außenminister können noch so oft nach Nahost pilgern, sie drehen sich, wie weiland Joschka Fischer joggend oder auch nicht, im Kreise und keiner Lösung zu. Kraft und Geld für diese sogenannten Vermittlungsmissionen und -aktionen kann man sich ohne neues Denken (er)sparen.

Föderalismus als Schlüssel

Die Zukunft der heute zerbröselnden Staaten lässt sich aus ihrer Demografie, Geografie und nicht zuletzt ihrer Vergangenheit ableiten. Insofern erweist sich Geschichte auch als eine politische und vorhersagende Wissenschaft. In einigen Jahrzehnten (oder früher, gar später?) wird sich zeigen, ob die historische Politologie exakter als die Meteorologie oder Vorhersagen der Ökonomie ist.

Staaten sind wie Töpfe. Wenn Topf und Deckel nicht zueinander passen, sind sie mehr schlecht als recht zu gebrauchen. Welchen Deckel braucht welcher Topf? Politisch gefragt: Welchen staatlichen Rahmen, welchen staatlichen »Überbau« braucht diese oder jene Gesellschaft, braucht diese oder jene »Basis«? Was also muss richtig gedacht und dann richtig gemacht werden? Das Zauberwort heißt: FÖDERALISMUS im Sinne von *räumlich-territorialer oder (manchmal auch und) personalgruppenbezogener Selbstbestimmung und Machtteilung innerhalb und gegebenenfalls zwischen Staaten.*

Was sei unter »*Selbstbestimmung*« verstanden? Natürlich denken »wir Westler« zunächst und vor allem an das Einhalten der Menschen- und Bürgerrechte, an Mehrheitsherrschaft und Minderheitenschutz. Es ist »bei uns« üblich geworden, in diesem Zusammenhang sofort geschlechter- und geschlechtsorientiert korrekt Frauen, Schwule und Lesbische ausdrücklich zu erwähnen. Doch ob es gefällt oder nicht – nicht alle Akteure in der Welt verstehen unter Selbstbestimmung das Gleiche wie wir Westler, wenn denn tatsächlich von einem gesamtwestlichen Wir die Rede sein kann. Eine Terrororganisation wie die palästinensische Hamas konnte im Jahr 2006 ganz nach den formalen Regeln der Demokratie, also Selbstbestimmung im Sinne von reiner Mehrheitsherrschaft, das politische Steuer übernehmen, um ein Jahr später die Fatah-Rivalen regelrecht wegzuschießen. Dass 2014 die Mehrheit der Türken Erdoğan trotz seiner unverhohlenen Missachtung von Menschen- und Bürgerechten selbstbestimmt zum Präsidenten wählten, ist ebenfalls unbestreitbar. Die Mehrheit der Iraker wählte Maliki, der, offiziell demokratisch legitimiert, Minderheitenrechte der Sunniten und Kurden mit Füßen trat. Und hatte nicht am 5. März 1933 eine Mehrheit von knapp 44 Prozent der Deutschen Hitler selbstbestimmt zum Kanzler bestimmt? Zur Selbstbestimmung gehören gegebenenfalls auch Ergebnisse, die einem selbst nicht zusagen. Selbstbestimmung und Humanität sind oft, doch keineswegs immer identisch.

Es sind weit mehr als die territorialen oder personalen Formen von Föderalismus denkbar und machbar. Doch mit diesen beiden Formen wird die Grundfrage benannt, der eigentliche Ziel- und Bezugspunkt: »Raum oder Mensch«. In den einzelnen Abschnitten dieses Buches werden Mischformen vorzustellen sein, auch Mischformen zwischen Bundesstaaten und Staatenbünden und in diesen wiederum, je nach den bevölkerungspolitischen Gegebenheiten, territoriale oder personale Selbstbestimmung.

Gestern Hitler – heute Putin?

Gestern, 1938, schluckte Hitler Österreich sowie das zur Tschechoslowakei gehörende Sudetenland. Bewohnt war es von Deutschen, die zu Deutschland wollten und »heim ins Reich geholt« wurden. Das hatten sich die meisten Österreicher und Sudetendeutschen gewünscht. Diese beiden hitlerdeutschen Aggressionen waren alles andere als legal, doch, weil von den meisten betroffenen Deutschen und Deutschstämmigen gewünscht, durchaus legitim, also gerechtfertigt.

Anfang 2014 schluckte Putin die Krim. Sie gehört völkerrechtlich zur Ukraine. Ihre Bevölkerungsmehrheit sind Russen, die Bürger Russlands sein, genauer: werden wollen. Morgen schluckt Putin wahrscheinlich die Ost-Ukraine. (Wenn dieses Buch erscheint, verdaut er möglicherweise schon. Es wird ihm langfristig nicht bekommen.) Einen Großteil der ostukrainischen Bevölkerung stellen Russen. Viele wollen ebenfalls Bürger

Russlands sein. Wie viele? Mehr als genug, um mit oder ohne Hilfe Russlands zumindest für erhebliche Unruhe – und separatistische Gewalt zu sorgen. Danach kommt Transnistrien »heim ins Reich« Russlands. Völkerrechtlich zählt Transnistrien zu Moldawien, welches eigentlich rumänisch ist und wo rumänische Moldawier nach der Unabhängigkeit (1991) nichts Eiligeres zu tun hatten, als die Russen Transnistriens zu drangsalieren. Daraufhin suchten diese Hilfe beim Großen Bruder in Moskau. Sie suchen den »Anschluss« an ihre bärenstarke Schutzmacht.

Die zu Georgien gehörenden Teile Abchasiens und Ossetiens hat Moskau 2008 mit militärischer Nachhilfe dem russischen Teil Abchasiens und Ossetiens zugeschlagen. Ja, das war Gewaltpolitik. Aber ebenso eindeutig war, dass Georgiens Abchasen und Osseten lieber Russen als Georgier sein wollten.

Hitler war ein Menschheitsverbrecher, und Putin ist kein »lupenreiner Demokrat«, eher ein »Amateur-Stalin« (Claus-Dieter Kernig), doch ihrer beider Vorgehen und völkerrechtliches Vergehen in diesen hier genannten Fällen war durchaus mehrschichtig und keineswegs nur moralisch verwerflich. Ihr Vorgehen war Unrecht, also ein Verbrechen, insofern, als beide die Souveränität bestehender Staaten verletzt, also Völkerrecht gebrochen haben. Dennoch beriefen sich beide, durchaus nicht unberechtigt, auf das Selbstbestimmungsrecht der Völker. Moralisch ist das schwer verdaulich, wahr ist es trotzdem.

Noch einmal: Die Mehrheit der Sudetendeutschen wollte 1938 zu Deutschland, die Bevölkerungsmehrheit der Krim, der Ost-Ukraine, Transnistriens, Süd-Abchasiens und Süd-Ossetiens will heute zu Russland.

Wir sehen: Die rechtlichen und moralischen Argumente widersprechen einander, obwohl ganz klar ist: Trotz aller fundamentalen Unterschiede verkörpern weder Hitler noch Putin Recht oder Moral. Aber Selbstbestimmungsrecht bleibt Selbstbestimmungsrecht, ganz unabhängig von den handelnden Personen. Sowohl Hitler als auch Putin oder A oder B oder C bedienen sich in ihrem allgemeinen angewandten Unrecht unbestreitbar eines Selbstbestimmungsrechtes, das auch diejenigen für sich in Anspruch nehmen, die diesem völkerrechtswidrigen Akt zustimmen. Längst meinen manche Leser, ich wollte Hitler mit Putin vergleichen oder jenen gar verharmlosen. Das ist Unsinn, zumal bei einem Nachfahren von Holocaustüberlebenden. Ganz abgesehen davon bedeutet »vergleichen« nicht »gleichsetzen«, sondern das Ermitteln beziehungsweise Messen von Gleichem und Ungleichem, was meistens zum Feststellen von Unterschieden führt. Ohne Vergleich kein Maß(stab).

Wenn man es als gerecht ansieht, dass Völker auf ihrem Selbstbestimmungsrecht bestehen, dann kann man zu erstaunlichen Schlussfolgerungen kommen. Ich möchte über den Hitler-Putin-Umweg zeigen, dass sich auch jemand, der ein blutrünstiger Diktator ist oder auf jeden Fall kein Demokrat, wenn er Unrecht begeht, zugleich schwer widerlegbar auf Gerechtigkeit berufen kann. Er bedient sich der Buchstaben eines Gesetzes und verstößt zugleich gegen den Geist eines anderen. Letzteres ist entscheidend: der Verstoß gegen den Geist des Gesetzes.

Moralisch wird diese Tatsache noch unerfreulicher, wenn wir bedenken, dass der Großverbrecher Hitler, bezogen auf Österreich und das Sudetenland, gegen Recht, nicht aber gegen Gerechtigkeit verstieß. Ähnliches (nicht Identisches!) gilt für Putins Vorgehen auf der Krim und in der Ost-Ukraine. Beide haben zum Mittel der Gewaltpolitik gegriffen. Diese wiederum ist moralisch und rechtlich unberechtigt und daher nicht hinnehmbar. Aber sie haben nicht gegen das Konzept der Gerechtigkeit verstoßen, was das Selbstbestimmungsrecht angeht. Manchmal sind Tatsachen ebenso verwirrend wie (Un-)Werturteile.

Konstellationen, nicht Personen

In diesem Zusammenhang zählen nicht die handelnden Personen, sondern die Konstellationen, also die Gelegenheiten, die Diebe entweder machen oder erst recht zum Stehlen ermuntern. Sowohl Hitler als auch Putin missbrauchten politisch-mora-

lisch gut Gemeintes. Sie missbrauchten den Gedanken des nationalen Selbstbestimmungsrechts. Dieser Gedanke ist an sich
edel, hilfreich und gut, auch nobel und richtig. Nichtig wird die
Verwirklichung eines solch edlen Gedankens, wenn das Konzept nicht richtig gedacht ist. Dann kann es nämlich nicht richtig
gemacht werden.

Das Problem betraf nicht nur Hitler, es betrifft nicht nur Putin,
es trifft und betrifft heute und erst recht morgen weltweit viele, fast alle Staaten, eben das Grundgefüge der Staatenwelt, die
Konstellationen, nicht die handelnden Personen.

Die Rache der Geschichte
oder die Gegenwärtigkeit der Vergangenheit:
Von Geografie und Demografie

Wenn sich die Vergangenheit in oder an der Gegenwart rächt,
wird aus Geschichte blutige Politik. Dann sind auf einmal die
Toten quicklebendig. Das beweisen zahlreiche Konflikte seit
dem langen Jahr 1991, das 1989 begann und ins andere lange
Jahr, 1919 bis 1922, zurückführt. Der Anstoß von 1919/22 fand
nach 1945 in der Entkolonialisierung seine Fortsetzung.

Wussten sie nicht, was sie taten, die politischen Entscheidungsträger, die unmittelbar nach dem Ersten Weltkrieg die Welt angeblich besser und menschlicher machen wollten? Aber auch die
politischen Entscheidungsträger nach dem Zweiten Weltkrieg, im
Zeitalter der Entkolonialisierung. Ebenfalls die vermeintlichen
Vor- und Nachdenker, die seit etwas mehr als hundert Jahren behauptet hatten, dass zu Glück und Frieden von Individuen und
Nationen der jeweils selbstbestimmte Nationalstaat gehöre.

Sie wussten nicht, vergaßen oder übersahen zu leicht, dass auf
demselben Gebiet auch andere Nationen und Gruppen lebten,
die sich von ihnen und ihresgleichen nicht bevormunden, fremd-
bestimmen oder unterdrücken lassen, sondern über sich selbst
bestimmen wollten.

Jedem Volk Selbstbestimmung – das war der Kern der 14 Punk-

te, die US-Präsident Woodrow Wilson im Januar 1918 der Welt-
öffentlichkeit vortrug und womit er viele Völker regelrecht elekt-
risierte. Jedes Volk, jede Nation bezog dieses Recht auf sich und
beanspruchte es für sich. Die neue, nach dem Großen Gemetzel
entstandene Weltordnung trug weitgehend die Handschrift dieses Mannes, der vor seiner Präsidentschaft Jura- und Ökonomie-
professor sowie Rektor der Eliteuniversität Princeton gewesen
war. Nach seiner Rückkehr von den Pariser Friedenskonferen-
zen gestand er dem US-Senat bezüglich seiner Forderung nach
dem Selbstbestimmungsrecht der Völker:»Als ich diese Worte
sagte … sagte ich sie ohne das Wissen um all die Nationalitäten,
die Tag für Tag zu uns kommen. Sie wissen nicht und können
sich nicht vorstellen, was für Ängste ich ausgestanden habe, weil
viele Millionen von Menschen sich Hoffnungen auf der Grundlage dessen machten, was ich gesagt hatte.«[3]
   Selbst der Eliteprofessor-Präsident wusste nicht, was er tat.
Millionen Menschen bezahlten und bezahlen bis heute für sein
und seiner Kollegen Unwissen mit ihrem Leben.
   Woodrow Wilsons Prinzip war richtig und moralisch, nur war
und ist es nicht widerspruchsfrei anwendbar. Es entbehrt nicht
einer makabren Ironie, dass der Erfinder jenes politischen Dreh-
buchs künftiger Konflikte und Kriege 1919 mit dem Friedensnobelpreis ausgezeichnet wurde. Wilsons Irrtum – die Identität von
Nation und staatlichem Territorium – ist noch immer der gedankliche Leitfaden für Politik, Medien, Wissenschaft(smehrheit) und
Völker. Operation gelungen, Patient gestorben, trotz scheinbar
bestmöglicher Voraussetzungen.
   Gibt es denn für die Erfindung einer solchen politischen Theorie bessere Voraussetzungen als einen Verfasser, der Staatspräsident ist, der zuvor Professor und Rektor einer Eliteuniversität
war? Der sich, wie jeder Politiker eines entwickelten Landes, auf
die erfahrensten und qualifiziertesten Personen und Institutionen, nicht zuletzt seinen riesigen und teuren Staatsapparat stützen kann? Auf Institutionen stützen kann, deren Bestand der
Staat garantiert, um bei Bedarf genau von ihnen Expertenrat ein-
zuholen? Woodrow Wilson holte ihn weder vor noch während

der Friedensplanungen ein. So wenig wie seine Partner, der Brite Lloyd George und der Franzose Georges Clemenceau.

Die Mischung aus Unwissen, Eitelkeit, teils Dummheit, persönlichem sowie nationalem Machtstreben, Skrupellosigkeit oder Zynismus der nach dem Ersten Weltkrieg verantwortlichen politischen Welteinsturzmeister gegenüber den Objekten ihrer Entscheidungen hat David Fromkin beschrieben. Man kann das in seinem Buch ›A Peace to End All Peace‹ nachlesen. Im Mittelpunkt von Fromkins Interesse steht die Zerschlagung, die »fabrizierte« Um- und Unordnung des Osmanischen Reiches.[4] Es war ein Frieden, der den Frieden abschaffte. Doch es wurden und werden nach jenem Quasibackrezept immer wieder fiktive Nationalstaaten, politische Kopf- und Kunstgeburten, errichtet und geplant.

Um keine Zweifel aufkommen zu lassen: Es ist ein moralisch richtiger und menschenfreundlicher Gedanke, jeder Nation ihren Staat zu ermöglichen, ihren Nationalstaat. Aber wenn man dabei nur das eigene Staatsmodell im Kopf hat, wenn man nicht beachtet, um welche Art von »Nation«, um welche Gruppen es sich handelt, die da »in einen Topf geworfen werden«, dann übersieht man zwangsläufig, was eigentlich nicht zu übersehen ist, nämlich alle jene, die sich irgendwann zur Wehr setzen werden, weil es sie gibt, weil sie kämpfen und töten und ihrerseits getötet werden.

Die neuen »National«-Staaten folgten und folgen dem Modell des 19. Jahrhunderts, das für die demografisch mehr oder weniger einheitlichen Gesellschaften Westeuropas gebaut worden war. Die Gedankenväter und Architekten der neuen Staaten waren nicht Einheimische, sondern Auswärtige, die ihre heimischheimatliche, europäisch geprägte Gedankenwelt auf die (damals noch nicht so genannte) Dritte und Vierte Welt übertrugen. Sie fanden Nachahmer, und wenn diese »nicht gestorben sind, so leben sie noch heute«. Wie viel Blut muss noch fließen?

Zumindest zwei Männer und ihre Mitarbeiter wussten allerdings schon während des Ersten Weltkrieges sehr wohl, was sie dachten und machten, genauer: was sie bezüglich des Osmani-

schen Reiches vorhatten: dessen Zerschlagung. Der Engländer
Mark Sykes, Oberst der britischen Armee, Diplomat und Politiker, und der Franzose François G. Picot, französischer Gene-
ralkonsul in Beirut, verhandelten im Auftrag ihrer Regierungen
eine geheime Übereinkunft. Sie verteilten bereits im Mai 1916
das Bärenfell, lange bevor das Osmanische Reich im Oktober
1918 kapitulierte. Ihr Anliegen war nicht die Selbstbestimmung
der vielen Völker dieses Vielvölkerreiches, sondern die Erweiterung britischer und französischer Einflussgebiete in Nahost.
Um die Kriegsverbündeten – das russische Zarenreich, Italien
und Griechenland – bei Laune zu halten, sollten diese mit Teilen der Kerntürkei abgespeist werden. Weil sich die Rest-Türkei
unter Führung Atatürks bis 1923 militärisch erfolgreich wider-
setzte (und Russland kommunistisch geworden war), mussten
Russland bzw. die Sowjetunion, Italien und Griechenland auf
ihre Beuteanteile verzichten. Von 1918 bis 1922 stritten dann
auch Großbritannien und Frankreich miteinander. Schließlich
einigten sie sich – auf Kosten des Selbstbestimmungsrechts der
einheimischen Araber.

Sie versprachen ihnen zwar Unabhängigkeit und Selbstbestimmung, doch faktisch wurden Mesopotamien, das Zweistromland
zwischen Euphrat und Tigris, sowie das heutige Jordanien, das
Westjordanland, Israel und der Gazastreifen als »Palästina« britische Kolonien.»Mandats- bzw. Treuhandgebiet« nannte man
den Etikettenschwindel. Ebenso wie die französischen »Manda-
te« Syrien und Libanon faktisch französische Kolonien wurden.

Weder Franzosen noch Briten hatten an diesen »Treuhand«-
gebieten große oder gar dauerhafte Freude, geschweige denn
Gewinn davon, denn schon unmittelbar nach Ende des Ersten
Weltkriegs begannen einheimische Araber und nach Britisch-
Palästina eingewanderte Juden Briten und Franzosen regelrecht
hinauszubomben.

Nach dem Zweiten Weltkrieg wechselten die Herren dieser
Territorien, doch nicht die grundsätzlichen demografischen (=
bevölkerungspolitischen) Gegebenheiten und geografischen
Staatsgrenzen. Anstatt politische Geografie (Staatsgrenzen) und

Demografie deckungsgleich zu gestalten, zerbomben sich bis heute die einheimischen Machteliten und Völker untereinander. Nicht nur Juden bzw. Israelis und Palästinenser, sondern auch Araber und Muslime.

Die politischen, medialen und wissenschaftlichen Betrachter, die Außenwelt, bieten bislang nur ein einziges Konzept an, welches sie Lösung nennen, das jedoch das eigentliche Problem ist: ein Nationalstaat für eine multinationale, multikonfessionelle oder multiethnische Gesellschaft. Das ist das alte Kunstprodukt. Worauf das langfristig hinausläuft, ist offenkundig: Irgendwann werden Geografie und Demografie deckungsgleich sein. Dafür sorgen unvermeidlich die Historischen Urkräfte. Aber um welchen Preis? Der Preis dafür sind anhaltende Konflikte, Kriegsgefahren, ein latenter oder offensichtlicher Kriegszustand, dauerhafte Gewalt. Die Fortdauer von Konflikten und Kriegen ist nur vermeidbar, wenn umgedacht wird. Andernfalls wird der inner- und zwischenstaatliche Umbau blutig gemacht – siehe Syrien, Libanon, Irak, Jemen, Sudan, Libyen, außerhalb von Nahost zum Beispiel die Ukraine oder Tschetschenien, Abchasien, Ossetien, Burma, Sri Lanka und, und, und. Solange der Überbau nicht zur bzw. auf die Basis passt, fließt Blut.

Staaten als Kunstprodukte

Jedes Volk sei »für sich zu einem Staat vereinigt«. Dafür plädierte Immanuel Kant gleich am Anfang seines ›Zweiten Definitivartikel[s] zum ewigen Frieden‹. Die meisten Staaten unserer Welt gelten als »Nationalstaaten«, in denen ein Volk bzw. eine Nation ihr Gebiet bzw. ihren Raum, ihr Territorium bzw. ihren Staat hat. Recht besehen sind jedoch sehr viele, ja, fast alle Staaten dieser Welt Vielvölkerstaaten. In diese Vielvölkerstaaten wurde zusammengepresst, was nicht zusammengehört(e) und, noch wichtiger, im Sinne wahrer Selbstbestimmung auch gar nicht zusammenleben wollte oder will.

Das wiederum bedeutet: Ein Staat, dessen Gesellschaft aus

vielen Völkern, Sprach-, Religions- oder Kulturgruppen besteht, kann kein Nationalstaat sein. Warum? Weil ein Nationalstaat der Staat *einer* Nation ist – und das auch meistens seine Minderheiten spüren lässt, durch Diskriminierung, manchmal sogar Liquidierung. Ein Staat ist entweder National- oder Vielvölkerstaat. Folglich kann es in einer Vielvölkergesellschaft keinen Nationalstaat geben. So wenig, wie es riesige Zwerge geben kann. Eine Vielvölkergesellschaft als »Nationalstaat« ist deshalb ein unsinniges, künstliches Gebilde, ein Kunstprodukt. Ergo sind viele Staaten unserer Welt Kunstprodukte. Als Kunstprodukte werden sie auf Dauer nicht überleben – es sei denn, sie passen ihren jeweiligen staatlichen Rahmen der gesellschaftlichen Wirklichkeit an. Marxisten würden es so sagen, und sie hätten damit Recht: Ohne feste Basis kein stabiler Überbau. Anders formuliert: Ohne festes Fundament kracht jedes Haus zusammen.

Faktoren der (In-)Stabilität

Stabil ist ein Staat, abgesehen von der einen oder anderen Ausnahme, im Allgemeinen nur, wenn folgende Faktoren deckungsgleich sind: Geografie, Demografie, Theologie, Ideologie, Ökonomie und Soziologie.

- **Geografie** heißt Politische Geografie, also die Staatsgrenzen.
- Das Territorium muss der **Demografie**, also der Bevölkerungsstruktur, entsprechen.
- Die **Theologie**, die religiösen Rahmenbedingungen der Bevölkerung, sind zu beachten.
- Die Staats-**Ideologie** als Überbau einer vielfältigen Demografie muss auf Vielfalt (»Pluralität«) setzen.
- Die Ökonomie muss für relativ gerechte Verteilung sorgen.
- Ohne Rücksicht auf die **Soziologie**, also das gesamtgesellschaftliche Gefüge des jeweiligen Staates, ist jeder Stabilisierungsversuch von innen oder außen zum Scheitern verurteilt.

Neue Staaten entstehen

Die Fundamente der meisten Staaten dieser Welt sind nicht stabil, weil die genannten Faktoren fast nirgends deckungsgleich sind. Ergo brechen die Staaten auseinander. Der Anstoß kommt entweder von innen oder von außen. Wann genau das geschieht oder geschehen wird, kann niemand exakt voraussagen. Dass jedoch viele (die meisten?) Staaten zusammenbrechen werden, ist unvermeidbar – es sei denn, die jeweils vorherrschende Nation/ das jeweils vorherrschende Volk im sogenannten Nationalstaat teilt ihre/seine Macht mit den Minderheiten, entweder räumlich (= territorial) oder nach anderen Zuordnungsprinzipien. Die Gewaltenteilung zwischen den Staatsgewalten muss ergänzt werden um die Gewaltenteilung zwischen den einzelnen Völkern bzw. Nationen und anderen Gemeinschaften innerhalb des jeweiligen Staates. Geschieht das nicht, ist das Ende dieser Staaten abzusehen.

Neue Staaten werden entstehen – gemäß den genannten Faktoren. Zusammenwachsen wird, was wirklich zusammengehört. Wenn das – wann auch immer – geschieht, beginnt damit noch lange nicht das (ohnehin längst verlorene) Paradies auf Erden. Dann beginnt auch nicht die Epoche des Ewigen Friedens. Dann wird es aber deutlich weniger Kriege und Konflikte in und zwischen Staaten geben.

Selbstbestimmung – für Gebiete?

Einzelmenschen haben, ebenso wie Gruppen, das Bedürfnis nach Territorialität, nach einem – bitte nicht gleich den deutschen Kopf verlieren –»Lebensraum«. Nein, »Lebensraum« nicht im Sinne der Nationalsozialisten, sondern verstanden als Raum, in dem Einzelmenschen und Gruppen ungestört leben und sich entfalten können, ohne die Vorherrschaft und damit einhergehend allzu oft die Unterdrückung durch andere befürchten zu müssen. Nur wenn diese Entfaltung möglich ist, kann zwischen den Menschen in einem Territorium oder zwischen den Menschen in mehreren Territorien Vertrauen entstehen, Vertrauen bestehen.

»Die meisten der höheren Wirbeltiere (Vögel, Säuger, Reptilien) sind territorial«, schreibt der Verhaltensforscher Irenäus Eibl-Eibesfeldt in seiner Biologie des menschlichen Verhaltens und fährt fort:»Sie besetzen einzeln, paarweise oder in geschlossenen Gruppen bestimmte Gebiete, die man Territorien oder Reviere nennt, und sie verteidigen diese notfalls gegen Eindringlinge.[5] Ähnlich der Mensch: Er»zeigt ebenfalls die Neigung, Land in Besitz zu nehmen und sich auf verschiedenen Ebenen gegen andere abzugrenzen«.[6]

Wie das Nashorn sein Territorium durch seine Exkremente markiert, grenzen wir als Hausbesitzer unseren»Herrschafts«raum durch Zäune und ähnliche Markierungen ein und ab. Nicht anders verhalten sich Staaten bzw. ihre Staatsdenker, -lenker und -bürger. Sie markieren ihren Herrschafts- und Lebensraum durch ihre Staatsgrenzen. Es lebe der Unterschied zwischen Nashorn, Mensch und Staat, doch trotz der gigantischen Differenz sind die Markierungen durch Exkremente, Zäune und Grenzen *funktional* gleich. Wie auch der sprichwörtliche Platzhirsch kämpft das Nashorn um sein Revier, Gebiet oder Territorium. In der Geschichte der Menschheit werden die meisten Kriege um Land geführt.

Individuelle, persönliche Abgrenzungen,»Territorialität« in der eigenen Wohnung, Hütte, im eigenen Haus oder Zelt gab es immer und wird es immer geben. Können sich Menschen also nur auf eigenem Territorium entfalten? Doch der Mensch unterscheidet sich als denkendes Wesen fundamental vom Nashorn. Müsste er sich dann nicht, aus freiem Willensentschluss und durch Einsicht aus Nachdenken, anders als das Tier, das dies nicht vermag, von einem Teil seiner biologischen Mitgift, nämlich der Gleichsetzung von Territorium und Selbstbestimmung, befreien können? Müsste er sich nicht, wenn man so will, in seinem Denken durch sein Sein»emanzipieren« können? *Gilt das Selbstbestimmungsrecht dem Menschen oder dem Land?*

Diese Frage muss zuerst und vor allem gestellt, eine Entscheidung getroffen werden. Alles andere ist Nebensache, ist ableit- und gestaltbar.

Wenn nationale oder andere gruppenbezogene Selbstbestimmung *nur* territorial im je eigenen Nationalstaat denkbar und machbar ist, dann unterscheidet sich der Mensch nicht wirklich vom Nashorn. So auch die bitterböse Botschaft des rumänisch- französischen Dramatikers Eugène Ionesco, einer der geistigen Väter des Absurden Theaters. Nur scheinbar absurd beschrieb er in ›Die Nashörner‹ (Uraufführung 1959, in Deutschland 1960) menschliches, allzu menschliches Mitläufertum, den Herden- trieb. Den Zuschauern bleibt das Lachen im Halse stecken, aber man kann sich damit beruhigen, dass »es ja nur Theater« sei. In der politischen Wirklichkeit ist das nashornhafte Streben von Gemeinschaften nach Territorialität als Identität von Geografie und Demografie alles andere als beruhigend – weil es meistens zu Blutvergießen führt.

Grenzmarkierungen sollen die Vorherrschaft der einen Gruppe über andere verhindern. Indem jede Gruppe ihr eigenes Gebiet besitzt, das von einer anderen Gruppe nicht ohne »Grenzüber- schreitung« betreten werden kann, wird Dominanz verhindert. So der Gedanke. Die Territorialität einer Gruppe ist eng mit ihrer Identität verflochten, mit ihrem Wir-Gefühl, mit dem Bewusst- sein, zusammenzugehören. Die Mitglieder kommunizieren am leichtesten und am liebsten mit und innerhalb der Gruppe. Hier wächst Vertrauen am besten, weil Vertrautheit besteht. Die Ab- grenzung der Territorien ist nicht immer, aber doch zumindest oft mit der Androhung von Waffengewalt verbunden. Nationa- lität, Territorialität und staatliche Identität hängen demnach of- fensichtlich mit Problemen des Vertrauens zusammen.

Es ist methodisch und politisch nicht undelikat, Anleihen bei Verhaltensforschern zu nehmen, also bei den Fachdiszipli- nen, die das Verhalten von Menschen und Tieren untersuchen und die versuchen, eine »Biologie des menschlichen Verhal- tens«, eine »Humanethologie«, zu entwickeln. Das gilt gerade in Deutschland; auch angesichts der Tatsache, dass einer der geistigen Väter der Humanethologie, nämlich Konrad Lorenz, in der NS-Zeit zwar nicht fachlich, aber politisch sowie moralisch versagte. Politisch und begrifflich koscher – nicht nur weil von einem vertriebenen Juden entwickelt – ist die kommunikationstheoretische Variante. Sie greift auf Karl W. Deutsch zurück, der eine »Nation« als »Kommunikationsgemeinschaft« definiert. Zugleich hat Karl W. Deutsch nachgewiesen, dass eine Gemeinschaft vornehmlich innerhalb ihres eigenen Gebietes kommuniziert, innerhalb ihrer staatlichen Grenzen, ihres politischen Territoriums. Die jeweilige Kommunikationsgruppe bzw. Kommunikationsgemeinschaft Nation strebt ein eigenes Territorium, einen eigenen Staat an. Das ist in der Gegenwart der »Nationalstaat«, ihr Nationalstaat. Dieser auf die Moderne bezogene Befund des Politikwissenschaftlers gilt für die gesamte Menschheitsgeschichte. Der Prähistoriker Hermann Parzinger schreibt: »Wo gesellschaftliche Beziehungen entstehen und sozialisierende Prozesse wirksam sind, dort bilden sich auch andere Elemente der menschlichen Gesellschaft heraus – Riten, Pflege und Weitergabe von Traditionen bis hin zu kulturellen und gesellschaftlichen Institutionen, deren zentrale Aufgabe letztlich in der Sicherung der wirtschaftlichen und sozialen Existenz einer Gemeinschaft besteht.«[7]

Politische Kommunikation und Territorium hängen demnach zusammen. Nicht exklusiv, aber es liegt eine intensive Bindung zugrunde. Das wiederum führt über die Biologie hinaus zur Geografie, zur politischen Geografie. Die politische Geografie führt hierzulande noch immer das Dasein eines Mauerblümchens. Auch dies hat seine historischen Gründe. Der dazugehörige NS-Begriff hieß »Lebensraum«, und der war für Millionen ein Todesraum.

Die territoriale Identität von Nation und Staat garantiert nicht das Vertrauen innerhalb einer Gemeinschaft. Doch sie steht für Vertrautheit und bildet so eine wichtige Vertrauensgrundlage. Das bedeutet noch nicht Sicherheit oder Gewissheit. Vertrauen und Gewissheit schließen einander eigentlich aus. Man traut dem Mitmenschen, wenn man ihm vertraut, aber man kann sich seiner nicht sicher sein. Man weiß nicht genau, was man vom anderen zu erwarten hat. Aber man glaubt an ihn, auch ohne Gewissheit zu haben. Im Lateinischen, Englischen oder in den romanischen Sprachen stehen dafür Begriffe wie »fidem habere«, »confidence« oder französisch »confidence«. Noch deutlicher wird es im Hebräischen: Glauben heißt auf Hebräisch »Emuna«, Vertrauen »Emun«. Die drei Wurzelbuchstaben sind identisch, die beiden Worte nur durch den Endbuchstaben voneinander zu unterscheiden. Sprache gibt auch hier offensichtlich anthropologisch-psychologische Grundmuster wieder. Zwischen und in vielen Staaten des Nahen Ostens ist Vertrauen ein Luxusgut bzw. gibt es kein Vertrauen. Wenn als berechtigt anerkannte territoriale Grenzen, Staatsgrenzen, als Prämisse für Vertrauen verstanden werden müssen, dann wird hier eher um diese Prämissen als um Vertrauen selbst gerungen.

Dass die territoriale Identität von Nation und Staat in Bezug auf politisches Vertrauen sehr hilfreich ist, lässt sich auch anhand des Gegenteils beweisen, mit einem Blick auf Regionen und Staaten, wo diese territoriale Identität von Nation und Staat eben nicht besteht. Es sind die *Vielvölkerstaaten,* in denen eine nationale oder religiöse Gruppe andere beherrscht, in denen Dominanzbeziehungen das Verhältnis zwischen den Nationen und Gruppen kennzeichnen und wo auf demselben Gebiet verschiedene Nationen leben, eher nebeneinander und gegeneinander als miteinander.

Ein wichtiger Grund für diese Konflikte besteht darin, dass die politische Führung des jeweiligen bi- oder gar multinationalen Staates nur oder weitgehend nur einer Nation oder Gruppe entstammt. Die von der Führung Ausgeschlossenen fühlen sich fremdbestimmt. Die Herrschaft durch Fremde erzeugt bei den so Beherrschten weder Vertrauen noch ist sie von ihnen gewollt. Misstrauen und Ablehnung sind also die Folge der Fremdherrschaft. Sie kennzeichnen das Verhältnis zwischen den verschiedenen Gruppen und Nationen ein- und desselben Staates. Der überall und immer stattfindende Verteilungskampf um die knappen Güter wird durch diese Situation verschärft. Auf diese Weise sind Geografie und Demografie mit Ökonomie und ggf. Religion (Theologie) oder anderen Faktoren verflochten.

Die These lautet: Jede Kommunikationsgruppe, sprich: Nation, will Selbstbestimmung; Selbstbestimmung auf eigenem Gebiet, ohne die Anwesenheit anderer Gruppen auf demselben Territorium. Genau das ist jedoch – nicht nur in Nahost – kaum möglich. Fast überall leben auf dem Territorium eines Staates mehrere, oft viele, mitunter sehr viele nationale, religiöse oder auch ethnisch und sprachlich verschiedene Gruppen. Diese Tatsache schafft eher Misstrauen als Vertrauen, verursacht Konflikte, ist aber selbst zugleich Ergebnis historischer Konflikte. Sie ist sowohl abhängige als auch unabhängige Variable.

Wir finden vergleichbare Spannungen weltweit. Es handelt sich nicht nur um ein regional nahöstliches Problem. Ex-Jugoslawien, Rumänien, Sowjetunion/Russland, die Ukraine, die Volksrepublik China, Indien, Indochina, Malaysia, Pakistan, Afghanistan; afrikanische Staaten wie Nigeria, Mauretanien, der Senegal, Äthiopien, Ruanda, Burundi, Namibia und natürlich Südafrika sind Teil einer langen, jedoch keineswegs erschöpfenden Beispielliste.

Deutscher und westeuropäischer Sprengstoff

Solche Spannungen lassen sich nicht nur auf anderen Kontinenten, sondern auch in Europa beobachten. Spanien hätte ohne Föderalisierung schon längst keinen inneren Frieden mehr. Dieser innere Frieden hing am Ende der Franco-Ära und in den ersten Jahrzehnten der 1975 erneuerten Demokratie am seidenen Faden. Zunächst schien er, besonders im Baskenland, auch in der Frühphase der Föderalisierung bzw. räumlichen Selbstbestimmung unerreichbar. Die ETA (Euskadi Ta Askatasuna, baskisch für *Baskenland und Freiheit*) hörte nicht auf, Bombenattentate zu verüben. Allmählich hat die Föderalisierung des Staates ihr den Terrorboden unter den Füßen weggezogen. Befriedend ist auch die Wirkung der territorialen Föderalisierung in Galicien und Katalonien. Wahrscheinlich wird die räumliche Machtteilung für alle drei weiter auszubauen sein, um Spaniens Staatlichkeit zu erhalten. Noch ist offen, ob und wie Katalonien Teil Spaniens bleibt. Föderalismus oder Teilung – das ist auch die Alternative, vor der Großbritannien steht. Die Schotten stimmten im September 2014 über ihre Unabhängigkeit ab. Auch wenn sie im Ergebnis für den Verbleib im Vereinigten Königreich stimmten, wird mehr Föderalismus unumgänglich sein. Gleiches gilt für Wales und Nordirland. Vom Heute aufs Morgen schließend: Das heutige Vereinigte Königreich wird eines Tages Bundesstaat oder Staatenbund. Das schließt andere staatenbündische Bindungen, zum Beispiel mit der Europäischen Union, keineswegs aus. Man könnte das als *zweistufige Konföderation* bezeichnen.

Bleibt Belgien ein Bundesstaat oder wird es auch ein Staatenbund aus Flandern, der Wallonie, Brüssel – und, o Schreck, gar dem bis 1919 deutschen Eupen plus Malmedy?

Innerer, innergesellschaftlicher Friede kann nicht auf Dauer erzwungen werden, das ist unzweifelhaft so. Wenn er erzwungen werden muss, dann handelt es sich bestenfalls um eine Art Waffenstillstand, einen Zustand von Noch-nicht-Bürgerkrieg. Wenn das so ist, dann muss hierüber grundlegend nachgedacht werden, historisch und politisch-theoretisch. Viel Zeit zum Nachdenken haben wir nicht. Das gilt auch für Deutschland.

Es ist absehbar und vorhersehbar, dass sich deutsche und andere Europäer »mit Migrationshintergrund« gegen aufsteigende fremdenfeindliche Parteien wie den Front National in Frankreich, die UKIP (United Kingdom Independence Party) in England und ähnliche Verbindungen in Skandinavien und anderen europäischen Ländern zur Wehr setzen werden.

Was werden die Migranten tun? Werden sie eigene Parteien gründen? Das ist wahrscheinlich und wäre politisch auch wirksam, denn an Wählermasse fehlt es diesen Landsmannschaften nicht. Bevölkerungspolitisch, demografisch nehmen sie ohnehin zu. Was bedeutet das? Muss man befürchten, dass die Konfrontation der wachsenden Minderheit von Extremisten sowohl auf dieser Seite als auch auf der Migrantenseite den gesellschaftlichen Frieden in der traditionellen Mehrheitsgesellschaft beendet? Die Gefahr besteht. Im Jahr 2013 wurden in Großbritannien etwa 100 Scharia-Gerichte gezählt. Sie stehen für eine Paralleljustiz der muslimischen Parallelgesellschaft. Auch in Deutschland besteht faktisch eine innerislamische Paralleljustiz. Ist das ein Problem? Es muss keines sein, wenn Form und Inhalt dem gesamtstaatlichen Recht entsprechen. Wenn sie das tun. Um gesamtgesellschaftlichen Sprengstoff geht es dann, wenn Gewaltmonopol und Rechtsverbindlichkeit gebrochen werden. Eine »Scharia-Polizei« oder Vergleichbares löscht Staatlichkeit aus. Ohne Gewaltmonopol und Rechtsverbindlichkeit kein Staat, keine Einheit. Wie viel Vielfalt (v)erträgt eine staatliche Einheit? Das ist die Frage, über die wir nachdenken müssen.

Eine teilrechtliche Binnenregulierung muslimischer Minderheit klingt in manchen Ohren hochproblematisch. Dabei gab es das in vergleichbarer Form zum Beispiel schon in den »Kehilot«, den jüdischen Gemeinden des Hochmittelalters. ,Gewiss, sie waren von Gunst und Gnade der Herrscher abhängig – aber sie gestalteten ihre inneren Angelegenheiten selbst. Soweit bekannt und antisemitischen Behauptungen zum Trotz zerbrach die christliche Mehrheit an dieser personalen, gruppenbezogenen Autonomie bzw. Selbstbestimmung der Juden nicht. Auch heutzutage bieten diasporajüdische gemeindliche Schiedsgerichte keinen gesamtgesellschaftlichen Sprengstoff. Es gibt sie. Warum auch nicht? Gleiches könnte für islamische Schiedsgerichte gelten. Voraussetzung ist, dass eine solche personale, gruppenbezogene Autonomie das Wir einer Gesamtgesellschaft, einer staatlichen Gemeinschaft, stärkt und nicht verhindert.

Im Osmanischen Reich gab es das »Millet«-System. Der Begriff bezeichnet nichtmuslimische Religionsgemeinschaften und regelte die Rechtsordnung für sie. Muslime waren die bestimmende Mehrheit im Osmanischen Reich. Nicht-Muslime regelten vor allem Personenstands-, kulturelle, religiöse und sprachlich-erzieherische, binnenwirtschaftliche und Verwaltungsangelegenheiten selbst. Das Reich von Istanbul war kein Paradies auf Erden. Aber es war mit Sicherheit für die Mehrheit der dort Lebenden besser als das spätere inner- und zwischenstaatliche Gemetzel, das unter dem Etikettenschwindel »nationale Selbstbestimmung« auf die Zerschlagung des Vielvölkerstaates folgte. Das lag nicht zuletzt daran, dass die jeweiligen Kommunikationslinien der nationalen, ethnischen, religiösen, sprachlichen und kulturellen Kommunikationsgemeinschaften nicht geografisch-staatlich durch Grenzen getrennt wurden. Dieses System hat sich über 600 Jahre bewährt. Das Osmanische Reich war kein Paradies, dies sei noch einmal betont. Aber ein Verbrechen wie der Völkermord an den Armeniern war ein Endphänomen. Er war Teil des osmanischen Niedergangs.

Kultur als nichtterritoriale Heimat:
Selbstbestimmung für Menschen im Land, nicht fürs Land

Die eigene Schicksalsgemeinschaft (Geschichte), Erziehung, Ausbildung, Sprache, Religion, Binnenrecht ohne Kollision mit Außenrecht, also Kultur ist Ausgangs- und Zielpunkt dieser Form der Selbstbestimmung. Sie ist nur möglich, wo und wenn Heimat als kulturelle oder anders bestimmte Kommunikationsgemeinschaft verstanden wird, als ein Wir und nicht als etwas Materielles oder als Land; als innerer, ideeller Wert mit durchaus, aber nicht ausschließlichen äußeren Bezügen; wenn Heimat also nicht in erster Linie als Territorium verstanden wird, sondern als Wert und Ziel. Dabei zählt der Mensch mehr als der Boden. Blut und Boden werden entkoppelt und nicht länger verkoppelt.

Diese nichtterritoriale (Kultur-)Autonomie, ein solches Wir-Verständnis, eine auf diese Weise zusammengehaltene Kommunikationsgemeinschaft würde multinationale und multiethnische Staaten stärken, nicht schwächen. Das war der Grundgedanke der jüdischen »Bund«-Sozialisten im russischen Zarenreich des späten 19. und frühen 20. Jahrhunderts sowie – politisch wenigstens etwas folgenreicher – der Austromarxisten Karl Renner (1870-1950) und Otto Bauer (1880-1938).[8] Sie wollten einerseits den diversen Nationalitäten im Habsburgerreich echte Selbstbestimmung ermöglichen und andererseits die Staatlichkeit ihres Staates bewahren. Das war naturgemäß *in bevölkerungspolitisch gemischten Regionen* besonders schwierig. Es glich und gleicht der Quadratur des Kreises, meinten und meinen viele. Nein, konterten die Väter der personalen Selbstbestimmung. Das bedeutete: Jene nichtterritoriale Selbstbestimmung sollte alle Lebensbereiche der jeweiligen Gruppen in bevölkerungspolitisch gemischten Regionen (mit Ausnahme der Außen-, Verteidigungs- und gesamtstaatlichen Finanz- und Wirtschaftspolitik) umfassen. Ausgehend vom Beispiel der schweizerischen Kantone, die gerade in der Wirtschafts- und Strukturpolitik untereinander konkurrieren, ließe sich das beschriebene Selbstbestimmungsmodell noch flexibler gestalten.

Um den schon vor dem Ersten Weltkrieg innerlich zerbröselnden Habsburgerstaat zu retten, wurden diese Gedanken ansatzweise verwirklicht: 1905/06 im Mährischen Ausgleich zwischen Deutschen und Tschechen sowie 1910 in der Bukowina zwischen Deutschen, Juden, Polen, Rumänen und Ruthenen. Die atemberaubende Hochkultur von Czernowitz, die neben anderen vorher und nachher Rose Ausländer oder Paul Celan prägte, dokumentiert die Kreativität und Humanität dieses Modells, wo (solange der Geist jenes föderativen Toleranzmodells wirkte) das Wort und nicht der Mord den Umgang der verschiedenen Gemeinschaften bestimmte.

1914 wollte die Führung des Habsburgerreiches das Modell der Kulturautonomie auch in Galizien (Polen) einführen. Weitere Anwendungen wären sicher erfolgt und gefolgt. Man hätte sie mit diesem Motto kennzeichnen können: »Plurale Selbstbestimmung und Leben.«

Was stattdessen geschah, ist allseits bekannt. Durch den Ersten Weltkrieg kam alles anders. An dessen Ende gab es kein Habsburgerreich mehr. Die jüdischen Bundisten galten als idealistische Sektierer oder Spinner, und das faszinierende Modell eines Miteinanders in Vielfalt beschäftigt, wenn überhaupt, nur noch einige wenige im Elfenbeinturm des Denkens.

Seit dem Ersten Weltkrieg, dem großen Völkergemetzel, und auch nach dem Zivilisationsbruch im Zweiten gilt bis heute weltweit das Motto »Nationale Selbstbestimmung auf eigenem Boden«. Das aber bedeutete, bedeutet und wird bedeuten: »Blut für Boden« beziehungsweise »Selbstbestimmung der Mehrheit auf Kosten der Minderheit(en)«. Programmiert sind Krisen, Konflikte, inner- und zwischenstaatliche Kriege.

Entscheidend ist: Das Konzept der personalen Selbstbestimmung bzw. Föderation oder Autonomie entmystifiziert das jeweilige Land, den jeweiligen Boden. Zur Sicherung des vermeintlich volkseigenen Bodens müsste kein Blut fließen, die brisante Mischung von Boden und Blut wäre entschärft. Mehrere nationale, ethnische und religiöse Gruppen könnten auf demselben Territorium leben. Diese Form der personalen Föderation könnte in jeder Region angewendet werden, wo mehrere Volksgruppen um dasselbe Gebiet blutig ringen. Man denke zum Beispiel an die Auseinandersetzung zwischen Armeniern und Aserbaidschanern um die Region Berg-Karabach.

Befund 2: Schemata der Staatenwelt und denkbare Lösungen

Ich komme auf das Bild von Topf und Topfdeckel zurück. Die Grenzen eines Staates (politische Geografie) muss man sich als Topfdeckel, als Überbau, vorstellen. Die Basis bzw. der Topf ist die jeweilige Bevölkerungsstruktur (Demografie). Topf und Topfdeckel müssen zu- bzw. in- oder aufeinander passen. Meine bisherigen Ausführungen haben hoffentlich verdeutlicht, dass bei vielen Staaten Topf und Topfdeckel nicht füreinander bestimmt sind. Es sei nun versucht, Wunsch und Wirklichkeit unserer historisch gewachsenen Staatenwelt schematisch zusammenfassend darzustellen. Dass es in der Wirklichkeit diverse Abweichungen vom jeweiligen Schema gibt, versteht sich von selbst. Dadurch wird der gedanklich-konzeptionelle Aussagewert nicht verringert.

Anders als Menschen erregen Schemata keinerlei Gefühle, weder Identifizierung noch Distanzierung, keinen Gruppenhass und keine Gruppenhingabe. Schemata richten sich an den Verstand. Sie verdeutlichen eine Sache und beschreiben keine Gefühle. Mit Hilfe von sachbezogenen Schemata lassen sich Befunde rational(er) erkennen und dann behandeln.

Innerstaatliche demografisch-geografische Realitäten: Territoriale Selbstbestimmung

Der Befund lautet: Wenn die demografische Basis bzw. Struktur den Staatsgrenzen (politische Geografie) entspricht, bekommt die Nation ihre Selbstbestimmung auf ihrem Territorium, in ihrem Staat, ihrem Nationalstaat. Nation als Basis und Staat als Überbau sind im Nationalstaat identisch. Die staatliche Lösung für eine homogene Gesellschaft war, ist und bleibt der Nationalstaat.

Ein solches Gemeinwesen kann zentralistisch oder föderalistisch aufgebaut sein, wobei das Föderalistische hier eher wie, sagen wir, im Falle Bayerns in Deutschland folkloristisch gefärbt wäre.

Bezogen auf den Staat an sich ist dies die allgemeine Wahrnehmung, Kennzeichnung, Hoffnung oder Zielsetzung: Ein Volk, eine Nation, ein Land, ein Staat. Ein »flächenmäßig in sich« geschlossenes »Machtgebilde mit einheitlicher zentraler Regierung und Verwaltung und festen Grenzen«.[9] Also:

Staat = Nation + Territorium + zentrale Verwaltung

Bei dieser ebenso moralischen wie logischen Gedankenverbindung besteht allerdings ein winzig kleines Problem: Sie ist selten anwendbar, denn sie beruht auf der meist unrealistischen An-

nahme der Identität einer homogen-nationalen Bevölkerungsstruktur mit den staatlichen Grenzen. Volksgeschichte gleicht
den diversen Schichten der Archäologie. Sie ist meistens vielschichtig und deshalb innerhalb eines Territoriums oft Völker-
geschichte, also die Geschichte mehrerer Völker. Deshalb ist der
Grundgedanke »Ein Volk, ein Raum, ein Staat« historisch weitgehend unrealistisch.

Wille und (Wunsch-)Vorstellung erzeugen eine Fiktion, die
mit der Wirklichkeit gleichgesetzt wird. Abbildung 1 bildet eine
solche Fiktion ab. Die Folgen können fatal sein. Die äußeren
Ellipsen stellen in dieser sowie den übrigen Abbildungen die
Staatsgrenzen (politische Geografie) dar. Die einheitlich grun-
dierten Farbflächen stehen für die Gesamtheit der homogenen,
sprich: einheitlichen Bevölkerungsstruktur (Demografie).

Nochmals, weil entscheidend: Aufgrund der zahllosen wie und
weshalb auch immer erfolgten Bevölkerungsveränderungen und
dadurch bedingt ebenso zahlreichen Kommunikationsschichten
während der Menschheitsgeschichte gibt es diese demografische
Einheitlichkeit so gut wie nie. Ja, doch, es gibt Ausnahmen. Zum
Beispiel Japan und Island, beides Inseln. Beide haben eine ethnisch und sprachlich so gut wie einheitliche Bevölkerung. Anders schon die Britischen Inseln. Dort überlagern sich Ethnien
und Sprachgruppen – weshalb es auf der Irischen Insel seit jeher,
rund gerechnet seit dem 12. Jahrhundert, und in Schottland seit
altrömischen Zeiten, sagen wir, rumorte und rumort. Die von
Römern, Angelsachsen und Normannen einst vertriebenen, fast
ins Meer geworfenen Kelten fanden am äußersten Rand ihrer
Welt Zuflucht. Vor allem die englischen Eroberer wurden Siedler, und so entstanden zumindest zwei demografische Schichten,
die sich von Anfang an spinnefeind waren. Der heutige Nordir-
land-Konflikt legt ein spätes Zeugnis ab. Demografische Einheitlichkeit, auf der das Denkmodell des Nationalstaates beruht, ist
weltweit größtenteils eine Fiktion, ein Wunschmodell.

Wir wechseln vom Wunsch zur Wirklichkeit, zu Abbildung 2.
Sie zeigt einen Staat, in dem mehrere Nationen (Kommunikationsgemeinschaften) zusammenleben. Auf den Irak trifft dieses

Schema zu. Im Norden (nichtarabische) Kurden, in der Mitte arabische Sunniten, im Süden arabische Schiiten. Drei Historische Urkräfte wirken hier: Geografie, Demografie und Theologie. Da es Reichtum, sprich: Öl, im Norden und Süden gibt, ist der Faktor Ökonomie im Sinne einer Quelle von Reichtum gewichtig.

Auch die geografisch-demografische Situation der Ukraine wird – teilweise, genauer: innerstaatlich – durch dieses Schema widergespiegelt. Das Territorium bzw. Gebiet oder (am treffendsten, obwohl historisch belastet) der »Lebensraum« der jeweiligen Nation ist mehr oder weniger eindeutig zuzuordnen. Dieses Schema trifft auf Staaten zu, in denen zwei oder mehr Kommunikationsgemeinschaften leben.

Was wäre für eine solche Basis der passende, Frieden stiftende oder sichernde staatliche Überbau, also der oder ein Lösungsvorschlag? Sicher kein Zentralismus. Nur Föderalismus, der hier nicht als Folklore, sondern als Volkskultur, als Lebensweise zu verstehen ist. Eine Bundesrepublik müsste es sein. Eine *Bundesrepublik*, die (wie *Deutschland* oder die *USA*) aus mehreren Bundesländern bzw. Bundesstaaten und einem Gleichgewicht von zwei Kammern bestände, einer »Volkskammer« und einer Regionalkammer. Diese wäre die Vertretung der Länder etwa nach Art des deutschen Bundesrates oder des US-Senats, jene das »allgemeine« Parlament wie der deutsche Bundestag oder das US-Repräsentantenhaus. Selbstbestimmung ist hier sowohl national-gesamtstaatlich als auch demografisch-regional bzw. demografisch-territorial.

Als Beispiel für die Wirksamkeit dieser bundesstaatlichen Konzeption noch besser geeignet ist die *Schweiz*. Während sich Deutschland als eine, nämlich deutschsprachige, Kommunikationsgemeinschaft versteht, ist die Alpenföderation viersprachig: deutsch, französisch, italienisch, rätoromanisch.[10]

Jede schweizerische Kommunikationsgemeinschaft (»Nation«) ist territorial eindeutig zu lokalisieren. Schon deshalb liegt eine bundesstaatliche Aufgliederung des Staates nahe. Die kantonale Aufteilung der Schweiz berücksichtigt darüber hinaus auch zusätzliche demografisch-geografische Verschiedenheiten, zum Beispiel lange Zeit gewichtige religiöse (»Theologie«), so dass auf diese Weise innerstaatliche Konflikte bundesstaatlich abgefedert werden. Neben dem Nationalrat, der aus allgemeinen, gleichen und geheimen Wahlen hervorgeht, ist eine zweite Kammer, der Ständerat, vorhanden. Dass auch er demokratisch legitimiert ist, versteht sich von selbst.

Es ist kein Zufall, dass das Schweizer Modell in der Fachsprache auch als *Konkordanzdemokratie* (von lateinisch »concordia« = Eintracht) bzw. *Konsensdemokratie* bezeichnet wird. Einbinden statt überstimmen – das ist der Grundgedanke. Erweitert wird er durch Volksentscheide. Die wiederum können sowohl theoretisch als praktisch-empirisch-historisch Gesellschaften polarisieren, also eher spalten als versöhnen. Diese allgemeine Gefahr wird in der Schweiz weitgehend dadurch neutralisiert, dass meistens über konkrete, handfeste Themen abgestimmt wird, die in der Regel auch innerhalb der jeweiligen Kommunikationsgemeinschaften umstritten sind.

Dennoch: Politische und andere Polarisierungen gefährden selbst Konsenskonstruktionen dieser Art – sogar in der Schweiz. Die Einwanderungspolitik hat in den vergangenen Jahrzehnten die Gesellschaft zunehmend gespalten und das Konkordanzmodell, wenn nicht zerstört, so doch zumindest etwas ins Wanken gebracht.

Lange galt auch das zwischen Flamen und Wallonen zweigeteilte Belgien als Konkordanzdemokratie. Trotzdem ist inzwischen die Zweiteilung des Landes wahrscheinlicher denn je, weil das vormals wirtschaftlich schwächere Flandern die einst überlegene Wallonie überflügelt hat und »Korrekturen« verlangt.

Als »Schweiz des Nahen Ostens« und ebenfalls als Konkordanzdemokratie galt bis zum Bürgerkrieg der Jahre 1975 bis 1990 der Libanon. Ein fein ausgetüfteltes Modell hatte im Zedernstaat für funktionierende Kompromisse zwischen Christen, Sunniten, Schiiten und Drusen gesorgt. Der demografische Zustrom palästinensischer Flüchtlinge aus Israel sowie später Jordanien und Syrien brachte das Gleichgewicht der Gruppen völlig durcheinander. Hinzu kam, seit der Iranisch-Islamistischen Revolution von 1979, das Erstarken der Schiiten. Statt der einstigen Concordia (Eintracht) herrscht im Libanon mittlerweile Discordia, Zwietracht. Jeder gegen jeden. Rette sich, wer kann. Wer kann? Die wenigsten. Wir bleiben bei Zwietracht, Krisen, Konflikten und Kriegen. Wir blicken auf den Irak zur weiterführenden Veranschaulichung der bevölkerungspolitischen Grundstruktur von Abbildung 2. Räumlich relativ deutlich voneinander abgegrenzt leben im Zweistromland Kurden im Norden, Sunniten in der Mitte und Schiiten im Süden. Die drei Gruppen sind sich in fast allem uneinig. Sie bekämpfen sich bis aufs Blut. Einig sind sie sich nur in einem Punkt: Unter einem staatlichen Dach wollen sie nicht leben, es sei denn, Gruppe A kann B und C beherrschen. Den Kunst-Staat Irak schuf Großbritannien nach dem Ersten Weltkrieg mit aktiver Unterstützung der Internationalen Gemeinschaft, damals »Völkerbund« (so moralisch und wirksam wie heute die UNO), als »Mandat« bzw. Treuhandgebiet. Dieses wurde 1921 als »Königreich Irak« scheinbar unabhängig. Spätestens 1958 wurde wenigstens aus diesem Schein ein Sein, also eine Tatsache. Das änderte nichts daran, dass Kurden, Sunniten und Schiiten nicht beieinanderbleiben wollten.[11]

Weil sich die reale räumliche Abgrenzung zwischen Kommunikationsgemeinschaften eher selten an Schemata hält und demografisch-geografische Überlappungen durchaus anzutreffen sind, muss Abbildung 2 um Abbildung 3 ergänzt werden. Hier sind räumliche Schwerpunkte und Mischgebiete mit eindeutigen Mehr- oder Minderheiten erkennbar.

Die Verwirklichung des Selbstbestimmungsrechts lässt sich, wenn (ja, wenn) man will, in so einem Staat leicht lösen: Die Kommunikationsgemeinschaft/Gruppe/Nation A bekommt in diesem Bundesstaat das Bundesland A, wobei die Minderheit B und C Sonderrechte erhält. Im nördlichsten Flächenland der Bundesrepublik Deutschland, Schleswig-Holstein, ist dieses Modell im Zusammenhang mit der dänischen Minderheit wohlbekannt. Deren Partei, der Südschleswigsche Wählerverband, profitiert von dieser Regelung und fungiert nicht selten als parlamentarischer »Königs«macher – ohne dass es deswegen zu deutsch-dänischen Kriegen gekommen wäre. Der Bundesstaat besteht in unserer Abbildung nicht aus zwei, sondern drei Akteuren: A, B und C. Es gibt je eine Volks- und Länderkammer, so dass keine Gruppe vom Entscheidungs- und Verteilungsprozess ausgeschlossen ist.

Innerstaatliche demografisch-geografische Realitäten: Personale Selbstbestimmung

Abbildung 4 zeigt einen Staat mit zwei (oder gegebenenfalls mehr) Kommunikationsgemeinschaften, die aber über das Staatsgebiet verstreut siedeln. Das demografische Muster gleicht einem Flickenteppich. Die Zuordnung des Selbstbestimmungsrechts ist in solchen Staaten erheblich komplizierter. Räumlich ist es nicht oder nur teilweise durchgängig zuzuordnen.

Dieses Schema fasst zum Beispiel die Realität Bosnien-Herzegowinas, weiter Teile des Iran oder auch des Nordens Israels, Galiläa, zusammen.[12]

Territoriale Bundes*länder* scheiden hier als Möglichkeit aus. Selbstbestimmung ist aber, gemäß unseren Grundwerten und Zielen, unverzichtbar. Wie kann man sie verwirklichen? Indem man sich überlegt, wem oder was das Selbstbestimmungsrecht zugeordnet werden soll: dem Land oder den Menschen?

Jeder mehr oder weniger gut organisierte Staat hat die Daten seiner Einwohnerschaft und -gruppen erfasst. Dem entsprechend erhalten Mitglieder der jeweiligen Personengruppen ihr Selbstbestimmungsrecht nicht territorial, sondern personal bzw. personengruppenbezogen, und zwar unabhängig vom Wohnort. Das bedeutet, dass die Personengruppe A im Ort B des jeweiligen Staates (und auch zwischen- wie überörtlich und gesamtstaatlich) Vertretungskörperschaften wählt und in eine »Personalkammer« entsendet. Diese entspräche im Bundes*land* der Länderkammer. Wie im Territorialstaat wäre eine Volkskammer,

basierend auf dem allgemeinen und gleichen (und natürlich geheimen) Wahlrecht, einzurichten, aus der die gesamtstaatliche
Regierung hervorgeht. Dabei sind Sonderregelungen denkbar,
die ggf. zusätzlichen Minderheitenschutz sichern. Jede Personengruppe regelt ihre internen Angelegenheiten
selbst, z. B. Bildungswesen und Sprachpolitik, Kultur, ggf. Religion, Medien, Polizei. Also alles minus Außenpolitik (für die
sich ohnehin nur wenige interessieren) und Militär.
Heikel ist die Zusammensetzung des Militärs. Auch dieses
Problem kann entspannter gelöst werden, wenn (fast) alle anderen Spannungsfelder grundsätzlich einvernehmlich geregelt
sind, jede Gruppe ihren Alltag selbst bestimmt, wenn keine
von der Verteilung des »Kuchens« ausgeschlossen ist und Zugriffsrechte hat auf gesamtstaatliche und nicht zuletzt regionale »Fleischtöpfe« wie zum Beispiel Bodenschätze. Denk- und
machbar wären verschiedene Varianten, zum Beispiel gemischte
Einheiten. Doch das sind operativ-taktische, keine strategisch-
grundsätzlichen Probleme.

Bei nüchterner Betrachtung kennzeichnet das Schema von
Abbildung 4 auch die Geografie und Demografie zahlreicher
Großstädte Westeuropas und der USA. Das Fachwort dazu heißt
»Segregation«. Man denke an die Vorstädte (»banlieues«) von
Paris, Lyon, Marseille oder Straßburg, die Schwarzen-»Ghettos«
und andere ethno-kulturell-konfessionelle Siedlungsschwerpunkte in den USA – aber auch an britische, niederländische
und belgische. Nicht zu vergessen deutsche Großstädte. Diese
sind allerdings besonders im Vergleich zu den französischen
erheblich »durchmischter« und, weil durchmischter, (noch?)
friedlicher.[13]

Das gilt zum Beispiel auch für Berlin und die dort lebenden
ethnischen Gruppen. Heft 3/2012 der ›Zeitschrift für amtliche
Statistik Berlin-Brandenburg‹ zeigte auf Seite 51 eine noch eindeutigere Abbildung, die Schema 4 in Abbildung 4 abstrahiert.[14]
Türkischstämmige Konzentrationen findet man besonders in
Neukölln, Wedding und Kreuzberg. Das Internet liefert z. B.
auch Abbildungen über die geografisch-demografisch-ethnische

Verteilung der Bevölkerung von Bosnien-Herzegowina. Allerdings, soweit ich sah, keine etwa über New Yorks Little Italy oder Chinatown und dessen Pendant in San Francisco – auch nicht zum Beispiel über die orthodox-jüdischen »Gebiete« in New Yorks Williamsburg.

In Frankreich brannten die Vorstädte mehrfach. Im Jahre 2005 brannte es vor Paris lichterloh. Dorthin oder auch – wie im englischen Birmingham – in vergleichbare Ghettos anderer europäischer Großstädte wagt sich die Polizei nicht (mehr), und es hat sich eine Art eigener »Polizei« gebildet. Deutschland schreckte im Sommer 2014 auf, als in Wuppertal plötzlich eine »Scharia-Polizei« aufkreuzte. Das sei ein »Scherz« gewesen, ließen die Islamisten danach verlauten, aber hier ist Schluss mit lustig. Eine Zusatz- oder Gegenpolizei bricht das staatliche Gewaltmonopol und damit die Staatlichkeit an sich.

Aus diesem stadtgeografisch-demografisch-religiösen Umfeld kamen drei Islamisten, die zwischen dem 7. und 9. Januar 2015 durch den Mord an den Redakteuren der Satirezeitschrift ›Charlie Hebdo‹, zwei Polizisten und Geiseln in einem jüdischen Supermarkt nicht nur Frankreich in Angst und Schrecken versetzten. Terror aus jenem Milieu ist eine mögliche Reaktion auf die Lebenssituation. Die Reaktion einer Minderheit, doch einer vorhandenen und vielleicht sogar wachsenden. Die anderen Reaktionen: Resignation oder eher funktional-wirtschaftliche und nicht kulturelle Integration oder Integration durch Anpassung (»Akkulturation«) und Assimilation (»Angleichung«) oder Integration trotz Separation (Trennung des außerberuflichen Alltags). Letzteres könnte durch Gründung einer religiös-ethnischen Partei begünstigt werden. Ob eine solche, in vormodernen europäischen Kategorien eher altertümelnde (reaktionäre?) Partei gefällt oder (wie mir) nicht zusagt: Sie wäre dann Teil der politisch-parlamentarischen Addition der Stimmen für Regierung oder Opposition und damit ins politisch-parlamentarische Regelwerk des Dauerkompromisses eingebunden. Ihre Klientel wäre nicht nur scheinbar durch Quoten oder Alibi-Muslime, sondern tatsächlich politisch versorgt und vertreten.

Bei allen Unterschieden: Strukturell, das heißt geografisch-demografisch, ist der Flickenteppich europäischer Großstädte – weil Flickenteppich und als solcher Spiegel des dramatischen sozial-ökonomisch-kulturellen Gefälles innerhalb der Städte und des Staates – im wahrsten Sinne brandgefährlich. Die Schwarzen-Ghettos der USA brannten besonders in der zweiten Hälfte der 1960er Jahre. Die Brände wurden allmählich gelöscht, weil die Rassenprobleme in den USA zwar nicht gelöst, doch seitdem erheblich gemindert wurden. Dass Barack Obama 2008 erstmals und 2012 erneut zum Präsidenten gewählt wurde, personalisiert diese Entwicklung.

Die Vorstädte Frankreichs 2005 und von Paris 2015 dürften nur die Ouvertüre zu Schlimmerem gewesen sein. Und bei uns in Deutschland? In Kapitel 2 wird diese Thematik vertieft. Hier und jetzt nur so viel: Bei genauerer Betrachtung der demografischen Stadtgeografie von Paris oder der US-Ghettos ist man geneigt, Abbildung 2 für das bestimmende Schema zu halten.[15] Ist also bezogen auf die Umsetzung von Selbstbestimmung und als vorwegnehmende oder reagierende Lösung eher die territoriale als personale Variante denk- und machbar. Oder doch nicht?

Nein, doch nicht. Die demografisch-stadtgeografischen Probleme haben zwar gesamtstaatliche, gesamtgesellschaftliche Dimensionen von großer, ja größter Bedeutung, aber jene innerstaatlichen Ethnien, Religions- und Kulturgruppen rivalisieren, ringen, konkurrieren, kämpfen, ja, bekriegen sich schlimmstenfalls *im* Staat. Es geht durchaus auch um Macht oder mehr Macht im Staat, aber es geht nicht *um* den Staat an sich. Sie kämpfen nicht um das Territorium des Staates, und sie beanspruchen den Staat nicht nur für sich. Auf Deutschland bezogen: Nicht einmal die wildesten Islamisten fordern einen Islamischen Staat Deutschland, eher so etwas wie einen islamistischen Staat im Staat, im Sinne einer Parallelgesellschaft, die tun und lassen kann, was ihr gefällt, unabhängig von den allgemeinstaatlichen Rahmenbedingungen. Das ist zwar kein Weg zum inneren Frieden innerhalb des Staates, aber es ist auch weder ein Kampf ums Land noch um Selbstbestimmung. Diese wird Minderheiten in offenen, pluralen (vielschichtigen) Gesellschaften grundsätzlich gewährt. Hier können religiöse Gemeinschaften oder ganz allgemein Vereine ihr Innenleben weitgehend selbst bestimmen, zum Teil sogar im Rechtswesen. Dieser theoretische Grundsatz wird durch Defizite in der Praxis verwässert, aber nicht aufgehoben. Solange der jeweilige Klein- oder gar nur Minibereich nicht zum allgemeinen Rahmen und Recht für die Mehrheit wird, ist ein solcher Kampf im Staat und eben nicht um den Staat eher als *Klassen-, Kultur-, Verteilungs- oder* (schlimmes Wort) *Rassenkampf* zu verstehen. In städtischen Ballungszentren wäre von *stadtgeografisch-demografischem Klassen- und Rassenkampf* zu sprechen. Solche Auseinandersetzungen, die in den USA schon in den 1960er Jahren einsetzten, sind für unseren Gegenstand eher Randthemen – so (ge)wichtig sie sind. Gerade das *US-Beispiel* belegt meine These, dass der Klassen- und Rassenkampf kein Kampf oder gar Krieg ums, sondern im Land ist. In einem Land, einem Staat, der, anders als die vermeintlichen und tatsächlichen Nationalstaaten, nie Nationalstaat war oder sein wollte. Die Bevölkerung der USA war, schematisch-konzeptionell betrachtet, stets eine Addition ihrer Bürger, woher sie auch kamen. Amerika war nie das Land bzw. der Staat, also Nationalstaat, der nationalen Gruppe A, B oder C. Es war und ist jedoch teilweise immer noch der Staat einer bestimmten Klasse und Rasse: der weißen Ober- und Mittelklasse. Dieser Sachverhalt ist doppelbödig, sowohl negativ als auch positiv.

Negativ ist der historisch kaum zu bestreitende Klassen- und Rassencharakter der US-Gesellschaft und damit des Staates. Positiv hingegen sind dessen Konzeption und Konstruktion. Der Rahmen ist so anpassungsfähig, dass die sich wandelnde Demografie (besonders die Hispanisierung und Asiatisierung der amerikanischen Gesellschaft) ihrerseits die Ökonomie und Soziologie der USA eher friedlich verändert. Warum? Weil eben die USA nie Nationalstaat und dort *alle Gruppen einmal Fremde und keine Einheimischen* waren. Das wiederum führt uns unwillkürlich zur Indianerfrage. Wie die am Ende »gelöst« wurde, ist bekannt. Das Stichwort lautet »Ethnische Säuberung«.

Die Anzahl der Einheimischen wurde soweit dezimiert, dass sie als Gruppe keine Rolle mehr spielten. In den USA wie auch in anderen demografisch gemischten Staaten werden die diversen Gruppen in ihrem mal härteren, mal sanfteren Klassen- und Rassenkampf auch langfristig nicht ums Staats*land* ringen, wohl aber um die Staats*identität*. Dabei wird es nicht nur friedlich-argumentativ zugehen. Am vorläufigen Ende (keine Entwicklung ist endgültig) dürften, wenn überhaupt, nur erweiterte Formen personaler Selbstbestimmung der Einzelgruppen den inneren Frieden retten.

Zwischenstaatliche Konstellationen: Territoriale Selbstbestimmung

Komplizierter ist das Demografie-Geografie-Gefüge in Bezug auf Nationen, die, aus welchen Gründen auch immer, nicht nur keinen eigenen Staat haben, sondern deren Kommunikationsgemeinschaft darüber hinaus noch durch eine oder mehrere Staatsgrenzen zerschnitten werden. Dadurch entsteht die Gefahr, dass die Kommunikation dieser Gemeinschaft und somit die Fortdauer als Kommunikationsgemeinschaft endet. Wie jedes Individuum will jedoch jedes Kollektiv als Kollektiv überleben – selbstbestimmend überleben.

Das Los der Kurden veranschaulicht diese Gemengelage, schematisch dargestellt in Abbildung 5. Räumlich sind sie mühelos zu lokalisieren. Politisch-geografisch wird ihre Kommunikationsgemeinschaft zerschnitten, denn sie leben unfreiwillig über vier Staaten verstreut: Türkei, Syrien, Irak, Iran. Sie wollen ihren, einen Kurdenstaat. Den wiederum wollen die Türkei, Syrien, der Iran und Irak verhindern. Welcher Staat verzichtet freiwillig auf eigene, zumal politisch und wirtschaftlich strategisch bedeutsame Gebiete? Ohne staatliche oder zumindest quasistaatliche Selbstbestimmung wird jedoch keiner der vier Staaten die eigenen Kurden (be)halten können. Nicht einmal mit Gewalt, denn diese Gewalt verursacht Gegengewalt.

Daran wird sich auch künftig nichts ändern, wenngleich im

Sommer 2014, während der auch gegen Kurdengebiete gerichteten Eroberungswelle der sunnitischen Islamisten (»Islamischer Staat«) in Syrien und im Irak die sogenannte Internationale Gemeinschaft, auch Deutschland, die Gründung eines unabhängigen Kurdenstaates um jeden Preis zu verhindern suchte. Sie wird langfristig nicht zu verhindern sein, denn Historische Urkräfte sind stärker als (Politiker-)Personen und noch beständiger als Institutionen, die sie einzudämmen versuchen. Historische Urkräfte kann man nur kanalisieren, man kann sie nicht neutralisieren. Sie zu ignorieren, scheint immer noch die Devise der Verantwortlichen. Sie werden es nicht mehr vor ihren Wählern, aber wohl vor der Geschichte zu verantworten haben, denn die Fakten sind offensichtlich.[16]

Wer zu spät erkennt, den straft das Leben. Anders ausgedrückt: Wer sich nicht nach Tatsachen richtet, sondern an er- oder gewünschten Wahrnehmungen bzw. Abbildern orientiert, fördert, auch ohne es zu wollen und in guter Absicht, Schlimmes und Schlimmstes. Das bewiesen 2013/14 zum Beispiel die militärischen Geländegewinne der Hyperterroristen »Islamischer Staat« in Syrien und im Irak. Dazu mehr im nächsten Kapitel. Hier nur so viel: Ohne die Historischen Urkräfte Demografie und Geografie wären diese Geländegewinne des Islamischen Staats nicht denk- und machbar. Sie sind zugleich die Rache der Geschichte am Politikerwerk nach dem Ersten Weltkrieg. Irgendwann sprengen Historische Urkräfte jeden von Menschen künstlich geschaffenen Damm. Es ist nur eine Frage der Zeit.

Für die Kurden-Frage bietet sich auf einer Ebene die föderale Lösung an, um erstens den Kurden Selbstbestimmung zu garantieren und zweitens (wenn überhaupt noch möglich) die territoriale Einheit der Türkei, Syriens, des Irak und Iran zu gewährleisten. Dafür wird in jedem der vier Staaten Zentralismus durch räumlichen Föderalismus ersetzt, es entsteht eine Föderation, je eine Bundesrepublik mit einem Bundesland Kurdistan-Türkei, Kurdistan-Syrien, Kurdistan-Irak, Kurdistan-Iran. Jeder der vier Staaten bleibt als Staat bestehen. Nur so können die Staaten überhaupt dauerhaft bestehen bleiben. Das würde außerdem die regionalen Sonderinteressen der Kurden berücksichtigen, die sich nicht erst seit gestern auch intern befehden.

Diese Ebene reicht aber nicht aus, um die Kurden politisch zu befriedigen und dadurch zu befrieden, denn es bestünde weiterhin der kurdische Bedarf nach territorial-staatlicher Durchgängigkeit. Erst dadurch würden Demografie und Geografie deckungsgleich. Es bietet sich eine zweite Ebene an: ein aus den vier genannten kurdischen Bundesländern bestehender Staatenbund (Konföderation) Kurdistan. Die Kurden hätten ihre Selbstbestimmung, die Türkei, Syrien, der Irak und Iran blieben als Staaten bestehen.

Manche mögen meinen, diese Mischung aus Bundesstaat (Bundesrepublik) und Staatenbund (Konföderation) sei zu kompliziert. Ich entgegne: Krieg oder Bürgerkrieg sind noch komplizierter, sie kosten Menschenleben. Selbst die bislang in den vier genannten Staaten nicht gewährte räumliche Selbstbestimmung der jeweiligen Kurden würde, wenn in je einem Bundesland gewährt, eine regionale Ruhigstellung dieser Volksgruppe nicht gewährleisten. Die Gesamtheit der Kurden möchte sich als Gesamtheit zusammenfinden können. Eine solche Veränderung der Situation der kurdischen Kommunikationsgemeinschaft bedeutet nicht, dass ab sofort eitel Sonnenschein herrschte. Zwischen den kurdischen Gruppierungen in der Türkei, in Syrien, im Iran und im Irak beispielsweise waren und sind, wie in jeder vielschichtigen Gesellschaft, die persönlichen und politischen Gräben tief. Doch um solche und andere gesellschaftlichen Trennungslinien in konkrete Politik umzusetzen, gibt es Parteien und demokratische Wahlen. Der Streit wird sozusagen innerhalb der Familie ausgetragen.

Das Wortbild »Familie« gibt den Kern der Dinge gut wieder, denn wie eine Familie ist eine »Nation« keine Gemeinschaft, die man sich aussucht. Man wird in sie, wie in eine Familie, hineingeboren. Aus dieser Familie stammt man, kommt man her. Die lateinische Aussage »natus sum« bedeutet auf Deutsch »ich wurde geboren«. Das dem Partizip »natus« entsprechende Substantiv lautet »natio«, also Geburt, Volksstamm oder Herkunft.

Was die Familie im Privaten, ist die Nation im öffentlichen bzw. gemeinschaftlichen Raum, und wie in einer privaten Familie gibt es auch in der öffentlichen Krach und Konflikte. Selbst die unerfreulichsten tragen die meisten Menschen lieber innerhalb der eigenen Familie als unter Fremden aus.

Die Gründung eines Staates oder Quasistaates für eine bestimmte Nation, also die Gründung eines Nationalstaates, führt oft zu großer Anfangsbegeisterung, bedeutet jedoch keineswegs das Ende aller internen Konflikte. Zeitgeschichtlichen Anschauungsunterricht boten 2007 die Palästinenser im Gazastreifen und seit 2013 bietet ihn der südsudanesische Bürgerkrieg, der auf die Gründung der Republik Südsudan im Jahr 2011 folgte. Im Sommer 2005 hatte Israel nach heftigen innenpolitischen Auseinandersetzungen (aber eben keinem Bürgerkrieg) den gesamten Gazastreifen geräumt. Kein jüdischer Siedler weit und breit. Nein, das kam nicht der Gründung des Staates Palästina gleich, hätte aber einen Schritt in diese Richtung bedeuten können. Doch kaum hatte die israelische Armee dieses Palästinagebiet verlassen, eröffnete die fundamentalislamistische Hamas einen Bürgerkrieg gegen die gemäßigte Fatah und vertrieb sie. Ein gemeinsames Ziel war erreicht, das Zweckbündnis, die »antagonistische Kooperation«, also die Zusammenarbeit der Gegensätze, zerfiel. Dieses historische Muster (kein Gesetz) ist wohlbekannt. Gegen Hitler, den gemeinsamen Feind, hatten die Sowjetunion, USA, Großbritannien (und in gewisser Weise das freie Frankreich) eine Allianz geschmiedet. Sobald er im Heißen (Zweiten Welt-)Krieg besiegt war, brach die Allianz auseinander, und der Kalte Krieg begann. Ein anderes von unzähligen vergleichbaren Beispielen: Gegen das weißrassistische Regime von Ian Smith hatten Robert Mugabe und Joshua Nkomo in Simbabwe (damals »Rhodesien«) gemeinsam gekämpft. 1980 hatten sie die Unabhängigkeit erkämpft, nun wurde gegeneinander gekämpft.

Das gleiche Muster im Südsudan. 1956 hatte die britische Kolonialmacht den künstlich aus Nord und Süd zusammengeflickten Staat Sudan in die Unabhängigkeit entlassen. Er war von

Anfang an arabisch-islamisch dominiert. Das missfiel den eher christlichen Schwarzafrikanern im Süden. Das Ende staatlicher Einheit war von Anfang an strukturell programmiert und vorhersehbar.[17] Schon vor Sudans Unabhängigkeit, 1955, hatten die Südsudanesen gewaltsam versucht, die Zwangsvereinigung zu verhindern. Vergeblich. Bis 1972 tobte der erste Bürgerkrieg und ab 1983 der zweite. Im Juli 2011 hatten sie endlich ihre Unabhängigkeit vom Joch der nordsudanesischen Scharia erkämpft. Schon bald, ab 2013, wurde weitergekämpft, innerhalb der »Familie«, die bei näherer Betrachtung nie wirklich eine familiäre Gemeinschaft war.

Südsudan ist auf den ersten Blick eine Bundesrepublik, ein Bundesstaat mit zwei Kammern – einer allgemeinen und einer Länderkammer – sowie zehn Bundesstaaten. Ein scheinbar vollkommenes Konzept. Aber nur scheinbar. Die ethnisch-demografischen Grenzen der insgesamt zehn Bundesstaaten entsprechen eben nicht denen der Länder.[18] Nachdem das übergeordnete Ziel, die Loslösung vom arabisch-islamistischen Norden, erreicht worden war, zerfiel die ohnehin schon instabile Südallianz, und der Bürgerkrieg konnte beginnen.

Herkömmliche Modelle reichen dafür nicht aus. Weiterdenken ist gefragt. Ich bin gerne der Esel aus den »Bremer Stadtmusikanten«, der zitiert sei: »Etwas Besseres als den Tod findest du überall.« Föderale Strukturen sind auch in anderen Fällen unumgänglich.

Was läge näher, als die Ukraine in eine Bundesrepublik umzuwandeln? Im Osten das Bundesland Russisch-Ukraine, im Westen Kiew-Ukraine. Für das Bundesland Krim, egal ob zur Ukraine oder Russland gehörig, wäre eine Form der Selbstbestimmung zu etablieren, die eher Abbildung 4 entspräche.[19] Russisch wird erheblich mehr im Osten und Süden des Landes gesprochen als im Westen. Im äußersten Osten erreicht der Anteil der russischen Volksgruppe nur knapp 40 Prozent, auf der Krim etwa 60 Prozent.[20] Sprache ist sicherlich, gerade im Sinne nationaler Identität, also einer Kommunikationsgemeinschaft, der entscheidende Faktor. Ein territorial-föderaler Umbau der Ukraine dürfte den innerstaatlichen Ost-West- sowie den zwischenstaatlich ukrainisch-russischen Konflikt dämpfen. Der Grund ist leicht zu erklären: Die russische Kommunikationsgemeinschaft in der Ost-Ukraine fühlt sich in vielfacher Hinsicht der unmittelbar benachbarten russischen Nation in Russland verbunden, und zwar mehr als ihren westukrainischen Mitbürgern. Folglich läge nicht nur ein Umbau der binnen-, sondern auch der zwischenstaatlichen Kommunikationsstrukturen im Interesse aller Akteure. Jeder der beiden Staaten bliebe bestehen, entstehen könnte mehr Frieden.

Demografie und Theologie (Religion) erklären auch das Konfliktschema zwischen Thailand und Malaysia. Zusatzinformationen sind unter »Ethnische Konflikte Thailand« mühelos abrufbar.[21] Seit Jahren explodieren im Süden Thailands Bomben. Sie richten sich gegen Personen und Institutionen des buddhistisch geprägten Thai-Staates. Wer ist für diese Attacken verantwortlich? Malaiisch-muslimische Staatsbürger Thailands. Sie haben religiöse, ethische und historische Gründe dafür, denn sie sind wider Willen Bürger dieses Staates. Im Jahre 1902 hat nämlich Thailand diese Region annektiert und die Menschen dort zwangsweise thaiisiert. Dieser unfreiwilligen Assimilierung widersetzen sich Thailands Muslime wellenartig. Mal sind die Widerstandswellen stärker, mal schwächer. So oder so rollen sie immer wieder an, es sei denn, die Thai-Regierung gewährte ihren dortigen Staatsbürgern mehr Selbstbestimmung. Wie zwischen der Ukraine und Russland bedeutet dieser Konflikt innenpolitischen und auch außenpolitischen Sprengstoff. Wieder gilt: Frieden durch territoriale Föderalisierung.

Ein drittes und letztes Beispiel. Es führt uns zu Abbildung 6, der Demografie Ungarns. Deren Auswirkungen beunruhigen noch – oder besser: heute wieder – die Gemüter in der Europäischen Union (EU). Die vom ungarischen Ministerpräsidenten Orbán 2011 durchgesetzte Wahlrechtsreform ermöglicht es nämlich Auslandsungarn, die sich registrieren lassen, an der Parlamentswahl teilzunehmen. Das sorgt vor allem in zwei anderen EU-Mitgliedsstaaten für Unruhe: in der Slowakei und in Rumänien. Hier sind 9 Prozent der Staatsbürger Ungarn, dort 8 Prozent. In Serbien sind es 4 und in der Ukraine sowie in Kroatien 0,4 Prozent.

Im Vergleich zu den Jahren 1920 bis 1945 sind diese Spannungen harmlos, aber ohne mehr föderative Selbstbestimmung für die Ungarn wird es in der Slowakei und in Rumänien keinen innenpolitischen Frieden und weitere außenpolitische Konflikte geben. Abgefedert werden sie durch die EU-Mitgliedschaft aller drei Staaten. Die ist ihnen lebenswichtig. Noch wichtiger als die (Wieder-)Herstellung geografisch-demografischer Selbstbestimmung oder (aus der Sicht der Slowakei und Rumäniens) die Wahrung der Staatsgeografie bzw. -grenzen.

Das war nach dem im Juni 1920 Ungarn von den Siegermächten des Ersten Weltkriegs aufgezwungenen »Friedens«vertrag von Trianon anders, ganz anders. Ungarn, zuvor (seit 1867 mehr oder minder gleichberechtigter) Reichsteil der Habsburgermonarchie, verlor zwei Drittel seines vorherigen Gebiets vor allem an die Tschechoslowakei, Kroatien und Slawonien (also ans spätere Jugoslawien), Polen (bis 1939, ab 1945 Sowjetunion, seit 1991 West-Ukraine) und Rumänien.[22]

»Revision von Trianon« – dieses Ziel bestimmte Ungarns Außen- und Bündnispolitik von 1920 bis 1945. Es führte auch zu Kollaboration und schuldhafter Verstrickung mit Hitler-Deutschland. Von 1945 bis 1990 beherrschte die Sowjetunion Ost- und Südosteuropa. Sie wirkte in der kommunistischen Ära als Zwangsklammer. Trianon-Rechnungen konnten weder präsentiert noch beglichen werden. Gleiches gilt ohne Zwangsherrschaft, sondern durch Einsicht in die Notwendigkeiten für Ungarn, die Slowakei und Rumänien im Rahmen der EU. Gezündelt wird trotzdem. Nicht nur von Orbán und Ungarn. Die unabwendbare, zunehmende Regionalisierung der EU wird über kurz oder lang auch zu einer Föderalisierung der Auslandsungarn führen. Andernfalls wird die historisch bedingte Demografie trotz und in der EU Konflikte auslösen.

Zwischenstaatliche Konstellationen: Personale Selbstbestimmung

Abbildung 7 bündelt die Wirklichkeit von nationalen Bevölkerungsgruppen, die in je einem Staat räumlich konzentriert und darüber hinaus in einem oder mehreren anderen Staaten vermischt leben.

Serbien und Kroatien sind (nach den mörderischen) »ethnischen Säuberungen« der Balkankriege von 1991 bis 1999 nicht ganz, doch weitgehend Nationalstaaten der Serben einerseits sowie der Kroaten andererseits geworden. Bosnien-Herzegowina ist dagegen trotz der Gemetzel ein Flickenteppich aus orthodoxen Serben, katholischen Kroaten und islamischen Bosniaken geblieben. Die Historischen Urkräfte Geografie, Demografie und Theologie (Religion) prallen hier aufeinander. Oft sind sie auch mit der Wirkkraft der Ökonomie verflochten, denn von der »richtigen«, sprich: jeweils mächtigen Volks- und Religionsgruppe hing und hängt zum Teil immer noch Wohlstand oder Mangel ab.

Die territoriale Zuordnung von Selbstbestimmung in Bosnien-Herzegowina wird von manchen als »Erfolg« der internationalen Gemeinschaft gepriesen. Wer solche Erfolge feiert, muss keine Misserfolge fürchten.

Doch. Selbstbestimmung wurde in Bosnien-Herzegowina gewährt. Scheinbar den Menschen, tatsächlich dem Territorium, denn die räumliche Zuordnung von Selbstbestimmung gleicht dort der Quadratur des Kreises.[23]

Was tun? Einmal mehr: Wo und wenn Selbstbestimmung territorial unmöglich ist, lässt sie sich personal, also direkt auf Personengruppen bzw. Kommunikationsgemeinschaften bezogen, denken und verwirklichen. Man kann es auch bei der rein territorialen Ordnung belassen, aber sie wird zusammenbrechen, denn was brüchig ist, bricht zusammen. Recht besehen ist der Staat Bosnien-Herzegowina längst zusammengebrochen. Als Staat ist er mehr Fiktion als Fakt. Allerdings ist er bürokratisch so eindrucksvoll wie manche Weltmacht. Die Zahl der Ministerien dieses Zwergstaates, der wiederum aus einer Föderation und einem weiteren Teilstaat besteht, ist ebenso eindrucksvoll[24] wie entlarvend. Entlarvend, weil die Vielzahl der Posten und Pöstchen ein Hinweis auf die Labilität von Gesellschaft und Politik ist. Je weniger Kompromissbereitschaft, desto mehr Ämter, sprich: Zugänge zu den Fleischtöpfen. Auf Dauer kann und wird das nicht gut gehen.

Dabei wäre es denkbar, machbar und sinnvoll, weil friedensstiftend, die an Kroatien grenzenden kroatischen Siedlungsräume Bosnien-Herzegowinas Kroatien und die serbischen Serbien zuzuschlagen. Die Bosniaken hätten durch eine Mischung aus territorialer und personaler Selbstbestimmung ihren Staat.

Auch die vermeintliche, von EU und UNO durchgeboxte Lösung der Kosovofrage, die im Jahre 2008 erfolgte Gründung des Staates »Kosovo«, wird auf Dauer nicht gut gehen. Sie basiert, wie so oft in der gegenwärtigen WeltUNordnung, auf der Fiktion, dass nun Demografie und Geografie deckungsgleich wären. Jener Fiktion werden in Kapitel 2 Fakten entgegengestellt.

Zwischenstaatliche Konstellationen: Territoriale und Personale Selbstbestimmung: Israel – Palästina – Jordanien

Abbildung 8 wurde aus den Grundgegebenheiten des israelisch-palästinensischen Konflikts abgeleitet. Dieses Bevölkerungs- und Konfliktschema lässt sich auf ähnliche Strukturen anwenden. Es erweitert das vorige nicht nur um einen zusätzlichen Akteur, sondern um den viel gewichtigeren Befund: dass sich nämlich nur in einem Territorium – und ausgerechnet dem kleinsten – Geografie, Demografie und Theologie bzw. Religion decken, nämlich im palästinensisch-islamischen (gegenwärtig vorwiegend islamistischen) Gazastreifen.[25]

Israel versteht sich als ein Jüdischer Staat bzw. als der Staat der Juden oder (so der Eigenanspruch und die zionistisch-israelische Selbstwahrnehmung) als »Staat des Jüdischen Volkes«. Die weltweite Verteilung der Juden widerlegt diesen Anspruch, denn die Mehrheit der Juden lebt nicht in Israel. Sie könnte dort leben, doch offensichtlich will sie es nicht. Sonst wäre sie nicht zum Beispiel eher in New York als in Tel Aviv. Die Demografie, die Bevölkerungsstruktur, des jüdisch bestimmten bzw. Jüdischen Staates ist jüdisch-islamisch. Neben der jüdischen Mehrheit von 6,1 Millionen lebt die palästinensisch-arabische (mehrheitlich sunnitisch-islamische) Minderheit von 1,7 Millionen Staatsbürgern. Immerhin knapp 28 Prozent. Ohne die Palästinenser des annektierten Ost-Jerusalem sind es circa 1,4 Millionen Araber. Das heißt: Etwa 23 Prozent der Staatsbürger des Jüdischen Staates sind mehrheitlich sunnitische Muslime, wobei sich die 23 Prozent auf das israelische Kernland ohne einen Millimeter besetzten Gebietes beziehen. Einerlei, ob 28 Prozent oder 23 Prozent, beide Zahlen beinhalten Sprengstoff.

Wir schauen aufs Westjordanland: Trotz zahlenmäßiger Ungleichheit gleichen Demografie, Geografie und Theologie (Religion) des Westjordanlandes den gemischten Bevölkerungsräumen Israels. Das Westjordanland-Muster ist, wohlgemerkt schematisch, mit dem Galiläas identisch.

Ob die jüdischen Siedler zu Recht oder zu Unrecht im Westjordanland leben, hängt vom politischen Standpunkt ab, der meistens mehr von Gefühl als Analyse geprägt ist. Rund eine halbe Million Juden leben im Westjordanland. Jenseits der politischen Gefühle stellt sich eine, nein, die politische Frage: ob und wie und zu welchem Preis bestehende demografische Fakten rückgängig gemacht werden können.

Nimmt man die Problematik grundsätzlich und global in den Blick, nicht allein nahöstlich und regional, finden wir sie zum Beispiel auch in der Volksrepublik China, genauer: in Xinjiang und Tibet. Die Bevölkerung Xinjiangs war ursprünglich so uigurisch (und islamisch), die Tibets so tibetisch (und buddhistisch) wie das Westjordanland bis 1967 palästinensisch-arabisch. Ganz ohne Vorbild oder Nachhilfe aus Jerusalem griff die chinesische Regierung im Laufe der vergangenen Jahrzehnte zum gleichen demografischen Instrument wie Israel seit 1977: zur Siedlungspolitik. Gegenüber Jerusalem hat Peking aus eigener Sicht freilich einen gewaltigen Vorteil: Es gibt »etwas« mehr

Han-Chinesen als Israelis. Das schlägt sich besonders in der demografischen Gegenwart Xinjiangs erheblich deutlicher nieder als im Westjordanland. In der Nordwestregion Chinas leben je rund 8 Millionen Uiguren und (Han-)Chinesen.[26] Der Anteil von Han-Chinesen in Tibet ist mit ca. 6 Prozent immer noch erstaunlich niedrig. Vielleicht belegen die Verantwortlichen aus Peking diesbezüglich doch noch Nachhilfekurse in Jerusalem. Die Abschweifung von Nahost nach Fernost sei mir vergeben. Ich habe mich des Bertold Brecht'schen Verfremdungseffekts bedient. Mit dessen Hilfe wollte der Dichter Gefühlsaufwallungen der Leser und Zuschauer mindern und verhindern. Wie zu Brechts Zeiten – man denke an den ›Guten Menschen von Sezuan‹ – betrachten Deutsche und andere Europäer Fernost und China gelassener als Nahost oder gar sich selbst. Zurück zum Westjordanland.

Eine Um- oder Rücksiedlung der Westjordanland-Juden könnte, nein, würde einen innerjüdischen Bürgerkrieg auslösen. Gleiches gälte für eine Umsiedelung palästinensisch-arabischer Israelis aus Israel auf jedes beliebige arabische Territorium.

Wir denken hier über *Friedens*lösungen nach, nicht über Kriegsszenarien, die »Gerechtigkeit« herstellen sollen. Stellen sie Gerechtigkeit her oder wird dieser Begriff nur missbraucht, um das Blut des jeweiligen Feindes zu vergießen?

Wir betrachten erneut die Fakten und überlegen nüchtern: Im Westjordanland lebt neben der Mehrheit von 2,3 Millionen Palästinensern eine Minderheit von rund 500.000 Juden. Das entspricht 22 Prozent.

Wir erinnern uns: Im israelischen Kernland beträgt der Palästinenseranteil 23 Prozent. Die quantitative Dimension des Problems ist demnach nicht nur vergleichbar, sondern gleich. Das gilt auch bezogen auf die politische Dimension. Den Jüdischen Staat »araberrein« zu machen (Verzeihung, aber hier muss ich drastisch formulieren) ist zwar theoretisch denkbar, moralisch jedoch kategorisch, ohne Wenn und Aber, abzulehnen. Darüber hinaus wäre das Denkbare nur beidseits blutig machbar und folglich auch deshalb nicht akzeptabel. Gleiches gälte für die etwaige Absicht, das Westjordanland (wieder absichtlich drastisch ausgedrückt)»judenrein« zurückzugestalten.

Ob es einem gefällt oder nicht: Demografisch und historisch betrachtet ist das heutige Königreich Jordanien eigentlich»Palästina«. 1922/23 hat die Britische Regierung die aus Saudi-Arabien vertriebene Herrscherfamilie der Haschemiten sozusagen ins Ostjordanland importiert und den einheimischen Palästinensern implantiert, im Klartext: aufgesetzt bzw. aufgezwungen. Die Basis von Jordanien (der Topf) ist folglich Palästina, der Überbau (der Topfdeckel) heißt»Jordanien«.

Es blieb nicht beim Ostjordanland. Das Westjordanland, von der UNO-Vollversammlung am 29. November 1947 Arabisch-Palästina zugesprochen, wurde 1948 von Jordanien annektiert. Der Annexion folgte keine echte Integration. Staatliche Infrastrukturinvestitionen Ammans flossen fast ausschließlich ins Ost-, nicht Westjordanland, wo die zunehmende Unzufriedenheit der Palästinenser mit Händen zu greifen war. Um ein Haar wäre König Hussein 1958 von panarabischen und palästinensischen Kräften gestürzt worden. Großbritanniens Intervention rettete den Monarchen. Schloss er sich etwa im Juni 1967 Ägypten und Syrien im Krieg gegen Israel an, um sich auf elegante und unverdächtige Weise der westjordanischen Unruheregion zu entledigen? Soweit mir bekannt, hat niemand diesen zumindest naheliegenden Gedanken ausgesprochen. In meinem mit Friedrich Schreiber 1987 veröffentlichten, durch vier Auflagen weit verbreiteten»Nahost«-Buch[27] hatte ich ihn dargelegt. (Ver-) Schweigen folgte. Es wurde weder gefragt noch geantwortet. Das ist umso erstaunlicher, als König Hussein im Sommer 1987, palästinensischem und anderem arabischen Druck nachgebend, offiziell aufs Westjordanland und die Vertretung»der« Palästinenser»verzichtete«.

Warum auch immer der König im Juni 1967 eine solche Entscheidung getroffen hatte, sie half ihm seinerzeit nicht, denn bis zum September 1970 schickten sich die Palästinenserorganisationen an, die Macht in Rumpf- bzw. Ost-, heute (nur)»Jordanien« zu ergreifen. Mit israelischer und amerikanischer Billigung und

Unterstützung kam ihnen König Hussein zuvor. Er liquidierte die Speerspitze der Palästinenser. Als »Schwarzer September« ging dieses Massaker in die Geschichte der Palästinenser ein. Das alles war sicher keine dauerhafte Grundlage für ein herzliches Einvernehmen zwischen Palästinensern und Königstreuen in Jordanien.

Circa 70 Prozent der heutigen jordanischen Bevölkerung sind Palästinenser. Nach zuverlässigen amtlichen Angaben sucht man aus politisch naheliegenden Gründen vergeblich. Seit jeher rumort es daher in Jordanien. Als Folge der seit 2011 tobenden Arabischen Revolutionen ist damit zu rechnen, dass der künstliche Überbau, also das Königshaus einschließlich der die Haschemiten unterstützenden Bevölkerungsteile – blutig oder nicht und sicher nicht mit Hilfe Israels – entmachtet werden. Vorboten gab es schon lange vor 2011. Irgendwann also wird der heutige Staat Jordanien zum Staat oder Teilstaat Palästina. Dass es dazu kommt, ist sicher. Wann und wie genau, weiß niemand, das ist sicher.

Noch (!) wäre eine vorwegnehmende Gegensteuerung dieser vorhersehbaren politischen Entwicklung unblutig im Rahmen einer Gesamtlösung oder Schritt für Schritt denk- und machbar. Ein derartiger Umbau Jordaniens läge letztlich auch im Interesse des Königshauses, seiner Anhänger und der internationalen Gemeinschaft, welche, zu Recht, die traditionell gemäßigte Politik Jordaniens würdigt.

Diese Politik der Mäßigung aufrechtzuerhalten, das wird für das Königshaus innerhalb Jordaniens immer schwieriger, zumal nicht auszuschließen ist, dass der gesamtsunnitische Extremismus, sprich: Terrorismus des im Irak und Syrien auch politisch-ideologisch-theologisch so erfolgreichen »Islamischen Staates« die Staatsgrenze Jordaniens vergleichsweise mühelos überwindet. Das wiederum würde die alte, seit der Wende vom 19. zum 20. Jahrhundert geführte innerpalästinensisch-arabische Diskussion aufleben lassen, ob »Palästina« im engeren oder weiteren Sinne zu definieren wäre. Ob »Palästina« die Addition aus Ost- und Westjordanland plus Israel und dem Gazastreifen bedeutet oder ob dieses Palästina ein Teil Großsyriens ist. Zu diesem würden, versteht sich, große Gebiete des heutigen Syrien, Irak, Libanon und der Südostzipfel der Türkei gehören. Noch bestände die einfachere Möglichkeit, Jordanien-Palästina friedlich zu einer Föderation umzugestalten. Wieder ist das personal-föderative Modell Leitbild, denn eine räumliche Trennung zwischen palästinensischen und prohaschemitischen Jordaniern ist praktisch unmöglich. Jordanien würde das Bundesland *»Palästina-(Ost-)Jordanien«*. Dem Mehrheitsprinzip wäre durch ein dem Bundestag vergleichbares, von allen Bürgern gewähltes Parlament zu entsprechen. Diese erste »Volkskammer« wäre durch eine zweite Minderheit(en)- bzw. »Volksgruppenkammer« zu ergänzen. Sie wäre dem bundesdeutschen Bundesrat vergleichbar. Nur vergleichbar, doch nicht identisch, denn die Mitbestimmungsmacht der einzelnen Länder beruht im Bundesrat auf dem Territorialprinzip. Ein Raum, Territorium, ein Bundesland. Die jordanisch-palästinensische Minderheit(en)kammer basierte auf dem Personalprinzip. Zu wählen wären die Abgeordneten der Zweiten Kammer getrennt durch die jeweiligen Volksgruppen bzw. Kommunikationsgemeinschaften oder staatlichen Teil-Nationen, hier also die palästinensischen und prohaschemitischen Jordanier. Wie in bewährten Demokratien bestünde zwischen den beiden Kammern ein wie auch immer bestimmtes Machtgleichgewicht. Dieses verringert Machtmissbrauch, baut Hass durch funktionale und politische Verzahnung ab und ermöglicht Frieden. Konfliktlos könnte man den Chef des Haschemitenhauses, den heutigen König, als Staatsoberhaupt belassen. Seine Verfügungsgewalt wäre so gewaltlos und wirkungsvoll wie die eines bundesdeutschen Präsidenten.

Wir gehen zur zweiten Einheit über, dem Westjordanland. Auch hier ist, anders als die Vorschläge der internationalen (auch deutschen) Akteure und »Experten« vorgaukeln, eine räumliche Zuordnung der Selbstbestimmung nicht (mehr) möglich. Das mag man – es sei wiederholt – bedauern oder begrüßen, aber ohne beidseitiges Blutvergießen ist das demografische Rad der Geschichte nicht zurückzudrehen.

Den Menschen und Menschengruppen, der palästinensischen und jüdischen Kommunikationsgemeinschaft kann man trotzdem mühelos das Selbstbestimmungsrecht, also die Verfügung über sich selbst, zuordnen, indem das Westjordanland seinerseits eine Föderation wird. Eine personale Föderation. Ebenfalls eine Bundesrepublik. Nennen wir sie *Palästina-Westjordanien*. Der Name ist absolut zweitrangig – sofern er das Wort »Palästina« beinhaltet. Manchmal ist auch Symbolik Substanz. Hier zum Beispiel.

Das institutionelle Modell der personalen Föderation Palästina-(Ost-)Jordanien ließe sich mit geringfügigen Abweichungen auf die personale Föderation Palästina-Westjordanien übertragen.

Die erste Abweichung: Staatsoberhaupt sollte, weil durch die Symbolik friedensfördernd, ein Palästinenser sein. Juden haben in Israel ein jüdisches Staatsoberhaupt, ihren machtlosen, doch (manchmal, nämlich von der Persönlichkeit abhängig) einflussreichen Staatspräsidenten als obersten Repräsentanten.

Zur zweiten Abweichung: Die hier lebenden Juden können zwischen der israelischen (Variante A) und der palästinensisch-westjordanischen Staatsbürgerschaft (Variante B) wählen. Je nach Option beteiligen sie sich an den Wahlen in A oder B, also in Israel oder Palästina-Westjordanien. Auf diese Weise können Juden Juden und Palästinenser Palästinenser bleiben.

Eine mögliche Ersatz- oder Zusatzvariante wäre die folgende politische Konstruktion. Deren Grundgedanke lautet: Wechselseitige Kontrolle verhindert Dominanz. Sie schafft darüber hinaus wechselseitige Abhängigkeit und somit Sicherheit. Deshalb bekommt Palästina-Westjordanien ebenso wie Palästina-Ostjordanien zwei Kammern: eine erste als allgemeine Vertretung der dortigen Bürger sowie eine zweite als – in diesem Falle – jüdische Minderheitskammer.

Das Bundesland Palästina-Westjordanien wäre entmilitarisiert, hätte (hat bereits, auch ohne Bundesland zu sein) jedoch selbstverständlich eine eigene palästinensische Polizei. Wer sollte für den notwendigen Schutz der Juden sorgen? Israels Polizei oder Militär – aber nur in Ausnahmefällen, die in wechselseitigem Einvernehmen zu vereinbaren wären.

Schließlich wäre die dritte Abweichung zu nennen: Palästina-Westjordanien und Palästina-(Ost-)Jordanien könnten und sollten ihrerseits aus geografischen, demografischen, religiösen und nicht zuletzt ökonomischen Gründen sowie Erwägungen der inneren und äußeren Sicherheit eine Föderation oder Konföderation bilden, also einen Bundesstaat (Bundesrepublik) oder einen Staatenbund. An der Binnenstruktur der zugeordneten Selbstbestimmung wäre nichts oder nur wenig Grundsätzliches zu verändern.

Wer meinen Gedanken bis hierher gefolgt ist, wird nicht überrascht sein, dass ich für *Israel*, für jüdische und (!) palästinensische Israelis das gleiche personal-territoriale Mischsystem eines föderalen Selbstbestimmungsmodells vorschlage. Allerdings unter umgekehrten Vorzeichen, wobei auch hier Juden Juden, Palästinenser Palästinenser und Israel weiter der Jüdische Staat oder Staat der Juden oder Staat des Jüdischen Volkes sein und bleiben könnten.

Erneut verlöre die Grenzbestimmung, verlöre das Territorium seine Brisanz, denn Selbstbestimmung wird nicht mehr wie im traditionellen Denken (und Machen) in Politik, Medien und Wissenschaft einem Raum, sondern Menschen, Personen, zugedacht. Und darauf kommt es schließlich an.

Die Logik des hier skizzierten Frieden stiftenden Modells verlangt, dass Israel ebenfalls zwei Kammern bekäme. Es behält die »Knesset« als Parlament, welches, wie bisher, aus allgemeinen, gleichen und geheimen Wahlen aller Staatsbürger, also Juden und Arabern, hervorgeht. Die zweite Kammer wählen nur palästinensische Araber, und zwar nur diejenigen, die für die israelische Staatsbürgerschaft optierten. Sie sollen sich nämlich zwischen der israelischen und jeweiligen palästinensischen entscheiden und dann im jeweiligen Staat wählen können. Es versteht sich von selbst, dass auch die in Israel lebenden, sich aber für eines der Palästina entscheidenden Araber leben und arbeiten blieben, wo sie sind.

Wieder wäre für jede der beiden Kommunikationsgemeinschaften Spiegelbildlichkeit, also Selbstbestimmung und Gleich-
behandlung ohne Sicherheitsrisiko erreicht.

Staatspräsident hätte ein Jude zu sein, Militär und Polizei
würden, Ausnahmen bestätigen die Regel, jüdisch rekrutiert und
kontrolliert bleiben.

Weil sich die Palästinenser im demografisch einheitlichen (=
homogenen) Gazastreifen räumlich selbst bestimmen können,
stünde einem Bundesland oder gar Nationalstaat *Palästina-
Gaza* auf diesem Territorium nichts im Wege. Schließt dieses
aus Teilmodellen bestehende Gesamtmodell *einen* Staat für die
Palästinenser aus? Mitnichten, denn was spricht gegen eine
Bundesrepublik (Föderation) oder einen Staatenbund (Konföderation) der drei Teile Palästinas (Ostjordanien, Westjordanien
und Gaza) zu *einem* »Palästina«? Nichts. Kein Palästinenser
oder Jude gäbe seinen »Lebensraum« auf. Ja, ich benutze erneut
absichtlich dieses Wort, denn es um- und beschreibt sowohl die
Verstandesdimension als auch die Gefühlsschwingungen der
Menschen.

Mit diesen friedensstiftenden, auf empirisch-analytischen
Vorgaben aufbauenden Konstruktionsplänen eines mehrheitlich jüdischen sowie eines oder mehrerer mehrheitlich palästinensischer Staaten müsste die Entwicklung keineswegs zu Ende
sein: Demografisch, geografisch und ökonomisch wäre eine enge
funktionale und staatenbündische Verzahnung von Gesamt-Pa-
lästina oder Teilen Palästinas mit Israel zu einem *Staatenbund
(Konföderation)* »Israel-Palästina« für alle Beteiligten sinnvoll.

Ähnlich hatte 1950 die Integration Europas begonnen: mit
der funktionalen Integration des davor Strittigsten: der poli-
tisch-räumlichen und damit staatlich-geografischen Zuordnung
von Kohle, Eisen und Stahl. Damit sich die früheren »Erz-
feinde«, Frankreich und Deutschland, nicht mehr ineinander
verbissen, wurden sie miteinander verzahnt. Nunmehr kann
keiner der einstigen Gegner ohne den anderen überleben. Im
amtlichen Jargon spricht man von der »Deutsch-Französischen
Freundschaft«. Hoffentlich stimmt das Etikett. Nach dem Fall

der Mauer, 1989/90, schien das nicht mehr so sicher, und auch danach rumpelte es heftig zwischen Frankreich und Deutschland. Doch eine Rückkehr zur alten Feindschaft ist mittlerweile undenkbar. Wie gut. Gottlob (oder wer auch immer zu loben sei): Selbstbestimmung ist schon längst erfunden. Die territorial ebenso wie die personal konstruierte. Man muss sie daher nicht neu erfinden. Man muss nur versuchen, sie auf die neuen Gegebenheiten (um) zudenken und dann anzuwenden. Ein »Weiter-So« der rein territorialen Selbstbestimmung führt zu einem Ziel: in den Abgrund. Nicht nur bezogen auf Israel, Palästina und Nahost. Wer sich ausführlicher mit der Frage befassen will, findet einen historisch-analytischen Beitrag von mir dazu in meinem Buch ›Wem gehört das Heilige Land?‹.[28]

Ein historisch bedingter demografischer Faktor ist hier noch zu erörtern: die palästinensische Diaspora. Deren räumliche Schwerpunkte zeigt Abbildung 8: Im Libanon und in Syrien leben jeweils rund 400.000 Palästinenser. Allerdings nicht als Staatsbürger, sondern als Einwohner. Dieser Status barg und birgt sowohl innen- als auch außenpolitischen Sprengstoff. Sie fühlen sich als Palästinenser und sind Palästinenser. Deshalb wollen sie nach Palästina. Dorthin können sie nicht. Was ist für sie »Palästina«? Israel, aus dem einige ihrer Vorfahren oder sie selbst 1947/48 vertrieben wurden? Jordanien, aus dem sie selbst oder ihre Vorfahren 1970 vertrieben wurden? Im Zuge des Bürgerkriegs wurden tausende von Palästinensern 2013/14 aus Syrien nach Jordanien und in den Libanon vertrieben. Und galt Syrien vor und nach dem Ersten Weltkrieg nicht als Teil Groß-Palästinas? Jetzt, da die nahöstliche Staatenwelt, auch Syrien, zerbröselt, ist das alte Gedankengut wieder aktuell. Aber es ist nicht neu und politisch alles andere als unbedeutend.

1947/48 verließen im jüdisch-arabischen Bürgerkrieg rund 700.000 Palästinenser das entstehende Israel. Etwa ein Drittel wurde von zionistisch-israelischen Kämpfern vertrieben. Das zweite, wohlhabende Drittel floh vor Ausbruch der sich abzeichnenden Kampfhandlungen. Das letzte Drittel entfloh der

Gewalt in der irrigen und von der Palästinenserführung geschürten Hoffnung, nach Vertreibung der Juden in die befreite Heimat zurückkehren zu können. Die verfügbaren Zahlen sind nicht wirklich zuverlässig. Legt man sie zugrunde, so gibt es heute weltweit etwa 10 Millionen Palästinenser. In Israel, Jordanien, Gaza und dem Westjordanland sind es ca. 7,5 Millionen. Weitere 300.000 Palästinenser beherbergt Saudi-Arabien, rund 200.000 geht es in den USA so gut wie den Juden und anderen Minderheiten, 150.000 arbeiten in den Golfstaaten. Sie wollen ungefähr genauso leidenschaftlich nach Palästina zurück wie die Juden der USA oder Deutschlands – also gar nicht. Wo und sofern sich die jüdische oder palästinensische Diaspora am Nahostkonflikt (meistens mit Worten, manchmal auch Geld) beteiligt, führt sie ein Als-ob-Dasein. Akteure einer Friedenskonzeption sind sie nicht.

Die je 400.000 im Libanon und Syrien zwischen Hammer und Amboss lebenden Palästinenser spielen sehr wohl eine aktive oder passive Rolle. Ihre Rückkehr in welches Palästina oder Israel auch immer ist ungefähr so wahrscheinlich wie die Rückkehr der rund 12 Millionen 1945 aus den einstigen Ostgebieten geflohenen und vertriebenen Deutschen. Mit welchem Faktor wären diese 12 Millionen zu multiplizieren, wollte man sie als politisches Problem ähnlich gewichten wie die Palästinenser?

Das ist demnach die realistische Alternative für die Palästinenser im Libanon und in Syrien – unabhängig davon, ob diese Staaten fortbestehen (was unwahrscheinlich ist) oder nicht: örtliche Assimilation oder Formen der Föderation. Womit sich der Kreis schließt.

Kapitel II

Die Krisenregionen

Es brennt – noch nicht zwischen China, Japan und den übrigen Staaten der Pazifikregion. Noch nicht. Auszuschließen ist es nicht. Die Ursache(n) eines dortigen Brandes wären allerdings woanders zu suchen als in der globalen oder regionalen Un- und Umordnung nach den Weltkriegen. Doch wenn China China bleiben will, bedarf es ebenfalls der Föderalisierung, wenn auch aus ganz anderen historischen Gründen. Einige Beispiele werde ich herauspicken.

Derzeit gibt es fünf große sowie zwei kleinere Krisen-, Konflikt-, und Kriegsregionen. Nicht nur in jenen fünf großen »Rache-Regionen«, sondern auch anderswo kann mühelos gezeigt werden, dass es eine Rache der Geschichte gibt, dass sich die Vergangenheit in und an der Gegenwart rächt. Ähnliches gilt für viele andere Staaten. Die meisten sind im wahrsten Sinne des Wortes Brennpunkte. Sie alle sind nicht regional begrenzt, sondern miteinander sowie global verflochten.

Einige sind ein Erbe der sogenannten Friedensordnung von 1919 bis 1922. Das Stichwort für die meisten anderen heißt »Entkolonialisierung«. Durch die Entkolonialisierung wurden die staatlichen Bausünden aus dem langen Jahr 1917/19/22 inhaltlich und geografisch ergänzt, erweitert, vertieft, verschärft.

Die Gründung des unabhängigen Indien liefert Anschauungsmaterial. Wegen des zentralen Gegensatzes Hindus-Muslime wurde *Britisch-Indien* 1947 in drei Teile geteilt: in den Hindu-Staat Indien sowie in den islamischen Doppelstaat West- und

Ostpakistan. Burma, welches ebenfalls zu Britisch-Indien gehört hatte, wurde, wie Ceylon (seit 1972 »Sri Lanka«), 1948 in die Unabhängigkeit entlassen.

Die indisch-pakistanische Dreiteilung sollte Mord und Todschlag verhindern – und führte im Rahmen der »Bevölkerungsaustausch« genannten Massenvertreibungen genau dazu. Ost- und Westpakistan waren fortan weitgehend »hindurein«. Mittlerweile sind jedoch rund 136 Millionen bzw. 14 Prozent der Inder Muslime. Der vermeintliche Hindu-Staat beherbergt nach Indonesien und Pakistan weltweit die drittgrößte Muslimgemeinschaft. Rund 2000 Kilometer trennten den östlichen vom westlichen Teil Pakistans. Allein diese Distanz zeigt, wie absurd dieser künstliche Staat war. Der Islam reichte als Bindemittel nicht aus, um lokale Interessen auszugleichen. Die Unzufriedenheit der Ostpakistanis mit der westpakistanischen Bevölkerung stieg ins Unermessliche. Sie leistete Widerstand, die Zentralregierung bekämpfte ihn militärisch. Indien kam den Bengalis zu Hilfe, um das größere West-Pakistan zu schwächen und um einen willfährig-abhängigen Muslim-Nachbarn zu bekommen. Im Dezember 1971 wurde Ost-Pakistan als »Bangladesch« unabhängig.

Mittel- und Brennpunkt der Islamischen Welt ist der Nahe Osten. Somit ist nicht nur Pakistan, sondern sind auch Bangladesch und Indien von vielem, was in Nahost geschieht, zumindest indirekt ge- und betroffen. Geografisch und politisch-inhaltlich ist, so gesehen, der nahöstlich-islamische Wirkungsbereich bis nach Mindanao, also in die westlichen Süd-Philippinen, wo zahlreiche Muslime leben – und rebellieren –, zu erweitern.[29]

1947, im Jahr der indischen Unabhängigkeit, warf London auch in Palästina das Handtuch. Durch einen Beschluss der UNO-Vollversammlung vom 29. November 1947 erhielt Israel als Jüdischer Staat seine Staatlichkeit mit einer beachtlichen arabisch-muslimischen Minderheit. Der UNO-Beschluss enthielt auch einen Palästina-Staat für die Palästinenser im Westjordanland. Dieses kam, wie Ost-Jerusalem, unter jordanischen Beschuss und wurde im Dezember 1948 von König Abdallah annektiert. Diesen Schritt erkannten nur Großbritannien und Pakistan an. Den ausschließlich von Palästinensern bewohnten Gazastreifen »verwaltete« ab 1949 Ägypten. Nach dem ersten Israelisch-Arabischen Krieg von 1948/49 war aus palästinensischer Staatlichkeit ein Nichts geworden; durch israelisch-arabische Zusammenarbeit.

Global betrachtet sind das die fünf großen Krisenregionen der Gegenwart:
1) *der Balkan*
2) *Russlands Ränder* (»Peripherie«)
3) *Nah- und Mittelost (global* verstanden als Raum von Nordafrika über Ägypten, die Türkei, den Iran bis nach Afghanistan, Pakistan und zum westlichen Rand Zentralasiens)
4) *China und Nachbarn*
5) *Afrika* (Wegen des Faktors Islam muss auch bei der Afrika-Analyse die nah- und mittelöstliche Verflechtung berücksichtigt werden.)

Wenn ich für mein Modell Allgemeingültigkeit in Anspruch nehmen will, dann muss es nicht nur in bestimmten Regionen, sondern global anwendbar sein. Deshalb widme ich mich auch zusätzlichen Problemzonen, die des inneren und zwischenstaatlichen Friedens wegen territorial oder personal föderativ umgebaut werden müssten – oder andernfalls nicht mehr in der derzeitigen staatlichen Organisation existieren werden oder zumindest nicht mehr bleiben werden, wie sie sind.

Es folgt schließlich
6) *Europa*

Die ersten drei Krisenherde (Balkan, Russland-Peripherie sowie Nah- und Mittelost) stammen aus der Erbmasse der nach dem Ersten Weltkrieg zerschlagenen Vielvölkerstaaten Habsburg (Österreich-Ungarn), Russland, Osmanisches Reich. Der Zerfall dieser Vielvölkerstaaten war ebenso in- und miteinander verflochten wie dessen Folgen nach dem Ersten Weltkrieg. Ähnlich waren Ablauf und Verflechtung der staatlichen Umordnung nach dem langen Jahr 1989/91. Man vertausche die beiden Endziffern der Jahre 1919 und 1991, und schon erkennt man eine Art Drehbuch der Geschichte.

Afrika, die fünfte Krisenregion, wurde durch die Entkolonialisierung nach 1945 ein großflächiger Brennpunkt. Die von den vorherigen Kolonialmächten ahnungs-, gedanken- oder (und?) skrupellos, jedenfalls demografisch rücksichtslos gezogenen Staatsgrenzen bescheren bis heute den damals formell unabhängig gewordenen »Nationen« kaum zu bewältigende, meist gewaltsam ausgetragene Spannungen. Es wäre verfehlt, noch heute die einstigen Kolonialmächte für alles und jedes in Afrika verantwortlich zu machen. Mega-Korruption, Diktaturen, Brutalität oder Unfähigkeit gehen auf das Konto Einheimischer. Der konzeptionelle Geburtsfehler ist allerdings made in Europe. Die vom europäischen Denken mitgeprägten Positionseliten Afrikas waren jedoch bislang weder willens noch fähig, die Konstruktionsfehler ihrer Staaten zu korrigieren. Gelegenheiten gab es, gibt es.

Im Zeitalter des Kolonialismus waren in Afrika allein Liberia und Äthiopien unabhängig geblieben. Ägypten war auf dem Papier seit 1922 unabhängig, tatsächlich hatte Großbritannien bis 1954/56 weitgehende Befugnisse. Italien hatte 1911 Libyen erobert und es 1945 den Briten als Treuhandmacht überlassen müssen. 1951 zog sich Großbritannien weitgehend, aber nicht vollständig zurück. Marokko und Tunesien errangen 1956 ihre Unabhängigkeit von Frankreich, Algerien erst 1962, nach einem langen und brutalen, seit 1954 tobenden Befreiungskrieg. Gleich nach der Unabhängigkeit bekamen Algeriens Berber zu spüren, dass nicht jede Befreiung eine Befreiung ist. Das waren die ersten Vorzeichen kommender gesamtafrikanischer Dinge: Nach dem Abzug der Kolonialmächte rangen die diversen Gruppen innerhalb der neuen Staaten um die Vorherrschaft. Keine von ihnen zog eine Teilung der Macht auch nur in Erwägung, geschweige denn föderative Strukturen. Es galt das alte, seit 1919 erkennbare Muster: A gegen B und C und umgekehrt; jeder gegen jeden. So sah die »Freiheit« aus.

Ghana hatte 1957 den Unabhängigkeitsreigen der britischen

Kolonien Afrikas eröffnet. Mehr und Heftigeres folgte von 1960 bis 1975. 1960, im »Afrikanischen Jahr«, wurden 18 Kolonien unabhängig; 14 von Frankreich, zwei von Großbritannien, je eine von Belgien und Italien. 1975 wurde Afrikas Entkolonialisierung formal abgeschlossen. In jenem Jahr hatten sich Angola und Mozambique von Portugal, Äquatorialguinea und die Westsahara von Franco-Spanien ihre Unabhängigkeit erkämpft. Krisen, Konflikte, Kriege und Chaos fanden und finden bis heute kein Ende. Das Ende der Kolonialherrschaft war in Afrika in der Regel der Beginn blutiger Machtkämpfe, auch in Angola und Mozambique. Die Westsaharafrage ist bis heute ungelöst.

Eine wichtige, wenn nicht die entscheidende Ursache waren die künstlich gezogenen Grenzen. Bis heute haben die meisten afrikanischen »Töpfe«, sprich: Staaten nicht den passenden Topfdeckel, sprich: Staatsgrenzen. Basis und Überbau sind nicht aufeinander abgestimmt. Politische Geografie und Demografie wurden bei der Staatsgründung nicht beachtet.

Vielvölkerreiche: Der Staat als Schiedsrichter

Habsburg, Russland, Osmanisches Reich – in jedem jener einstigen Vielvölkerstaaten bestand so etwas wie innere Sicherheit für die verschiedenen Gemeinschaften durch das Gewaltmonopol der Zentrale in Wien (ab 1867 Wien und Budapest), Moskau, Istanbul. Diese kollektive Binnensicherheit der Vielvölkerstaaten hatte ihren Preis: Die einzelnen Völker wurden mehr oder weniger kontrolliert, gedämpft, gefesselt.

Entfesselt wurden sie durch das Zerschlagen der früheren Bindungen. Überspitzt könnte man sagen, dass nun jeder (endlich?) die Möglichkeit hatte, alte, teils uralte Rechnungen zu begleichen. Die neu erworbene Freiheit wurde vornehmlich dazu genutzt, um nun, ohne den übermächtigen Schiedsrichter mit dem eigenen Gewaltmonopol, aufeinander ein- und sich wechselseitig totzuschlagen. Vorher hatte der Schiedsrichter namens

Vielvölkerstaat die Zwei- und Mehrkämpfe wenigstens reguliert und im Sinne von Norbert Elias zivilisiert, also den Menschen vor dem Menschen geschützt. Unter der Überschrift »Nationale Selbstbestimmung« entfiel diese zivilisatorische Notbremse – im Namen des Guten und Gerechten.

Historische Urkräfte am Werk

Weshalb kam es zu den Explosionen? Weil lange aufgestaute Historische Urkräfte freigesetzt wurden. Es war (und ist) nicht so, dass jeder in jedem Volk die eigene Geschichte kennt, gar gut kennt. Doch jeder merkt, dass der individuelle oder kollektive Nachteil etwa im wirtschaftlichen Alltag politisch-nationale, teils ethnisch-»völkische« Gründe hat oder (oft und) religiöse, sprachliche, kulturelle. Um das wahrzunehmen, muss man nicht Geschichte studiert haben.

Welche Historischen Urkräfte sind gemeint? Sehr alte, die in den jeweiligen Gesellschaften große Entwicklungsgefälle haben entstehen lassen, also einerseits Überlegenheit, andererseits Unterlegenheit, Macht und Ohnmacht. In den folgenden Abschnitten über die jeweiligen Krisenregionen werden sie einzeln benannt. So viel sei vorab allgemein gesagt: Offenkundig explodierten *religiöse Urkräfte*. Eine andere Historische Urkraft ist die *Volkszugehörigkeit bzw. Ethnizität*, oft (und falsch) mit Nation bzw. Nationalität gleichgesetzt. Wer »Nationale Selbstbestimmung« sagt, meint damit die Einheit von Nation und Territorium (Land) in einem Staat, also dem Nationalstaat. Doch wem gehört wo wie viel vom selben Land? Wer bestimmt und wie? Historisch gesehen, wer war zuerst da? Oder demografisch, ausgehend vom bevölkerungspolitischen Ist-Zustand? Gar religiös? Wem wurde das betreffende und umstrittene und umkämpfte Land, o ja, vom »Lieben Gott« oder seinen wie auch immer genannten oder selbsternannten Stellvertretern und Gesandten versprochen? Urplötzlich wechseln wir von der geschichtlich brisanten Dimension zur noch explosiveren heilsgeschichtlichen und landen somit wieder bei der Religion.

Religion wie Sprache sind Teil der Kultur, und Grundlage jeder Kultur ist *Kommunikation*. Wenn aus einer Gruppe (Stichwort Demografie), welcher Größe auch immer, eine Gemeinschaft entstehen und sie als solche dauerhaft bestehen soll, bedarf es gemeinsamer Kommunikation. Wenn die Kommunikationslinien einer Bevölkerungsgemeinschaft (Faktor Demografie) zum Beispiel durch Staatsgrenzen (Faktor politische Geografie) zer- oder durchschnitten werden, beginnt der politische Konflikt. Dann nämlich strebt die Gruppe A (Demografie) danach, Deckungsgleichheit mit der politischen Geografie territorial herzustellen oder wiederherzustellen.

Ein konkretes Beispiel dazu: Im Vielvölkerstaat Osmanisches Reich und Iran gehörte die kurdische Minderheit zu den Beherrschten, doch ihre Kommunikationslinien blieben intakt. Seit der Zerschlagung des Osmanischen Reiches leben die Kurden unverändert da, wo sie schon vorher gelebt haben, aber sie sind politisch über vier Staaten verteilt: Türkei, Iran, Irak, Syrien. Die interne Kommunikation der Kurden ist dadurch erschwert, bisweilen verhindert worden.[30]

Bei der kurdischen Kommunikationsgemeinschaft (Demografie) ist, unabhängig von den Staatsgrenzen (Geografie), eine räumliche, territoriale Zuordnung möglich. Das ist bei den mehrheitlich muslimischen Arabern im Jüdischen Staat, Israel, besonders in Galiläa, anders. Hier, wie in anderen Fällen, denen wir uns widmen werden, ist die selbstbestimmte Lebensführung der arabischen Kommunikationsgemeinschaft nicht exklusiv territorial, sondern nur personal, gruppenbezogen, möglich, wenn, ja, wenn Gewalt verhindert werden soll. Der Kampf, der Krieg ums Land – nicht nur ums Heilige Land – ist auf Dauer sowohl mörderisch als auch selbstmörderisch. Wie in allen Staaten, wo Bevölkerungsgruppen verstreut leben, also die Deckungsgleichheit von Demografie und Geografie nur durch Blutvergießen oder Friedhofsruhe gleichender Unterdrückung denkbar und machbar ist.

Krisenregion Balkan

Zweifelsfreien Anschauungsunterricht dafür, dass Volksgeschichte den diversen Schichten der Archäologie gleicht, liefert der Balkan und hier besonders das ehemalige Jugoslawien sowie Albanien.

Schon im Dezember 1918, also unmittelbar nach dem Ersten Weltkrieg, wurde dieser Kunst-Staat aus den Königreichen Serbien und Montenegro sowie aus der Beutemasse des Österreichisch-Ungarischen und auch des Osmanischen Reiches geformt. Danach wurde alles durch internationale Verträge besiegelt. Der neue Staatsname lautete: »Königreich der Serben, Kroaten und Slowenen«, ab 1929 »Jugoslawien«. Eigentlich wollten weder die katholisch westlich orientierten Kroaten noch die Slowenen zu ihren mehrheitlich orthodoxen Brüdern und Schwestern aus Serbien. Doch aus Angst vor Italien gingen sie diese Vernunftehe ein, was sie wegen des rücksichtslosen serbischen Zentralismus bald bedauerten. Um diese ungeliebte Staatsehe zu lösen, schlossen sich Kroatien und die Muslime von Bosnien-Herzegowina im Zweiten Weltkrieg sogar dem Teufel höchstpersönlich an: Adolf Hitler. Der nicht gerade »arische« Großmufti von Jerusalem, der 1941 in Berlin Unterschlupf und Schutz vor Großbritannien gefunden hatte, beteiligte sich an der Motivierung und Mobilisierung von Muslimen für die Waffen-SS.

Nach der Niederlage erfolgte wieder die Zwangsvereinigung – unter dem Kroaten Tito. Auch die jüngsten zeithistorischen Voraussetzungen des zweiten Jugoslawien hätten, jenseits der Historischen Ur- und Trennkräfte, besser sein können. In Serbien und Slowenien hatten Partisanen gegen Deutschland und Mussolinis Italien heftigen Widerstand geleistet. In Kroatien und Bosnien-Herzegowina hatte es, ohne orientalisch-muslimisch-palästinensischen Import, willige Hitler-, in Montenegro Mussolini- und in Mazedonien Bulgarien-, also Hitler-Helfer gegeben. Von einem in sich geschlossenen »Nationalstaat« konnte keine Rede sein.

Trotz seiner kroatischen Herkunft entstand unter Tito im altneuen Jugoslawien wieder eine serbische Hegemonie, aus der sich 1991 bei der erstbesten welt- und regionalpolitischen Gelegenheit Slowenien, Kroatien, Mazedonien, Bosnien-Herzegowina (1992) und schließlich Montenegro (2006) sowie das Kosovo (1999; 2008) lösten. Das fand in vielen Staaten wenig Zustimmung. Frankreich zum Beispiel kritisierte Bundeskanzler Helmut Kohl und Außenminister Hans-Dietrich Genscher, weil Deutschland die »Separatisten-Staaten« schnell anerkannt hatte. Wie absurd die Gründung dieser Kunst-Staaten war, habe ich zu zeigen versucht. Erinnert sei noch an Abbildung 4 im ersten Kapitel dieses Buches. Sie schematisiert die innerstaatliche Struktur von Bosnien-Herzegowina, während Abbildung 7 die zwischenstaatliche Konstellation verdeutlicht.

Schon seit der Antike prallten hier Orient und Okzident aufeinander. Im 5. vorchristlichen Jahrhundert schwappte die Orient-Welle in den Okzident. Persien versuchte unter den Königen Dareios I. und Xerxes I. Griechenland zu erobern. Sie scheiterten 490 v. u. Z. bei Marathon, 480 v. u. Z. bei Salamis und 479 v. u. Z. bei Plataiai. Etwas mehr als hundert Jahre später rollte die griechische Welle aus dem Okzident in den Orient: »Drei – drei – drei, bei Issos Keilerei«. Das hat fast jedes deutsche Schulkind irgendwann einmal gehört, gelernt – und vielleicht sogar behalten, dass der griechisch-mazedonische König Alexander (genannt der Große) dort und woanders, vorher und nachher »die« Perser besiegte. Sein Riesenreich reichte bis zum Indus. Dem antiken Hellas folgte Rom rund ein Jahrhundert später. Es eroberte nicht zuletzt über den Balkan weite Teile des vorislamischen Morgenlandes. Die spätere Trennlinie zwischen dem west- und oströmischen Reich, zwischen Römer- und Griechentum, Rom und Konstantinopel/Byzanz, verlief seit dem späten 4. nachchristlichen Jahrhundert durch den Balkan. Die Grenze zwischen dem römisch-katholischen und (vornehmlich griechisch-) orthodoxen Christentum ließ seit Ende des 5. nachchristlichen Jahrhunderts einen tiefen Graben zwischen dem westlich-katholischen und dem östlich-orthodoxen Balkan entstehen. Im Zuge ihrer Volkswanderung überlagerten seit dem 6. nachchristlichen Jahrhundert die (Süd-)Slawen die früheren Schichten der diversen Balkan-Völker. Es folgten weitere ethnische Schichten wie die ursprünglich zentralasiatischen Bulgaren im 7. sowie Ungarn im 9. und 10. Jahrhundert. Eine neue Orient-Welle erreichte im 8. nachchristlichen Jahrhundert (711) den westlichsten Westen, die Iberische Halbinsel. Sie muss uns in diesem Zusammenhang nicht beschäftigen. Sehr wohl beachten müssen wir die orientalisch-islamisch-osmanische Welle, die Ende des 14. Jahrhunderts den Balkan erreichte und von dort 1526 nach Ungarn, 1529 und 1683 bis vor die Tore Wiens führte.

Die osmanisch-islamische Welle bewirkte auch noch andere Veränderungen: Sie zog so manchen albanischen und bosnischen Neu-Untertan – sei es aus Überzeugung, Anpassung, wirtschaftlichem oder gesellschaftlichem Vorteil – vom Christentum zum Islam. Das wiederum stellte die gesellschaftlich-wirtschaftliche Pyramide teilweise auf den Kopf. Ohne grundlegende Veränderungen der Demografie oder Ethnologie (Volksstruktur) wandelte sich mit Hilfe der neuen Religion (Stichwort Theologie) zumindest die regionale Soziologie und Ökonomie auf dem Balkan. Die Verflechtung der verschiedenen Faktoren kann hier besonders deutlich beobachtet werden – ebenso wie die umgekehrte Entwicklung seit der schrittweisen christlichen Rückeroberung. Vertrauensbildende Maßnahmen sehen anders aus. Staatlichen Gemeinsamkeiten der konkurrierenden Volks- und Religionsgruppen in Gegenwart und Zukunft sind solche historisch bedingten, kollektiven Vor- oder Nachteile wenig zuträglich. Sozusagen bilanztechnisch formuliert: Zum Zeitpunkt 3 präsentiert die Gruppe A der Gruppe B kollektiv die Rechnung für Diskriminierungen oder Liquidierungen von B durch A zum Zeitpunkt 1 oder 2. Das genau geschah und geschieht auf dem Balkan ständig. Nicht weil die Menschen ihre Geschichte, sondern weil sie ihre (geschichtlich bedingte) Benachteiligung (er)kennen, dreht sich die Vergeltungsspirale. Sie führt uns zur balkanchristlichen »Reconquista«.

Der westeuropäisch-habsburgisch-katholische Gegen- und

Rückstoß begann 1683, nach der zweiten erfolglosen Belagerung Wiens durch das Osmanische Reich. Ergänzt wurde er seit dem späten 18. Jahrhundert um den orthodox-christlichen, den Serben nicht zuletzt mit vornehmlich russischer Hilfe ausführten. Das heutige Slowenien und Kroatien, beide katholisch, waren um 1700 wieder habsburgisch, während Serbien schrittweise ab 1804, 1815, 1878 das Osmanische Reich verdrängte. Nach dem Ersten Weltkrieg war der Balkan »türkenfrei«. Das nannte man zwar nicht so, aber es war so, und es war auch blutig. Kein Akteur handelte gewaltfrei. Ganz im Gegenteil. Der Balkan wurde nicht nur türkenfrei. Die Entente-Siegermächte haben die Österreichisch-Ungarische Monarchie zerschlagen und damit auch die k.-u.-k.-Teilherrschaft über den Balkan beendet. »Nationale Selbstbestimmung« für die südslawischen Balkanvölker hieß die betrügerische Parole.

Wozu dieser historische Schnell-Kurs? Um anhand von Fakten zu belegen, wie vielschichtig Demografie, Geografie, Ethnografie, Theologie und – als Ergebnis der wechselnden Vor- oder Übermacht – Ökonomie und Soziologie des Balkans sind. Wir gelangen mühelos zu dem Schluss, dass die Errichtung eines Nationalstaates (Abbildung 1) auf dem Balkan der Quadratur des Kreises gleichkommt. Trotzdem wurde und wird es immer wieder versucht.

Viel Blut floss dabei, denn jeder Akteur strebte seinen eigenen Nationalstaat an, also die Einheitlichkeit von Geografie und Demografie. So geschehen zuletzt von 1991 bis 1999, genauer: bis 2008, also bis zur Unabhängigkeit des Kosovo. Scheinbar haben sich die Gemüter beruhigt. Bis zum nächsten Massenschlachten.

Die »Lösung« waren ethnische Säuberungen. Nunmehr ist Serbien weitgehend kroatenfrei, Kroatien und das Kosovo, das zuvor ein Teil Serbiens gewesen war, bis auf den Norden serbenfrei.

Bei der Gründung des Kosovo-Staates leisteten Deutschland, die EU sowie die Internationale Gemeinschaft gedankliche, finanzielle, wirtschaftliche und militärische Hilfe. 107 der 193 UNO-Mitgliedsstaaten erkannten diesen Staat an. Woraus wir lernen, dass auch addierter Unsinn keinen Sinn ergibt.

Die große Mehrheit, etwa 88 Prozent, der Kosovaren sind Albaner, 7 Prozent Serben. Die Albaner haben einen, ihren Staat: Albanien. Nun also haben sie einen zweiten Staat. Zahlreiche Albaner leben in Mazedonien. Rund 25 Prozent der Staatsbürger Mazedoniens und circa 5 Prozent der Montenegriner sind Albaner. Schematisch entsprechen Demografie und Geografie der Albaner unserer Abbildung 6.[31] Die Selbstbestimmung der Kosovaren erfolgte prinzipiell nach dem Territorialprinzip. Aus der mehrheitlich albanischen Region bzw. Provinz Kosovo wurde der Staat »Kosovo«. So weit, so richtig. Scheinbar richtig, also nicht wirklich, denn die Internationale Gemeinschaft, die sich am Prinzip der territorialen Selbstbestimmung als Rechtfertigung der kosovarischen Selbständigkeit orientierte, durchbrach genau dieses: Den Norden Kosovos, der unmittelbar an Süd-Serbien grenzt, bewohnen nämlich mehrheitlich Serben. Wen wundert es, dass im Norden Kosovos ständig ein Feuer flackert? Dabei hätte ein Bundesland Serbisch-Kosovo mit oder sogar ohne Zusatzbindungen an Serbien das Feuer weitgehend oder ganz löschen können.

Bislang konnten multinationale KFOR-Soldaten, darunter deutsche, mit Billigung der UNO einen Großbrand verhindern. Wie lange noch? Weil gedankenleer geplant wurde, stimmt die Lage im und ums Kosovo weder strukturell noch aktuell hoffnungsvoll. Nach außen wird die Fassade gewahrt. Inzwischen sollen die KFOR-Truppen gemeinsam mit der (Vorsicht, es folgt ein Wortungeheuer) Übergangsverwaltungsmission der Vereinten Nationen im Kosovo (UNMIK) vor allem »den Dialog zwischen den Gemeinschaften herstellen«. Das ist die Zuckerbäckersprache der Politik, denn von »Gemeinschaft« zwischen den verfeindeten Volksgruppen kann im Kosovo keine Rede sein.

Gerade im Kosovo wäre eine territoriale Föderation mühelos möglich. Diese Friedenschance wurde einstweilen vertan. Doch ohne irgendeine Form der Föderalisierung und (oder?) eine supranationale Einhegung des strukturell programmierten gesamtalbanischen Revisionismus durch die Europäische Union (EU) wird es nicht nur, sondern auch wegen der politischen Geografie der Albaner zwangsläufig zu inner- und zwischenstaatlichen Konflikten auf dem Balkan kommen. Sie waren seit 1991, also nach dem Zerfall Jugoslawiens, schon mehrfach sichtbar. Eingedämmt (unterbrochen, nicht beendet) wurden sie mit Hilfe der NATO. Ihre oder andere Truppen werden künftig weitere Brände löschen müssen. Auch können? Bosnien-Herzegowina blieb auch nach dem langjährigen Blutbad von 1992 bis 1995 ein demografischer Flickenteppich.[32] Fast hätte Serbien auch hier erfolgreich ethnisch »gesäubert«. Doch die Henkersknechte trieben es zu öffentlich, sichtbar und dreist, so dass die USA im Sommer 1995, nach dem Massaker von Srebrenica, eingriffen, durchgriffen und das dortige Blutbad – einstweilen – beendeten. Sie »erbombten« die Gründung dieses besonders künstlichen, totgeborenen Kunststaates, der von der Internationalen Gemeinschaft abgesegnet wurde. Das absurde Leitbild war – natürlich – das Prinzip territorialer Selbstbestimmung. Wo, wenn nicht hier, wäre die Anwendung des personalen Selbstbestimmungsgedankens sinnvoll?

Nüchtern betrachtet haben sich die ethnischen Säuberungen für Serbien, Kroatien und das Kosovo gelohnt. Zwar reagierte die zivilisierte Welt (die sich zumindest dafür hielt und hält) entsetzt, doch der Empörung und begrenzten Bestrafung einiger Hauptverbrecher durch den Internationalen Gerichtshof von Den Haag folgten Gewöhnung und Belohnung. Kroatien ist inzwischen EU-Mitglied, und eines Tages werden Serbien und das Kosovo folgen.

Wieder nüchtern betrachtet wäre das sogar die beste Lösung, denn die EU-Mitgliedschaft erzwingt des wirtschaftlichen Funktionierens wegen das Einhalten von Regeln. Zumindest auf dem Papier. Doch wenn es schon beim Befolgen der finanzpolitischen Regeln hapert, darf man gewisse Zweifel hegen, ob sie bei Territorialfragen wirksamer greifen. Diese wiederum können nur personal- oder territorial föderativ gelöst werden. Gäbe es sonstige Alterativen? Ich jedenfalls (er)kenne keine.

Russlands Ränder (Peripherie)

Mehrfach brachen Russlands Ränder. Warum? Weil die seit Ende des 16. Jahrhunderts eroberten Fremdvölker und Religionsgruppen nicht über sich selbst bestimmen konnten. Die Chronologie-Geografie zaristisch-russischer Eroberungen verlief folgendermaßen: Im frühen 16. Jahrhundert begann unter Iwan III. (1440–1505) die Rückeroberung, das »Sammeln russischer Erde« von den Tataren. Dieser »Mongolensturm«, vor Napoleons und Hitlers Invasion das Urtrauma russischer Geschichte, hatte Russland im ersten Drittel des 13. Jahrhunderts regelrecht überrollt. Des dritten Iwan Enkel, Iwan IV. (1530–1584), weil kein feiner Herr, »der Schreckliche« genannt, beschleunigte ab 1580 die Osterweiterung. 1639 wurde der Pazifik erreicht und die Ostgebiete wurden allmählich durch Kolonisierung dem eigenen Staatsgebiet einverleibt. Hier wie bei späteren Gebietserweiterungen wurden systematisch Russen oder andere Europäer, auch Deutsche (Demografie) durch Vergünstigungen als Siedler in die neuen Gebiete (Geografie) gelockt. Immer mehr Völkerschaften bevölkerten den Vielvölkerstaat Russland. Die russischen Siedler bekamen und nahmen sich wirtschaftliche und gesellschaftliche Vorrechte (Ökonomie und Soziologie). Ihre Beliebtheit bei den einheimischen Nichtrussen erhöhten diese Privilegien natürlich nicht, und den einheimischen Muslimen waren die zumeist christlich-russischen Siedler als Christen nicht sonderlich willkommen.

Außer mehrheitlich orthodoxen Christen und Muslimen wären noch Russlands Juden zu erwähnen. Die meisten Juden Europas lebten im 18. und 19. Jahrhundert im Herrschaftsbereich der Zaren. Ende der 1890er Jahre waren es rund 5 Millionen. Zunächst, solange sie die christliche Oberschicht zur Entwicklung von Wirtschaft und Gesellschaft brauchte, waren die Juden willkommen. Dann galt: »Der Mohr hat seine Arbeit getan, der Mohr kann gehen« (Schiller, Fiesco III, 4). Wilde Pogrome seit 1881 sollten nach »helfen«. Aber nicht einmal Hitlers Eroberungen und der Holocaust machten die Sowjetunion »judenrein«. Auf diese Weise entstand durch das Einsammeln alt- und neurussischer Erde eine immer explosivere Mischung aus Geografie, Demografie, Ökonomie und Theologie. Gen Westen, zur Ostsee, ins Baltikum und an dessen Ränder gelangte Russland im Nordischen Krieg von 1700 bis 1721. Weite Gebiete Polens wurden durch die Polnischen Teilungen von 1772, 1793 und 1795 russisch, Finnland folgte 1809.

Richtung Süd-Südost bzw. zum Schwarzen Meer und Kaukasus, aufs Osmanische Reich zu, stießen die Zaren seit dem späten 18. und vornehmlich im 19. Jahrhundert vor. An Selbstbestimmung war weder für Russen noch Nicht-Russen zu denken. Das zu ändern, gab Lenins Bolschewistische Revolution vor. Doch auch die von Lenin 1917 versprochene Selbstbestimmung der Reichsvölker blieb bis zum Ende der Sowjetunion im Jahre 1991 beschriebenes Papier.

Schon die Anfänge des Russenreiches waren demografisch-ethnografisch nicht homogen. Doch Slawen und skandinavische Germanen verschmolzen schnell zu Russen. Je größer Russlands geografische Expansion nach Vertreiben und Einverleiben der Tataren und anderer Völker, desto größer die demografische Vielfalt. Russland wurde ein Vielvölkerreich vor allem aus Slawen, Germanen, Turkvölkern, Mongolen und Semiten. Die Einheit von Demografie und Geografie, also ein russischer Nationalstaat gemäß Schema bzw. Abbildung 1, war demnach ausgeschlossen. Ebenso die dauerhafte Unterjochung der Fremdvölker und -religionen. Folglich kam es fast überall an der Peripherie zu Aufständen. Sie scheiterten.

Die März- und die Oktober-Revolution von 1917 sowie die bis zum Herbst 1918 tief ins russische Herrschaftsgebiet dringenden kaiserdeutschen Streitkräfte veränderten die Situation grundlegend. Das russische Zentrum war geschwächt, die Stunde der Peripherie schlug. Sie wurde genutzt, weil die unterjochten Völker Selbstbestimmung wollten, also für ihre Nation ein Gebiet, einen Staat, ihren Nationalstaat. Als Chiffre für die kurze Ära sei das lange Geschichtsjahr Jahr 1919 gewählt, also der historisch-chronologische Zeitraum von 1917 bis 1920 (Ende des Russischen Bürgerkriegs) bzw. 1922 (Gründung der Sowjetunion).

Durch den Ersten Weltkrieg, Revolution(en) und den russischen Bürgerkrieg wurden zunächst unabhängig: Polen (teilweise schon 1916), die baltischen Staaten Litauen, Lettland, Estland, Finnland, Weißrussland, die Ukraine, die Volksrepublik Krim und in Bessarabien die Moldauische Republik, die sich unverzüglich Rumänien anschloss. Im Transkaukasus verselbständigten sich Armenien, Georgien und Aserbaidschan. In Zentralasien verkündeten Kasachen nach der Revolution ihre Autonomie im Rahmen des Russischen Reiches. In Turkestan wurde eine provisorische muslimische Regierung ausgerufen, in Baschkirien ein Zentralrat, im Nordkaukasus »die Koalition zwischen Bergvölkern und Kosaken«.[33] Andere alte Volks- und Religionsgruppen Zentralasiens, oft intern gespalten, lavierten, wie die Völkerschaften im chaosversunkenen Nordkaukasus, zwischen Unabhängigkeit und Partnerschaft mit den Roten (Bolschewiken) oder »Weißen« (Antikommunisten und Monarchisten) im Rahmen eines umzustrukturierenden Russland.

Bis 1920/22 hatte das inzwischen rot-bolschewistische Zentrum, Moskau, auch die einstigen Reichsrandgebiete wieder mehr oder weniger fest im Griff, nicht jedoch Finnland, Polen und die Baltischen Staaten. Hier und da, etwa im Kaukasus, gab es bis in die 1930er Jahre Widerstandskämpfer, die sich mit dem Verlust der Unabhängigkeit und dem sowjetisch-kommunistischen Joch nicht abfinden wollten.

Die kriegerische Verwirklichung des im August 1939 geschlossenen Hitler-Stalin-Pakts machte, mit Ausnahme Finnlands, schließlich den bis dahin noch selbständigen Staaten den Garaus. Nach dem Zweiten Weltkrieg wurde Polen als Marionette der Sowjetunion und mit gewaltigen Gebietsveränderungen (-verlusten im Osten an die Sowjetunion und -gewinnen im Westen auf Kosten des Deutschen Reiches) wiedergegründet.

Das lange Jahr 1919 war der erste historische Urknall Russlands. Der zweite folgte seit dem langen Jahr 1991. Es begann (je nach Eingrenzung) 1979 mit dem politischen Vormarsch der polnischen Freiheitsbewegung »Solidarność« und setzte sich

1989 mit dem Mauerfall in Berlin sowie der nun echten Unabhängigkeit Polens und der anderen europäischen Staaten des Warschauer Paktes und eben 1991, mit dem Ende und Zerfall der Sowjetunion, fort. Ist »1991« abgeschlossen? Betrachtet man die politisch-kriegerischen Entwicklungen in der Ukraine während der Großkrise 2013/15 darf man das bezweifeln. Auch ein Blick auf Transnistrien, das zu Russland will, aber zu Moldawien gehört, welches wiederum eigentlich Bestandteil eines vergrößerten Rumänien wäre, bestärkt die Zweifel. Zusätzliche werden vorzutragen sein. Nach dem zweiten Urknall Russlands, »1991«, erkennen wir »alte Bekannte« als unabhängige Staaten aus der Zeit von »1919« wieder, wobei die Liste der neuen und altneuen Staaten erweitert wurde, etwa um Kasachstan, Turkmenistan, Kirgisistan, Usbekistan, Tadschikistan.

Heute wissen »alle«, dass der russische Vielvölkertopf unter Dauerdruck stand und es bis zum Überkochen oder gar Explodieren nur eine Frage der Zeit war. Wenn man jedoch die Experten-Darstellungen der Sowjetunion bis weit in die 1980er Jahre wieder liest, sieht alles ganz anders aus. Kaum jemand hatte das Ende der Sowjetunion erwartet. Im Gegenteil, es bestand über ihre Stabilität weitgehende Übereinstimmung. Dass Oppositionelle wie der Historiker Andrei Amalrik, der, in Buchtitelform, die Frage stellte, ob die Sowjetunion das Jahr 1984 erleben, also als Gesamtstaat überleben könne, nicht für verrückt erklärt wurden, war schon fast ein Gnadenakt derer, die es »eigentlich« besser wussten und schon die Frage für absurd hielten.

Bei nüchterner Betrachtung der Faktoren Geografie, Demografie, Theologie (Religion), Ökonomie und Soziologie hätten alle ins Amalrik-Lager überlaufen müssen. Selbst ein oberflächlicher Blick auf die Geschichte des Zarenreiches und der Sowjetunion unter, wie es im Akademikerdeutsch so unschön heißt, »besonderer Berücksichtigung« des Faktors Demografie und Theologie hätte genügt, um zu erkennen, dass es brodelte. Nicht zuletzt im 19. Jahrhundert und auch im 20. Jahrhundert. Im Ersten Weltkrieg natürlich während der Revolution seit 1917. »Besonders explosiv wurde die Kombination sozialer und nationaler Faktoren dann, wenn Unterschichten einer ethnischen Gruppe Anspruch auf den Grundbesitz einer anderen Ethnie erhoben.«[34] »Das Jahr 1917 brachte also für fast alle Nichtrussen des Russischen Reiches eine Explosion nationaler Bewegungen.«[35] Erst recht dort, wo es demografische Schnittmengen gab.

Sogar im Zweiten Weltkrieg waren die demografischen Großspannungen erkennbar. Was heißt »sogar«? Natürlich. Weshalb gab es bei der Ausführung des millionenfachen NS-deutschen Judenmordens so unendlich viele »willige Vollstrecker« aus den baltischen Staaten oder der Ukraine und Weißrussland? Weil sich dortige Nationalisten als Gegengabe für ihre Judenmord-Beteiligung die Befreiung vom sowjetischen Joch erhofft hatten. Ihr traditioneller Judenhass kam freilich dazu.

Auch ohne Juden gab es zwischen Russen und Nichtrussen sowie auch unter Nichtrussen im Russenreich gewaltige und gewalttätige Spannungen. Seit 1991 kennen wir sie aus den Nachrichten. Dabei wurden Namen von Volksgruppen genannt, welche die meisten zuvor noch nie gehört hatten. Zum Beispiel Abchasen oder Osseten und, und, und.

Die fehlende Nächstenliebe unter den unterdrückten Völkern hat nach dem langen Jahr 1919 schon der US-amerikanische Schriftsteller John Dos Passos eindrucksvoll beschrieben.[36] Er bereiste 1921 den Orient von der Türkei über den Kaukasus, den Iran und den Irak bis nach Damaskus. Überspitzt kann man seine Beobachtungen so zusammenfassen: Fast jeder kämpfte dort damals gegen jeden. Mord und Totschlag. Wüsste man nicht, dass Dos Passos diese Region 1921 bereiste und 1970 starb, dächte man, er beschriebe zum Beispiel die »gute Nachbarschaft« von Azeris und Armeniern, Azeris und Persern, Türken und Kurden, Türken und Armeniern, Russen und Nichtrussen oder »Toleranz« in Georgien seit 1991. Everybody hates somebody sometimes. Nein, leider always. 1919 ebenso wie seit 1991. Wen wundert's? Niemanden, der sich gedanklich nicht vom wirklichkeitsfernen und -fremden Modell des Nationalstaates in einer vielschichtigen Gesellschaft leiten lässt. Nur jemanden, der meint, das Baumuster funktionsfähiger, friedlicher Staaten wäre unabhängig von der Basis-Überbau- bzw. Geografie-Demografie-Deckungsgleichheit. Was Menschen falsch denken, rächt sich an Menschen. Deckungsgleichheit von Demografie und Geografie ist im Kaukasus eine Chimäre. Jedes Schema der Abbildungen 4 bis 8, die im ersten Kapitel entwickelt wurden, ist Teil der wilden kaukasischen Wirklichkeit.[37] Ohne eine Verbindung personal- *und* territorial-föderativer Selbstbestimmung gibt es im Kaukasus grundsätzlich keine politische Befriedigung und daher auch keine dauerhafte Befriedung. Sowohl 1919 als auch seit 1991 sehen wir, dass Freiheit nicht immer Freiheit und erst recht nicht Frieden ist. Was tun? Anderes als bisher, auf jeden Fall besser Durchdachtes, um einerseits Menschen vor Menschen zu schützen und ihnen andererseits die Selbstbestimmung zu gewähren, die sie so dringend haben wollen. Aber nicht als Freifahrschein der Gruppe A gegen B und umgekehrt.

Georgien diene uns als Beispiel.[38]

Die auf dem Gebiet (Geografie) des altneuen Staates Georgien lebenden Abchasen (Demografie) sind territorial eindeutig konzentriert. Sie wollten nicht Bürger Georgiens, sondern »Abchasiens« sein. Weder das noch territoriale Autonomie im Sinne eines Bundeslandes wurde ihnen zugebilligt. Krieg wurde 1992/93 geführt und es wurde »ethnisch gesäubert«. Die unterlegenen Georgier Abchasiens – Russland half den abchasischen Separatisten ganz »uneigennützig« – flohen massenweise.

Statt Blut für Boden zu vergießen, wäre gerade hier eine territorial-föderative Lösung das Maß der Dinge. Wer für Georgien Stabilität durch inneren Frieden anstrebt, wird langfristig auch nicht an der territorialen Selbstbestimmung für die muslimischen Adscharen im Südwesten des Landes vorbeikommen. Eine »Bundesrepublik Georgien« wäre anzustreben. Sonst werden noch viele sterben.

Ähnlich und anders die Problematik der Osseten. Sie leben sowohl in Georgien als auch in Russland. Man schaue aufs Schema von Abbildung 2 und 4 in Kapitel 1.[39] Zur Befriedung der Osseten wären demnach territoriale Selbstbestimmung in Georgien und (!) Russland und zwei- bzw. zwischenstaatliche Organisations- und Kommunikationsformen für die Osseten notwendig. »Wo ein Wille, ist ein Weg.« Etwas Besseres als fortwährendes Blutvergießen wäre es allemal. Und warum sollte dieses Modell, das Boden ohne Blut verspricht, unrealistisch sein?

Fast jeden der altneuen zentralasiatischen Staaten, die sich von der Sowjetunion losgelöst haben, könnte man auf ähnliche Weise demografisch-geografisch röntgen. Abbildungen 2 bis 8 verdeutlichen die dem Kaukasus und Bosnien-Herzegowina schematisch ähnelnde Demografie und Geografie Zentralasiens sowie, daraus abgeleitet, die Absurdität nationalstaatlich-nichtföderativer Strukturen.[40] Die Ergebnisse ähneln einander: Ohne personale und/oder territoriale Selbstbestimmung kein innenpolitischer und zwischenstaatlicher Frieden.

Kaum hatten die Usbeken nach dem Zerfall der UdSSR ihren eigenen Staat, hatten sie offensichtlich nichts Besseres zu tun, als sofort die Tadschiken zu drangsalieren, zu liquidieren und zu vertreiben, ihr Land »ethnisch zu säubern«. Am Anfang waren die Falsch-Denker, dann kamen die Henker, Mitläufer und Mittäter. Hier wie fast überall auf der Welt. Nichts wird sich ändern, wenn nicht die Denkenden anders denken, denn sie lenken – es lenken zumindest die »Macher«.

Russland, wird oft behauptet, wolle unter Putin das Zarenreich bzw. die alte Sowjetunion wiederherstellen. Diese Behauptung wurde so häufig wiederholt, dass sie fast so etwas wie ein Axiom jeder Russland-Analyse ist. Axiome ersetzen aber keine Analyse. Mag sein, dass Putin die UdSSR wiederherstellen möchte. Das ist sogar ziemlich sicher. Mag sein, dass Putin dieses Ziel auch erreicht. Sicher ist, dass dieses Dritte (Russen-)Reich genauso zerbrechen wird wie die beiden ersten. Die Auslöser, der Casus Belli, für den Zerfall des Ersten und Zweiten Reiches waren unterschiedlich. Über den Auslöser für den Zerfall des Dritten Russischen Reiches können wir nur spekulieren. Die Causa Belli, die eigentliche Ursache, aber war und wird sein: Der staatliche

Überbau passt nicht zur demografischen Basis. Auf Dauer kann auch ein Putin, können auch seine Nachfolger nichts gegen ethnisch-national-religiös-kulturelle Urkräfte ausrichten. Diese wirken langsam, aber sie wirken – und plötzlich explodieren sie. Unerwartet von Experten, Medien, Politik, Stammtischen und kluger Party-Konversation. Es sei denn, die putinistische (nicht kommunistische) Sowjetunion wird eine Konföderation, also ein Staatenbund.

Auch das russische Kernland (mit oder ohne die annektierte Krim oder die Ost-Ukraine) wird ohne einen territorial- und personal-föderativen Umbau nicht überleben. Die zentrifugalen, nationalen, ethnischen, religiösen und kulturellen Urkräfte werden im Haus Russland explodieren und es zerbersten lassen. Je mehr Territorien Russland wieder »einsammelt«, zumal eindeutig nicht- und antirussische, desto früher und heftiger die Explosion(en).[41]

Die Kaukasus- und Turkvölker im Süden des Riesenreiches garantieren Russlands Regenten, wer immer sie sein mögen, unruhige Zeiten – und viele Fronten, nicht nur eine. Auch in Sibirien regen sich neuerdings Kräfte, die Putins für die Ukraine verlangte »Föderalisierung«, ostukrainische Souveränität im Rahmen eines Bundesstaates Ukraine oder noch lieber eines Staatenbundes Ostukraine, der dann mit Russland fusioniert, gegen ihn verwenden, indem sie ihrerseits eine solche fordern: für sich. Sie wollen weniger Kernrussland und mehr Sibirien.[42] »Die ich rief, die Geister, werd' ich nun nicht los«... Zauberlehrling Putin.[43]

Für militante Abwechslungen dürften innerrussisch weiterhin Islamisten und andere Russlandfeinde in Tschetschenien, Dagestan und Inguschetien sorgen. Das war so, ist so, wird so bleiben – es sei denn ... ja, genau: Territoriale Selbstbestimmung.[44] Russland war, ist und bleibt ein Vielvölkerstaat. Dauerhaft wird das Land nicht nur mit diesen demografischen Problemen zu kämpfen haben. Über kurz oder lang könnte und wollte Russland diese politische, militärische, gesellschaftliche und wirtschaftliche Last nicht mehr (er)tragen. Russland wird einmal mehr auseinanderbrechen. »Nichts Neues unter der Sonne.« Es sei denn, Russland würde eine echte Bundesrepublik. Es ist im Prinzip in der strukturell glücklichen Lage, fast allerorten die einfachere, die territoriale Föderalvariante wählen zu können. Nur hier und da, vor allem in der Kaukasusregion, müssten personal-föderative Rahmenbedingungen mitgeschaffen werden.

Nahost ist überall – Vom Regionalen zum Globalen

Das Balkan- und Nach-Russland/Sowjetunion-Chaos der Gegenwart, sprich der Zeit seit 1991, ist nur indirekt und teilweise auf die regionalhistorische Verflechtung mit der Osmanischen Reichsgeschichte zurückzuführen. Das Nah- und Mittelost-Chaos vom Ersten Weltkrieg bis heute sowie wohl auch morgen und übermorgen hängt eng mit der Zerschlagung des Osmanischen Reiches zusammen. Aus dessen Erb- und Beutemassen entstanden viele der im ersten Kapitel genannten Kunststaaten dieser Großregion. Das allseits verwendete Stichwort dazu heißt Sykes-Picot-Abkommen. Wir haben uns bereits damit befasst. Jene Vereinbarung war der Höhe- und nicht Schlusspunkt einer scheibchenweisen Zerschlagung des Osmanischen Reiches. Seit 1798, dem Ägypten- und Nahostfeldzug Napoleons, spätestens jedoch seit 1830, als Frankreich begonnen hatte, Algerien zu erobern, und seit 1882, als Großbritannien sich in Ägypten und danach im Sudan festgesetzt hatte, glich das nordafrikanisch-westasiatische Territorium des Omanischen Reiches einem Stück Schweizer (Emmentaler) Käse. Menschenmäuse aus Paris und London hatten es kräftig angeknabbert. 1911 gesellten sich in Libyen römische dazu.

Im und nach dem Ersten Weltkrieg setzten sie ihr Werk fort, nach dem Zweiten mussten sie sich, nicht zuletzt wirtschaftlich vom Großen Krieg zerschlagen, zurückziehen. Sie waren zudem von arabischen und jüdisch-zionistischen Regionalkräften geschlagen sowie von den USA gedrängt worden, ihre (nur nicht so genannten) Nahost- und später anderen Kolonien aufzugeben. Die nachkolonialen Grenzen waren so willkürlich wie die kolonialen.

Um die Ausstrahlungen nahöstlicher Brennpunkte (man beachte den Plural!) auszumessen, kann »Nahost« nicht nur geografisch verstanden werden. Nahost muss politisch definiert werden, und dabei bleibt die Analyse unweigerlich nicht mehr regional. Sie wird global. Überspitzt könnte man sagen: »Nahost ist (fast) überall«. Abbildung 9 dient der Veranschaulichung dieser auf den ersten Blick abenteuerlichen Behauptung.

Einerseits ist Nahost fast überall, andererseits ist Nahost nur Teil eines weltweiten historischen Prozesses: der Entkolonialisierung. Wir erweitern daher unseren Blick sowohl räumlich als auch zeitlich auf der Suche nach Möglichkeiten zum Frieden. So viel dürfte inzwischen klar sein: Das bisherige Herumdoktern an den Symptomen bedeutet keine Therapie. Wurzelbehandlungen sind notwendig. Die Ursachen der Konflikt-Krankheit müssen erkannt, benannt und beseitigt werden.

Wir schauen auf die »Verbreitung des Islam in der Welt«.[45] Seit spätestens 1979 ging der Islam in die Offensive über. Diese Jahreszahl steht als Chiffre für drei Großereignisse in der Islamischen Welt. Zwei davon in ihrem Zentrum, eines an der Peripherie. Im Zentrum war es die schiitisch-iranisch-islamische Revolution im Februar 1979 sowie im November die Besetzung der Großen Moschee von Mekka in Saudi-Arabien durch sunnitisch-fundamentalistische Terroristen. An der Peripherie wäre die Invasion der Sowjetunion nach Afghanistan zu erwähnen. Sie rollte ab Ende Dezember 1979 an. Der 1989 schließlich erfolgreiche Guerillakrieg gegen die Aggressoren wurde weitgehend von Islamisten geführt. Als Bürgerkrieg hatte er bereits im Frühjahr 1978 begonnen, nach der Machtergreifung durch heimische Kommunisten, die freilich von der UdSSR unterstützt wurden. Weniger der Kommunismus der neuen Machthaber als ihr Atheismus und Anti-Islamkurs hatten die Islamisten herausgefordert. Alle drei Ereignisse lösten einen fundamentalistischen Feuersturm aus. Er konnte nur dort ausgelöst werden, wo Strukturen sozusagen brennbarer Stoff waren.

Syrien

Klassisches Anschauungsmaterial für die Fehlkonstruktion von geografisch-demografisch uneinheitlichen politischen Einheiten im Rahmen der Kolonialbildung ebenso wie, folgerichtig, der Entkolonialisierung liefert *Syrien*. Nach dem Ersten Weltkrieg wurde es bekanntlich französische Kolonie – Entschuldigung, Mandat. Mit, so gehört es sich, Zustimmung der Internationalen Gemeinschaft, des damaligen Völkerbundes. In Syrien herrscht seit 2011 ein blutgetränkter Bürgerkrieg, der bis zum Sommer 2014 zusätzlich einen ca. dreimillionenfachen Flüchtlingsstrom ausgelöst und Nachbarstaaten wie die Türkei, Jordanien, Irak und den Libanon destabilisiert hatte.

Die geografisch-demografisch-religiöse Binnenstruktur Syriens entspricht den Schemata aus den Abbildungen 2 und 3 im ersten Kapitel. Wegen der zwischenstaatlichen Verflechtungen führen sie zu Abbildung 5.

Die bedeutendsten Kommunikationsgemeinschaften Syriens sind, ihrem demografischen Gewicht vor dem Bürgerkrieg entsprechend, rund 75 Prozent arabische Sunniten, etwa 12 Prozent quasi-schiitische Alawiten und 9 Prozent nichtarabische, sunnitische Kurden. Wie stets in Diktaturen sind die Zahlen unzuverlässig, zumal es auch immer heißt, der Anteil der Christen habe etwa 10 Prozent betragen. Dann gäbe es mehr als 100 Prozent Syrer. Etwas seltsam.

So oder so: Sunniten gegen Alawiten und Kurden und seit 1970, also seit der Machtübernahme durch den Assad-Clan, Alawiten gegen Sunniten und Kurden. Das war das syrische Drehbuch jenseits aller politischen Überzuckerungen. Demokratie? Nicht dran zu denken. Gruppenweise Machtteilung ohne Demokratie zur Aufrechterhaltung des inneren Friedens? Fehlanzeige.

Die antikoloniale, antifranzösische Klammer wirkte bis zur Unabhängigkeit im Jahre 1946. Seitdem herrscht ein fast ununterbrochenes, diktatorisches Entweder-Oder. In einem Punkt waren sich die drei Großgruppen allerdings weitgehend einig:

dass sie eigentlich nicht unter einem gemeinsamen staatlichen Dach leben wollten. Diktatur von A über B und C oder Bürgerkrieg war die mehr oder weniger logische Folge. Weder Diktatur noch Bürgerkrieg währen ewig. Was dann? Eine bundesstaatliche Demokratie oder – wahrlich nicht die ideale, doch besser als die bislang reale Lösung – eine territorial-föderative Autokratie. Jegliche Föderalisierung wäre in Syrien, wie bekanntlich im Irak, relativ leicht territorial zu verwirklichen.[46] Wie im Schema der Abbildungen 2 und 3 in Kapitel 1 sieht man im Westen Alawiten, im Nordwesten und Nordosten Kurden, im Zentrum und in den Irak hineinragend (also Abbildung 5) Sunniten.

Der Bürgerkrieg war in diesem zentralistischen Wir-oder-Ihr-Staat strukturell programmiert. Es bedurfte nur eines Anlasses. Es gab ihn 1982. Die Sunniten Syriens probten den Aufstand gegen Assad senior und die herrschende alawitische Minderheit, zu der er und die Seinen gehörten. Assad-Vater ließ rund zehntausend Sunniten niederschießen. Der Schock saß tief, und deshalb ließ der nächste Anlass auf sich warten. Er kam 2011 mit den Arabischen Revolutionen. Sie waren der zündende Funke, nicht die Ursache.

Daraus folgt: Als Gesamtstaat wird Syrien friedlich nur bestehen können, wenn Alawiten, Kurden und Sunniten ihr eigenes Bundesland erhalten – wenn es dann in Syrien noch Kurden gibt. Im Sommer 2014 schickten sich die Terrorsoldaten des Islamischen Staates (IS) an, sie zu vertreiben und zu vernichten. Selbst wenn die westlich-arabisch-gemäßigt-sunnitische und inoffiziell auch iranisch-schiitische Allianz die IS-Kehlendurchschneider besiegt, ist das demografisch-politisch-theologische Problem Syriens und seiner Nachbarn noch lange nicht gelöst. Ohne eine zusätzliche politische Klammer für die geografisch-demografische Einheit der Sunniten wird eine friedliche Stabilität in Syrien nicht möglich sein.

. Auch diese Idee muss nicht neu er- oder gefunden werden. Sie wurde ansatzweise so gedacht und gemacht: im Rahmen des Völkerbundmandats von 1922 für Syrien und Libanon. Je ein Alawiten- und Drusenstaat sowie der Staat Aleppo und der Staat

Abb. 1: Bevölkerungsstrukturen 1 – Homogene Bevölkerung (schematisch)

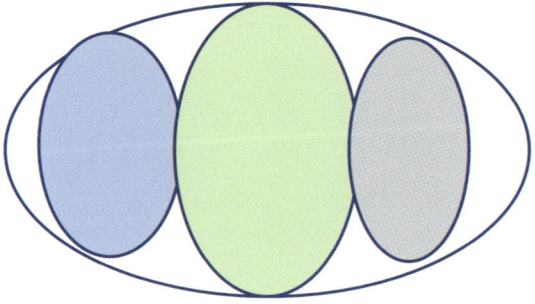

Abb. 2: Bevölkerungsstrukturen 2 – Heterogene Bevölkerung, territorial zuzuordnen (schematisch)

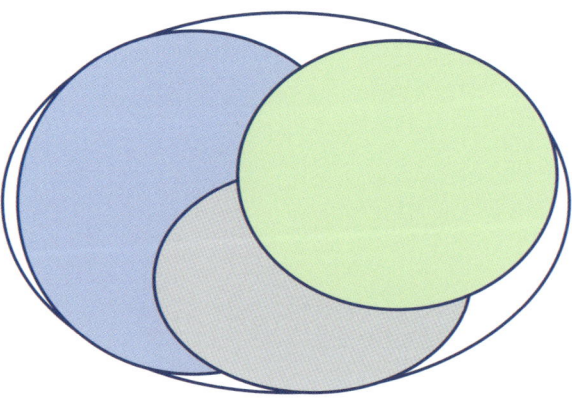

Abb. 3: Bevölkerungsstrukturen 3 – Heterogene Bevölkerung, territorial zuzuordnen, mit starker Überlappung (schematisch)

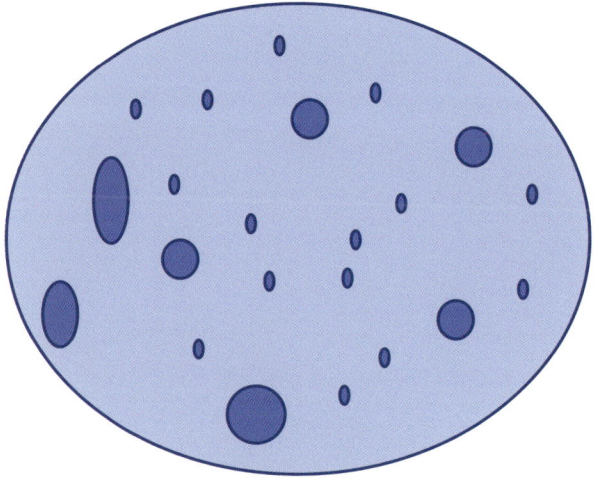

Abb. 4: Bevölkerungsstrukturen 4 – Heterogene Bevölkerung, territorial nicht oder nur partiell und nicht zusammenhängend zuzuordnen

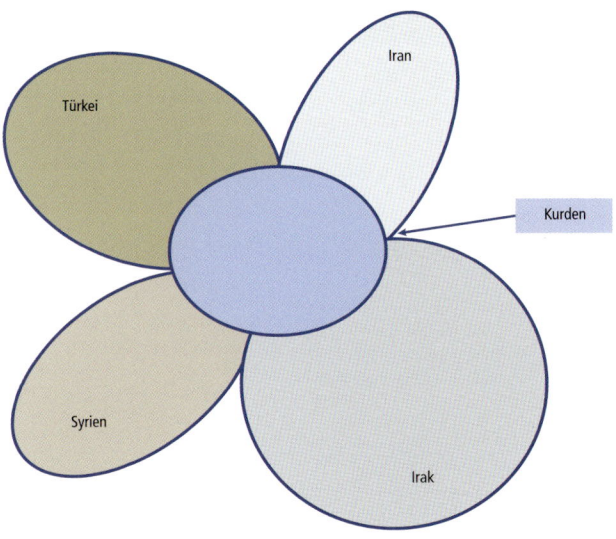

Abb. 5: Zwischenstaatliche Konstellationen – Beispiel Kurden (schematisch)

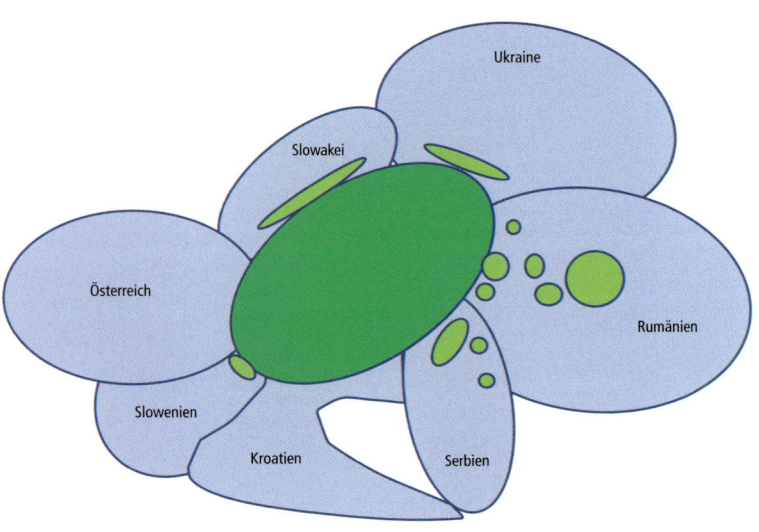

Abb. 6: Zwischenstaatliche Konstellationen – Beispiel Ungarn, Demografie (schematisch)

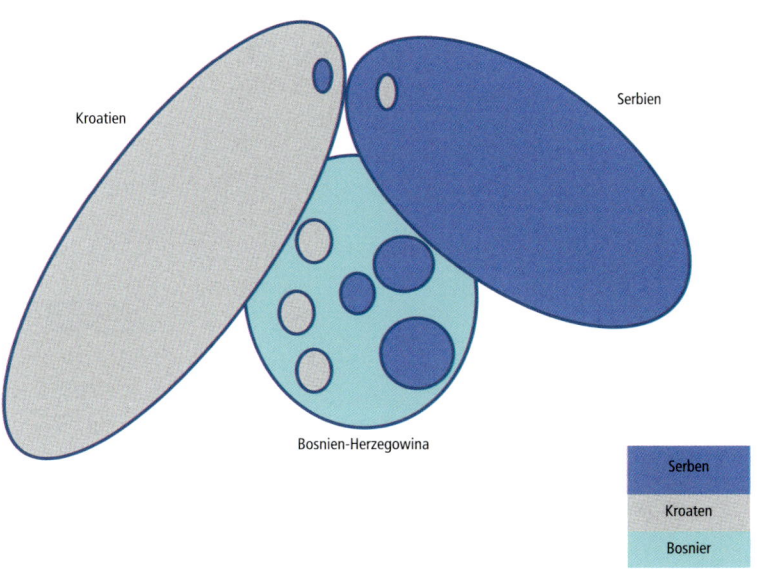

Kroatien

Serbien

Bosnien-Herzegowina

| Serben |
| Kroaten |
| Bosnier |

Abb. 7: Zwischenstaatliche Konstellationen –
Beispiel Kroatien / Bosnien-Herzegowina / Serbien (schematisch)

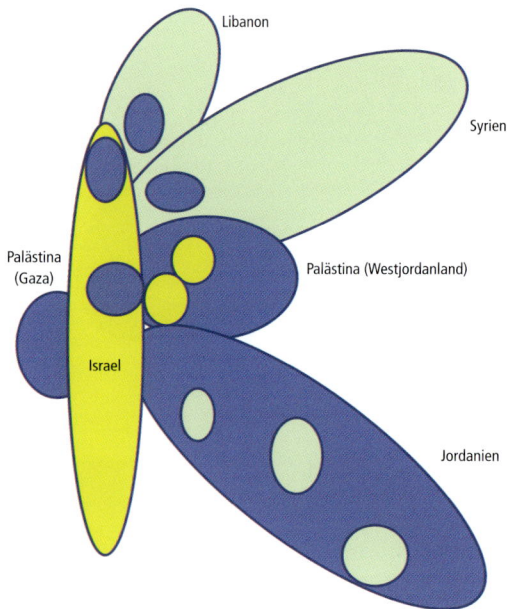

Libanon

Syrien

Palästina
(Gaza)

Palästina (Westjordanland)

Israel

Jordanien

| Palästinenser |
| Juden |
| Nicht-Palästinenser |

Abb. 8: Zwischenstaatliche Konstellationen –
Beispiel Israel / Palästina und Gaza / Jordanien (schematisch)

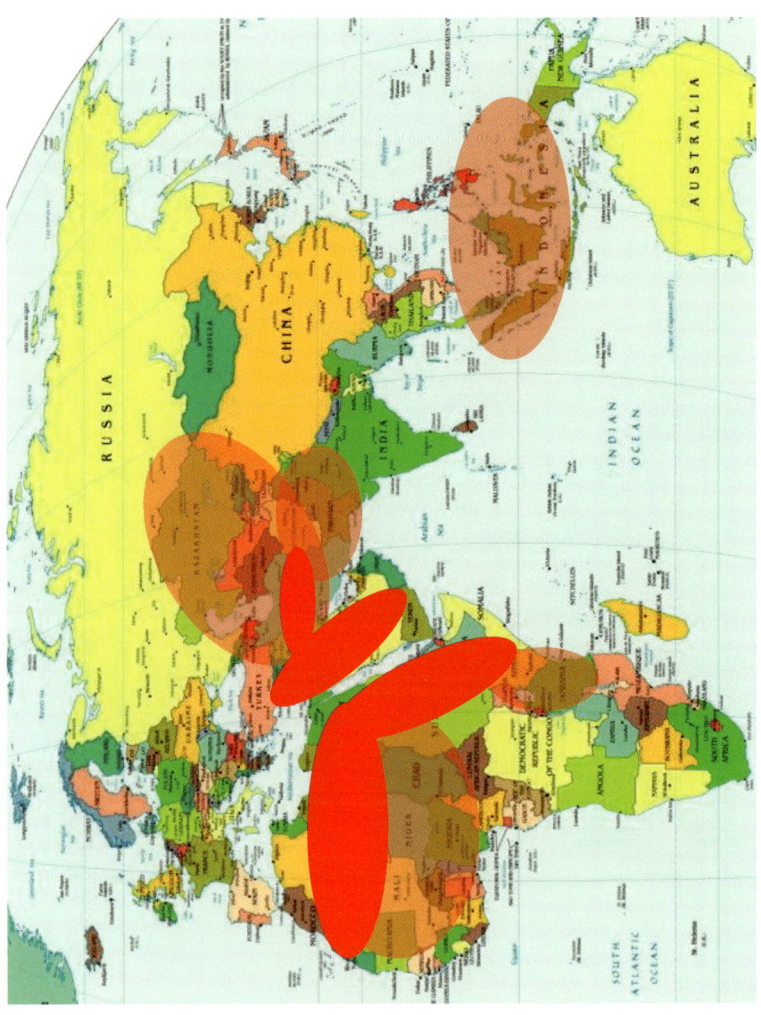

Abb. 9: Globale Ausstrahlung von Nahost

Abb. 10: Saudi-Arabien – die scheinbare Einheit, Öl und Schiiten

Damaskus sollten »Syrien« sein.[47] Die Planung wurde teilweise umgesetzt – kurzfristig. Und dann von Frankreich zugunsten des Gesamt-Kunstgebildes Syrien zurückgenommen. Das Neue müsste also eigentlich nur das teilweise Alte sein. Das gilt auch für das sehr Alte, für die Rahmenbedingungen der Demografie, »Theologie« (Religion) und Geografie der Sunniten in Syrien und dem Irak. Die nach dem Ersten Weltkrieg vollzogene politisch-staatliche Grenzziehung zwischen ihnen war und blieb künstlich. Hier gilt, wie für die Kurden, das Schema in Abbildung 5 im ersten Kapitel dieses Buches.

Die erste Gelegenheit zur geografisch-politischen Wiedervereinigung dieser Kommunikationsgemeinschaft bot sich durch die Bürgerkriege in beiden Staaten. An die Spitze dieser Bewegung stellte sich die hyperterroristische Gruppierung »Islamischer Staat«. So entsetzlich ihr Terror, er hat Methode. Methode verstanden als »rationaler Sinn«. Dieser besteht darin, dass sich ein Großteil der Sunniten beider Staaten von der Bevormundung, auch Unterdrückung, durch quasi-schiitische Alawiten in Syrien und Schiiten im Irak befreien will. Das 2014 vom Islamischen Staat (IS) eroberte Gebiet brachte ziemlich genau Demografie und Geografie der Sunniten im Irak und in Syrien zur Deckung.[48] Kein zivilisierter Mensch kann die IS-Erfolge gutheißen. Doch wenn man sie bekämpfen will, muss man notfalls auch unliebsame Tatsachen berücksichtigen.

Andernfalls könnten und würden sowohl Syriens Sunniten als auch Syriens Kurden sich territorial mit ihren »Brüdern und Schwestern« verzahnen. Die schiitischen Alawiten müssten und würden politisch-territoriale oder -personale Verbindungen zu den religiös Nahestehenden im Libanon und in der Türkei suchen, auch im Irak, obwohl die räumliche Distanz da größer ist.[49]

Fazit: Syrien, wie auch der Irak, wird eine Föderation oder es wird nicht mehr sein. Und sollte es trotzdem ohne bundesstaatliche Rahmenbedingungen überleben, wird es keinen dauerhaften inneren Frieden erleben.

Iran

Das geografisch-demografisch-religiöse Muster des Iran geben unsere Abbildungen 2 bis 5 wieder. Alle Welt redet vom Iran. Doch *der* Iran ist nur eine scheinbare Einheit.[50] Die Völker- und Sprachenvielfalt im Iran ist groß. Auch der Iran ist *keine* Kommunikationsgemeinschaft, also keine Nation in diesem Sinne. Er ist ein Staat (noch), aber ein Vielvölkerstaat. Vor allem vier große Minderheiten sind im Iran zu beachten: die Azeris im Nordwesten, die Kurden und Araber im Westen sowie die Belutschen im Osten. Die Azeris sind, wie die meisten Perser, Schiiten, doch keine Perser, sondern ein Turkvolk. Zwischen diesen beiden Ethnien und Kulturen knistert es seit Jahrhunderten. Der Ursprung liegt im Zusammenprall urban-iranischer und nomadischer Turkkultur. Der Konflikt entfaltete dann nicht zuletzt durch den Kampf ums Land seine Eigendynamik.

Man wird schwerlich behaupten können, dass diese vielen Kommunikationsgemeinschaften das Bedürfnis hätten, weiter unter einem staatlichen Dach zu leben, in dem die schiitischen Perser den Ton angeben. Wenn man nun einwendet, der gegenwärtige Revolutionsführer Ajatollah Chameini sei Azeri, dann stimmt das wohl. Doch wie »eine Schwalbe keinen Sommer macht«, so macht auch ein »Führer«, ein Ajatollah, noch lange kein Volk. Er ist »die Ausnahme, welche die Regel bestätigt«.

Azeris leben freilich nicht nur im Iran, sondern vornehmlich in Aserbaidschan. Die im Deutschen übliche Schreibung mit »s« verschleiert die Verbindung zu den Azeris, die in der Schreibung »Azerbaijan« erheblich deutlicher zum Ausdruck kommt. Aserbaidschan/Azerbaijan will die Azeris aus dem Nord-Iran »heim ins Reich« holen. Auf diversen amtlichen und halbamtlichen Azeri-Websites findet man die Sehnsucht nach azerischer Wiedervereinigung recht unverhohlen artikuliert.[51] 1828 hatten das zaristische Russland und der Iran Aserbaidschan sozusagen filetiert. Den Norden schnappte sich Russland, den Süden der Iran. Ausgerechnet Stalins Rote Armee ermöglichte von November

1945 bis Dezember 1946 durch die Errichtung eines moskauhörigen Marionettenregimes eine kurzzeitige Wiedervereinigung. Amerikanischer Druck im Kalten Krieg erzwang jedoch den vorherigen Teilungszustand. Azerisch-Iran macht rund dreißig Prozent der Fläche Irans aus und ist größer als Aserbaidschan selbst. Die Zahl der im Iran lebenden Azeris übertrifft mit ca. 10 Millionen ebenfalls die der rund 9 Millionen Azeris in ihrem Kernstaat. Wen wundert es daher, dass die Beziehungen zwischen dem Iran und Aserbaidschan angespannt sind? Dabei schwappt die Außen- in die Innenpolitik und umgekehrt. Im blutigen Konflikt zwischen Aserbaidschan und Armenien um die Enklave Nagorno-Karabach steht Teheran auf der Seite Armeniens, während Aserbaidschan enge, auch militärische, Beziehungen zu Israel sowie den USA hegt und pflegt.[52] Das bedeutet im Ernst- und Krisenfall, dass Israel und die USA den Iran auch aus Aserbaidschan angreifen könnten. Ab und zu wurden und werden diesbezügliche Gerüchte von interessierter Seite in die Welt gesetzt. Worin liegt das Interesse jener Seite? Die Antwort ist einfach, denn sie enthält ein Signal an die iranische Führung. Es liest sich folgendermaßen:»Wenn ihr meint, im Nahen Osten durch eure nukleare Aufrüstung eine Explosion auslösen zu können, bedenkt, dass wir euren Staat mit Hilfe wiedervereinigungsbestrebter Azeris zur Implosion bringen können.«

Wiedervereinigungsbestrebte – oder soll man großazerische sagen? – Azeris von innen oder außen wären (genauer: sind) dabei nicht die einzigen Partner Israels und der USA. Irans Kurden bieten sich ebenfalls als Partner an. Noch aus kaiserlichen Schah-Zeiten stammen intakte Kontakte Israels zu oppositionellen Kurden, die sich aus sunnitisch-religiösen und nationalen Gründen nicht dem schiitisch-persischen Joch beugen wollen. Teherans Mullahs wissen, dass sie zwischen Explosion nach außen und Implosion im Innern zu wählen haben. Das Kurdengebiet war und blieb eine Unruheregion im Iran. Die Sprachregelung des Auswärtigen Amtes der Bundesrepublik Deutschland formuliert das alles unter dem Stichwort»Reise- und Sicherheitshinweise«

zum Iran natürlich verbindlicher. Zum Stichwort »Terrorismus« liest man: »Iran war in den letzten Jahren unregelmäßig Ziel terroristischer Anschläge, zuletzt zunehmend in Minderheitenregionen. Die Anschläge richteten sich bisher nicht gegen Ausländer oder Touristen. Reisende in Grenzregionen Irans zu Irak und zu Pakistan sollten grundsätzlich immer auch die jeweils aktuelle Lage in den Nachbarländern in Betracht ziehen.[53] Der kurze Eintrag ist bemerkenswert. Erstens: Den Kampf der Kurden und anderer Minderheiten gegen das Diktat aus Teheran nennt das Auswärtige Amt »Terrorismus« und übernimmt damit die Spracheregelung der Mullahs. Zweitens wird dem Sankt-Florians-Prinzip gefrönt: »Lieber, heiliger Florian, verschon mein Haus, zünd' andre an.« Im Klartext: Wenn sich jener »Terror« nur gegen Iraner wendet, geht er uns nichts an. Drittens war seit 1979 die erwähnte Unregelmäßigkeit eher regelmäßig. Das heißt: Es kam in den »Minderheitenregionen« zwar nicht »regelmäßig«, wohl aber kontinuierlich zu Terroraktionen. Wenn man (wer auch immer) im deutschen Außenministerium so etatistisch, zentralistisch und regimetreu programmiert ist, kommt man selbstverständlich auf keinen föderalistischen Gedanken und zementiert die innerdemografischen, also politischen Konflikte. »Denn sie wissen nicht, was sie tun.« Oder doch? Das wäre noch schlimmer.

Hinter der scheinbar rein sachlichen Bezeichnung »Grenzregionen Irans zu Irak und zu Pakistan« verbirgt sich hochentzündlicher politischer Sprengstoff. Zum einen ist damit die arabisch-schiitische Bevölkerung der an den Irak grenzenden Provinz Khuzestan (bei Arabern »Arabistan« genannt) gemeint, zum anderen die Provinz Sistan-Belutschistan an der Grenze Irans zu Pakistan und Afghanistan.

Die Araber Khuzestans/Arabistans sind zwar, wie die meisten Perser, Schiiten, aber verstehen sich (in der Regel) eben nicht zuerst als Perser, sondern als Araber. Sie widersetzen sich der massiven Iranisierung durch die Teheraner Zentralregierung und fühlen sich weniger dem Iran als den arabisch-irakischen Schiiten verbunden.

Ähnlich, wenngleich unter anderen religiösen und ethnischen Voraussetzungen, die Situation in der Provinz Sistan-Belutschistan. Die hier lebenden sunnitischen Belutschen wollen eine wie auch immer, am liebsten staatlich organisierte Gemeinschaft mit den Belutschen in Pakistan und Afghanistan, die ihrerseits mehrheitlich diesen Wunsch hegen.

Wieder ist der Reise- und Sicherheitshinweis des Auswärtigen Amtes bemerkenswert: In Sistan-Belutschistan »kommt es regelmäßig zu Konflikten zwischen iranischen Sicherheitskräften und bewaffneten Gruppierungen. Die Bewegungsfreiheit ist eingeschränkt und es gibt vermehrte Sicherheits- und Personenkontrollen. Die iranische Regierung hat die Provinz im November 2007 für ausländische Staatsangehörige zur ›No-go-area‹ erklärt. Wiederholt wurden Ausländer in der Region festgehalten und längeren Verhören unterzogen. Eine Weiterreise war in manchen Fällen nur noch mit iranischer Polizeieskorte möglich.«[54]

Seit 1979 verloren knapp 4.000 iranische Soldaten bei Überfällen von Belutschen ihr Leben. Nicht selten wurden die »Terroristen« (das müssen wir aus der Überschrift schließen) gefangengenommen und öffentlich hingerichtet. Diese in »zivilisierten Staaten« alltägliche Rechtsdurchsetzung wurde meistens von aufmunternden Rufen wie »Down with America, down with Israel« (sprich: »Daaaun wisss Amerrika, daaaun wisss Isssraiil«) begleitet. Angespannte westliche Nerven dürfte die iranische Polizeieskorte beruhigt haben. Jenseits der Ironie dürfte der sicher von der Teheraner Regierung bestellte (und bezahlte?) Barbarenpöbel durchaus die richtigen Hintermänner der belutschischen »Terroristen« benannt haben: die USA und Israel. Deren immer gleiches Signal versteht Teheran: Einer iranischen Explosion nach außen könnte eine Implosion vorausgehen oder folgen.

Die einzige, die letzte Chance des Iran, die landeseigenen Azeris, Belutschen, Kurden und Araber im bestehenden Gemeinwesen durch (weitgehende) Selbstbestimmung zu befriedigen und damit zu befrieden, wäre eine Föderalisierung. Langfristig wird auch der Iran entweder eine Bundesrepublik sein oder ganz anders aussehen als heute.

Türkei

Bezogen auf die kurdische Minderheit gilt Gleiches auch für die Türkei. Ohne kurdische Selbstbestimmung als wie auch immer konstruierte Föderalisierung kommt die türkische Innenpolitik nicht zur Ruhe. Wie die anderen Kurden sind auch die türkischen ein geradezu idealer Hebel, um von außen die Türkei zu schwächen. Unter Assad Vater und Sohn hat es Syrien vorgeführt. Seit Ministerpräsident (ab 2014 Präsident) Erdoğan zu Israel auf Distanz ging, wurde Jerusalem nicht müde, Istanbul vor und hinter den Kulissen wissen zu lassen, dass man auch die guten Verbindungen zu den türkischen Kurden nutzen könne, um den Preis dieses Antiisraelismus in die Höhe zu treiben. Erdoğan mag nicht jedermanns Ideal verkörpern, doch geschickt ist er. Nicht von ungefähr durfte im (erneut) spannungsreichen türkisch-israelischen Jahr 2014 im August ein Kurde bei den Präsidentschaftswahlen antreten. Immerhin erhielt er rund 10 Prozent der Wählerstimmen.

Afghanistan, Pakistan, Indien

Die Landeskunde Afghanistans und Pakistans kann uns hier nicht ausführlich beschäftigen. Die demografische Vielfalt beider Staaten müssen wir jedoch kurz erörtern. Denn beide Länder sind ebenfalls Vielvölkerstaaten. Das Konzept für beide ist ein einheitlicher, zentralistischer Staat, der mit oder ohne ausländische Hilfe aufgebaut wird oder dessen Aufbau unterstützt wird. Nach allem, was wir bisher gesehen haben, kann man das nur für politische Einfalt oder einen politischen Selbstmordversuch halten. Was es für die Bewertung des von der UNO, also der »Internationalen Gemeinschaft«, gebilligten Afghanistan-Einsatzes (sprich -Krieges) der USA, Großbritanniens, Deutschlands sowie zahlreicher anderer, durchaus ebenfalls demokratischer Staaten zu bedeuten hat, das erschließt sich den geneigten Lesern inzwischen sicher von selbst.

Die demografisch-ethnische Struktur Afghanistans wird, je

nach Region und Volksgruppe, durch die Abbildungen 2, 3 und 4 im ersten Kapitel schematisch erfasst. Konkrete Veranschaulichung bietet selbstverständlich das Internet.[55] Wer die quasi geteilte Geografie Afghanistans kennt, versteht die Struktur der Landes-Demografie mühelos. Auch hier gleicht es der schon mehrfach angesprochenen Quadratur des Kreises, Das Land ist nicht nur geografisch zerklüftet, sondern auch demografisch, ethnisch, sprachlich[56] und auch religiös (islamisch).

Die historische Chance, durch eine »Bundesrepublik Afghanistan« Geografie, Demografie und Religion (Theologie) des Staates eher deckungsgleich zu gestalten, bot sich ab 2001, also seit der von den USA militärisch erzwungenen Vertreibung des Taliban-Regimes, welches sein Territorium dem internationalen Terror des Islamismus zur Verfügung gestellt hatte.

Stattdessen wurde, bald (ab Februar 2002) auch mit deutscher Beteiligung, der Teufel durch den Beelzebub ausgetrieben: durch Zentralismus, wenngleich demokratisch legitimiert. Demokratie wurde einmal mehr nur verstanden als Mehrheitsherrschaft. Schutz und Fortentwicklung der demografischen Vielfalt durch eine Föderalisierung wurden überhaupt nicht in Betracht gezogen. 13 Jahre nach der Befreiung von den Taliban sind die einzelnen Volksgruppen nach wie vor unbefriedet, weil politisch unbefriedigt.

Ohne einen innerstaatlichen sowie (!) *zwischenstaatlichen* Umbau wird man auch diese Teilregion nicht befrieden können. Die Abbildungen 5 und 6 in Kapitel 1 fassen diese Wirklichkeiten zusammen. Es ist zweifellos eine Herkulesaufgabe, denn diverse Volksgruppen Afghanistans leben nicht nur in Afghanistan, sondern auch in dessen Nachbarstaaten.

Dass die Belutschen in drei Staaten leben, wurde erwähnt: im Iran, in Afghanistan und in Pakistan. »Die« Belutschen wollen in erster Linie aber Belutschen sein und nicht Afghaner, Iraner oder Pakistaner. Von nationaler Selbstbestimmung haben auch sie gehört. Und wenn nicht gehört oder verstanden, so doch gefühlt, was es bedeutet, eine mehr oder minder bestenfalls geduldete Minderheit zu sein, die bevormundet wird.

Die Sprachenkarte Afghanistans[57] zeigt, was geschichtlich und kulturell in Afghanistan im Laufe der Jahrhunderte entstand: Es gibt eine bis weit ins Land hineinreichende persische Kommunikationsgemeinschaft. Ebenso gibt es eine belutschische, usbekische, turkmenische, tadschikische sowie wahrlich nicht zuletzt paschtunische, die nach Pakistan weist. Kein Wunder, denn Großbritannien hatte 1893 durch die »Durand-Linie«, benannt nach dem damaligen Außenminister der britischen Verwaltung, einen großen Teil des paschtunischen Volksgebiets rein machtpolitisch, willkürlich, künstlich, rücksichtslos dem seit 1947 pakistanischen Teil Britisch-Indiens zugeschlagen. Das nachkoloniale, unabhängige Pakistan behielt das koloniale Erbe (gerne), Afghanistan focht es natürlich an, und die Internationale Gemeinschaft blieb gleichgültig, solange der Konflikt weit genug von den eigenen Toren entfernt ausgefochten wurde. Er ist offenbar den meisten noch nicht nah genug, um Veränderungen herbeizuführen. Folglich bleibt »Paschtunistan« geteilt. Für immer? Das darf bezweifelt werden, denn die »Historische Mechanik« (Imanuel Geiss) lehrt, dass auseinandergerissene Kommunikationsgemeinschaften bzw. Nationen wieder zusammenwachsen wollen. Wer vorausschauende, also zugleich konfliktdämmende und -hemmende Politik betreiben möchte, sollte sich an Willy Brandts Spruch erinnern, den er prägte, nachdem die Berliner Mauer gefallen war. »Es wächst zusammen, was zusammen gehört.« Richard von Weizsäcker hatte davor gewarnt, dass Zusammenwachsen auch Wuchern, gleichsam als Krebsgeschwür, bedeuten könnte. Dieses Schicksal blieb Deutschland nach der Wiedervereinigung erspart. Das Zusammenwachsen der Paschtunen gleicht einstweilen eher einer fortschreitenden Krebserkrankung.

Das immer wieder seit dem Afghanistankrieg als »Unruhegebiet« Nordwest-Pakistan bezeichnete Rückzugsgebiet der weitgehend paschtunischen Taliban ist eine Region mit paschtunischer Bevölkerungsmehrheit.[58] Die dortige Taliban-»Unruhe« richtet sich eben, anders als kurzatmiger Journalismus es nahelegt, nicht nur gegen »die« USA oder »den« Westen oder gegen

»die« Lakaien »des« Westens, sondern gegen die historische Teilung der Paschtunen. Die »Unruhe« ist also auch eine Sehnsucht nach paschtunischer Wiedervereinigung. Das rechtfertigt nicht den islamistischen Terror der Taliban, aber es erklärt ihn zumindest teilweise.

Einmal mehr und immer wieder: Auch Afghanistan und Pakistan (wo es noch diverse andere Volksgruppen gibt, die nur der Islam vereint, aber auch wieder trennt, denn es sind Sunniten und Schiiten) werden weder binnen- noch zwischenstaatlich um eine Föderalisierung herumkommen, wenn sie als Staaten überleben wollen. Erneut sind sowohl bundesstaatliche als auch staatenbündische Lösungselemente unerlässlich. Als sich die britische Kolonialmacht 1947 aus Indien zurückzog, wurde der Subkontinent in je einen Staat der Hindus und der Muslime geteilt. Die Entscheidungsträger, die verantwortungslosen Verantwortlichen, hatten sich, ob aus Naivität oder Gleichgültigkeit, vorgestellt, dass sich die beiden Großgruppen fein säuberlich räumlich trennen ließen.

Dabei hatte der geistige Vordenker Pakistans, Muhammad Iqbal (1877–1938) ein ganz anderes, ein menschliches und friedliches Konzept im Sinn gehabt: Wo möglich, sollten die Muslime des Teilkontinents innerhalb eines gesamtindischen Staates territoriale und ansonsten personale, gruppenbezogene, Selbstbestimmung erhalten. Sogar innerhalb eines von London aus regierten Staates konnte er sich diese Doppelform der Selbstbestimmung bzw. Autonomie vorstellen. Sie entspricht recht genau den in diesem Buch vorgetragenen Ansätzen. »Alles Gescheite ist schon gedacht worden. Man muss nur versuchen, es noch einmal zu denken.« (Johann Wolfgang von Goethe, Wilhelm Meisters Wanderjahre, 1829; Maximen und Reflexionen, 441) Nur?

Muhammad Iqbal wird in Pakistan als geistiger Vater des Staates verehrt. Doch wie so oft wurde auch in Pakistan das von den Vätern Ererbte nicht erworben, »um es zu besitzen« (Faust I, Vs 683). Gemacht wurde es anders, als es der Muslim Iqbal und der Hindu Mahatma Gandhi gedacht und gewollt hatten: Jeder der beiden neuen Staaten wurde religiös »gesäubert«: Etwa 10 Millionen Hindus und Sikhs wurden aus Pakistan vertrieben, circa 7 Millionen Muslime aus Indien, und rund eine Million Menschen bezahlte die neu errungene »Freiheit« mit dem Tod. Pakistan und Bangladesh (damals noch »Ost-Pakistan«) wurden zwar fast »hindurein«, aber eben nur fast, denn (die amtlichen Statistiken sind aus politischen Gründen unzuverlässig) von geschätzten 200 Millionen Pakistanern sind circa 3 Millionen Hindus. Ob sie sich in diesem zunehmend muslimisch radikalen Staat mit massiver Taliban-Präsenz sehr wohl fühlen? Von (wiederum nicht »wasserdicht« religiös »bereinigten«) 160 Millionen Bangladeshis sind etwa 10 Prozent, also 16 Millionen, Hindus. Was sie erwartet, wenn sich, wie angekündigt,[59] hier al Qaida in die Politik einmischt, weiß man.

Rund 178 Millionen der 1,2 Milliarden Inder sind Muslime. Sie leben – man ist geneigt, zu sagen: natürlich – überwiegend in Gebieten, die Pakistan und Bangladesh nahe sind. Und das betrifft nicht nur das ohnehin vorwiegend muslimische Kaschmir. Wieder treffen wir auf die so explosive Mischung von Geografie, Demografie und Theologie. Auch in Indien tickt die Zeitbombe, und echte Bomben explodieren ebenfalls immer wieder in Städten und Gebieten mit hohem Muslimenanteil. Ja, Indien ist ein Bundesstaat, aber nein, der Konflikt zwischen Hindus und Muslimen wurde in den letzten Jahren eher angeheizt als abgekühlt.

Dass große Gebiete einer diagonalen Achse vom Südwesten zum Nordosten Indiens von linksaktivistischen maoistischen Rebellen beherrscht werden, hat vor allem wirtschaftliche Gründe. Sie sind höchst bedeutsam, doch sie liegen jenseits unseres Interesses an den Konzeptions- und Konstruktionsfehlern von Staaten.

Al-Qaida-Chef Zawahiri hat die strukturelle Gunst der Stunde erkannt. Im September 2014 kündigte er verstärkte Aktivitäten seines Terrornetzwerks in Indien an.[60] Ohne weitergehende personale Selbstbestimmung der muslimischen Minderheit ist massenhaftes Blutvergießen in Indien programmiert.

Saudi-Arabien und Bahrain

Zwei Königreiche. Das eine riesig, das andere winzig. Die weltwirtschaftliche, energiepolitische Bedeutung beider Königreiche muss niemandem erläutert werden. Wenn der König und der Ölpreis will, steht die Wirtschaft still. Weltweit. Die Macht der beiden Länder scheint unantastbar. Die Macht beider Königreiche ist jedoch auf Sand gebaut. Unter dem Wüstensand die enormen Öl- und Gasvorräte, auf dem Sand das höchst delikate demografische Gefüge. Es gleicht Sprengstoff.

Beide Königshäuser sind sunnitisch, und sunnitisch ist auch die Bevölkerungsmehrheit in Saudi-Arabien. Nicht jedoch in Bahrein. Es liegt auf der dem schiitisch-revolutionären Iran gegenüberliegenden Seite des Arabischen (bzw. Persischen) Golfs. Die Schiiten Bahrains fühlen sich und werden diskriminiert. Sie haben deshalb im Gefolge der Arabischen Revolutionen, 2011/12, den Aufstand geprobt. Mit militärischer Hilfe der Saudis und mit Hilfe deutscher Waffen wurde er blutig niedergeschlagen. Der Iran griff zwar nicht militärisch ein, hatte aber vorher und nachher nichts unterlassen, um innere Unruhen in Bahrain zu schüren.

Ohne militärische Gewalt wird das Königshaus Bahrain langfristig nicht gegen seine Bevölkerungsmehrheit herrschen können. Das ist die eine Seite. Die andere: Militärische Gewalt ist ein wirtschaftlicher Risikofaktor. Dieses Risiko betrifft die Weltwirtschaft und das politische System dieses Mini-Königreiches.

Unter ganz anderen Voraussetzungen als in China beobachten wir auch hier den Prioritätenkonflikt zwischen politisch-demografischen und wirtschaftlichen Zielen. Beide sind ohne Kompromiss nicht zu erreichen. Ohne inneren Frieden in Bahrain keine Ölförderung, kein Ölexport und keine Öleinnahmen.

Die Alternative zur Unterdrückung der Schiiten Bahrains heißt Selbstbestimmung, und Selbstbestimmung heißt in Bahrain aufgrund der Geografie der Demografie personale und nicht territoriale Selbstbestimmung bzw. Föderation. Bahrain wird eine Föderalisierung nicht vermeiden können, wenn es Frieden, also Wohlstand will. Ohne Frieden keine Freiheit und ohne Frieden und Freiheit kein Wohlstand.

Die operativen Stichworte sind bekannt und werden deshalb nur kurz benannt: zwei Kommunikationsgemeinschaften, zwei Kammern.

Keine andere Wahl als diese hat, aus den gleichen Gründen, das radikal sunnitisch bzw. wahabitisch geprägte Königreich Saudi-Arabien. Den Grund veranschaulicht Abbildung 10. Sie fügt Geografie, Demografie und »Theologie« (Religion) zu einer Sinneinheit zusammen.

Öl hat und fördert Saudi-Arabien lediglich in seiner (hier rot gekennzeichneten) Ostprovinz. Dort leben mehrheitlich Schiiten. Ihr Anteil an der Gesamtbevölkerung des Wüstenreichs beträgt – genaue Informationen gibt der Staat nicht preis – 10 bis 15 Prozent. Der traditionelle islamische Gegensatz (um nicht zu sagen: die Feindschaft) zwischen Sunniten und Schiiten ist im radikalsunnitischen Saudi-Arabien naturgemäß noch schärfer als in weniger ausgeprägt sunnitischen Staaten. Da zudem die saudischen Schiiten nicht nur geografisch dem radikalschiitischen Iran nahe sind, gleicht das scheinbar allmächtige Saudi-Arabien einem Vulkan, der jederzeit ausbrechen kann. Die Folgen für die Weltwirtschaft wären unübersehbar. Das ist wieder nur die eine Seite. Die andere klingt zwar zynisch, ist aber realistisch: Auch saudisch-schiitische Fundamentalisten müssen Erdöl und Erdgas verkaufen, um (über)leben zu können. Dieser wirtschaftsbestimmte Optimismus wird durch eine pessimistisch gestimmte Frage gedämpft: Wird jener saudisch-schiitische Fundamentalismus, verstärkt durch die Schiitenmacht Iran und ein schiitisch-extremistisches Bahrain, die Nahostregion nicht insgesamt (noch weiter) destabilisieren? Die Frage zu stellen, heißt, sie zu beantworten. Mit einem klaren Ja.

Die letzte Chance bietet auch hier eine Föderalisierung. In Saudi-Arabien territorial, in Bahrain personal.

Viel Zeit bleibt nicht. Es ist kurz vor zwölf. Die kleinen Meldungen aus Saudi-Arabien und die gar nicht so kleinen aus

Bahrain werfen Schatten großer Veränderungen voraus. Immer wieder ist zu lesen, dass »im Osten Saudi-Arabiens«, also in der Erdölregion, »Sicherheitsmaßnahmen verstärkt« würden. Im Klartext heißt das: Es gärt unterhalb der Oberfläche. Die Schiitenopposition ist am Werk – mit Grüßen aus Teheran. Wahrscheinlich wurden auch deshalb zwei Agenten des Bundesnachrichtendienstes im Januar 2014 in der saudischen Ostprovinz überfallen. Mit knapper Not entkamen sie ihren Angreifern, die sie entführen wollten.[61] Überfall und Entführungsversuch sowie die Anwesenheit deutscher (und sicher vieler anderer) Geheimdienstler sind eindeutige Indizien für kommende Dinge ...

Jemen

Schiiten im Jemen heißen Zaiditen. Sie leben im Norden des Landes an der Grenze zum radikalsunnitischen Saudi-Arabien. Rund ein Drittel der Jemeniten sind Schiiten. Seit 1962 versuchen sie, die ihnen seinerzeit entrissene Macht wieder zu erlangen. Immerhin hatten sie das mehrheitlich sunnitische Land seit dem 10. Jahrhundert mal stärker, mal schwächer beherrscht; auch als es von Osmanen und Briten teilkontrolliert wurde. Im Sommer 2014 standen ihre »Huthi«-Kämpfer in der Hauptstadt Sanaa. Dort besetzten sie im September 2014 einige Regierungsgebäude und die Radiostation. Im Januar 2015 putschten sie erfolgreich.

Eine zentrale staatliche Autorität, die über ein Gewaltmonopol verfügte, konnte sich in diesem von Stämmen, Stammesfehden und -kriegen gezeichneten Land nie so recht durchsetzen. Die 1967, nach dem Abzug Großbritanniens aus Aden, erfolgte Teilung in eine Nord- und eine sozialistische Süd-Republik entsprach daher durchaus bekannten Traditionen von Spaltungen und Teilherrschaften, Kriegen und Bürgerkriegen. Neu war nur der dunkelrot sowjetische Anstrich mit nicht wenigen DDR-Tupfern im Süden. Dort tummelten sich in den 1970er und 80er Jahren auch gerne linksextremistisch-deutsche RAF-Terroristen. Das erkennbare Ende des sowjetischen Patrons schwächte den

Süden nachhaltig. 1990 wurde die Wiedervereinigung gefeiert. Tatsächlich ist das Land bis heute vielfach gespalten. Von Mai bis Juli 1994 tobte ein Nord-Süd-Bürgerkrieg, in dem der Norden obsiegte. Für wie lange? Siehe oben. Das Machtvakuum nutzt seit den 1990er Jahren die sunnitische Terrororganisation al-Qaida. Nicht zuletzt diese sunnitische Offensive hat spätestens seit 2004 die gewaltsame Radikalisierung der Huthi-Schiiten ausgelöst. Auch die Einheit des Jemen steht nur auf dem Papier. Sie ist das Märchen aus der 1002ten Nacht. Wenn überhaupt, könnte nur ein Bundesstaat oder Staatenbund als Klammer des Jemen wirken.

China: Die Rache der Geschichte I – Xinjiang und Tibet

»Festgemauert in der Erden steht«, nein, nicht »die Form aus Lehm gebrannt«, sondern die Volksrepublik China. Ein Gigant. Sollte etwa dieser Gigant ein tönerner Riese sein? Eine Stabilitätsanalyse Chinas überlasse ich kompetenzhalber den Chinaexperten. Man muss jedoch kein Chinafachmann sein, um festzustellen, dass auch dieses Riesenreich ein Vielvölkerstaat und deshalb trotz, nein, wegen seiner Größe und der Han-chinesischen Vorherrschaft vom Zerfall bedroht ist, wenn China nicht eine echte Bundesrepublik wird.[62] Die Zeichen an der Chinesischen Mauer sind unübersehbar. Sie sind leicht zu entziffern: Xinjiang und Tibet. Für Balkenüberschriften in europäischen und US-Meldungen reichen die dortigen Unruhen selten. Das heißt aber nicht, es gäbe sie nicht. Ganz im Gegenteil. Fast täglich kommt es in beiden amtschinesisch »autonom« genannten und faktisch von Peking unterdrückten, sprich: demografisch und kulturell sinisierten Gebieten zu Mord und Totschlag. Wer auf diese meist kleinen Meldungen aus Tibet und Xinjiang achtet, versteht den Zusammenhang: Es geht um nichts weniger als den Erhalt des chinesischen Riesenreiches. Wieder sind Geografie und Demografie Verstandes- und Verständnisschlüssel. Sowohl Xinjiang als auch Tibet sind Randregionen (Peripherie) Chinas. Daraus lässt sich (wieder ohne Chinaexpertise, sondern aufgrund der historisch-geografischen Mechanik) sofort (richtig) schließen, dass beide Gebiete nicht zum historisch-geografisch-demografischen Kern Chinas gehören, sondern erst später »irgendwann« erobert wurden. Dieses »Irgendwann« lässt sich benennen. 1757 wurde das von islamischen Turkvölkern, vornehmlich Uiguren, bewohnte Xinjiang dem Kaiserreich China gewaltsam einverleibt. Ironie oder nicht: Der damalige Kaiser stammte aus der Mandschudynastie, gehörte also zu einer der Minderheiten Chinas und war demnach kein »Ur«- bzw. Han-Chinese. Der nordwestliche Rand Chinas grenzte damals wie heute ans östliche Russland, das seinerseits nach Xinjiang griff und vom späten 19. Jahrhundert bis zum Sieg der chinesisch-kommunistischen Revolution 1949 das Gebiet beherrschte. Beiden Fremdherrschaften widersetzten sich die einheimischen Uiguren. Sie wollten und wollen Selbstbestimmung für ihre Kommunikationsgemeinschaft, die demografisch-ethnisch, religiös und kulturell geprägt ist. Mit dem Etikett »Autonomie« in China begnügen sie sich nicht.

Die chinesische Zentralregierung in Peking hat die Sinisierung der Provinz rasant beschleunigt. Im Jahre 1953 waren 6 Prozent der Bevölkerung Han-Chinesen, heute sind es rund 50 Prozent, Tendenz steigend. Umgekehrt sank im gleichen Zeitraum das Gewicht der Uiguren von 75 Prozent auf circa 40 Prozent. Das Gewicht sank nicht nur quantitativ, sondern auch qualitativ, sprich: politisch und vor allem wirtschaftlich. Der enorme Aufschwung der Region kommt mehr Chinesen als Uiguren zugute.

Der Widerstand einheimischer Uiguren gegen chinesische Siedler ist, wie der palästinensische gegen jüdische im Westjordanland, nachvollziehbar. Ebenso nachvollziehbar ist aber die jeweils andere Seite: China braucht Xinjiang aus wirtschaftlichen, demografisch-geografischen und militärischen Gründen. Ähnlich ist unter ganz anderen Rahmenbedingungen Israels Ansatz gegenüber dem Westjordanland.

Unter dem Boden Xinjiangs liegen große Erdöl- und Erdgasvorkommen, auf die das energiehungrige China nicht verzichten kann, wenn es sich weiter wirtschaftlich entwickeln will. Es will, es muss. Xinjiang ist deshalb für China unverzichtbar. Damit nicht genug. Auch jene Vorkommen reichen nicht.

China muss und wird noch mehr Öl und Gas importieren; sowohl aus Russland, vornehmlich Sibirien, als auch aus der östlichen Region des Kaspischen Meeres, aus Kasachstan und Turkmenistan. In Kapitel 3 werde ich diese Thematik ausführlicher erörtern. Für die Leitungen aus Turkmenistan und Kasachstan gibt es keine andere geografisch, ökonomisch und technologisch vernünftige Trasse als über das Gebiet von Xinjiang.

Noch ein Argument für die Unverzichtbarkeit der Provinz aus Pekinger Sicht: Xinjiang ist das Herz der chinesischen Atom(waffen)industrie mit dem Kernwaffentestgelände Lop Nor. Es ist das weltweit größte seiner Art.

China braucht Xinjiang, und Xinjiangs Uiguren wollen kein chinesisches, sondern ein uigurisches Wir. Dabei bedienen sie sich in den letzten Jahren immer häufiger der Terrorstrategie. Chinas Zentralregierung kontert doppelt. Einerseits mit gnadenloser Härte, auch Hinrichtungen, andererseits durch Förderung des Weichsten im Menschen: der Liebe. Und wo die Liebe nicht von alleine hinfällt, soll – womit wohl? – nachgeholfen werden: »Ein doppeltes Jahreseinkommen für eine Mischehe.« Das bietet Beijing seit dem Herbst 2014, um in Xinjiang Heiraten zwischen Han-Chinesen und Uiguren massiv zu fördern.[63] Das liebe Geld. Statt Liebe? Mit Liebe? »Make love, not war!« Wesentlich sympathischer als Härte und Hinrichtungen ist diese Form der Hinwendung allemal. Ob sie als Abwendung von Gewalt wirkt, bleibt zu hoffen, wenngleich zu bezweifeln. Oder doch nicht? Weder käufliche Liebe noch Heiratspolitik sind neue Themen der Menschheitsgeschichte. Sie mögen hier und dort Konflikte, gar Kriege verhindert haben. Dauerhafte Erfolge blieben aus.

Groß-Tibet ist für China ebenfalls unverzichtbar. Wie in Xinjiang wurde hier seit der gewaltsamen Einverleibung im Jahre 1950 sinisiert. Die tibetische Exilregierung gibt an, dass im Hochland 6 Millionen Tibeter und 7,5 Millionen Han-Chinesen leben. Die amtlichen chinesischen Zahlen sind deutlich niedriger, doch der im Lauf der Zeit wachsende Anteil ist unbestreitbar.[64] Zum tibetischen Widerstand gehören bislang weniger Gewaltakte gegen »den Feind« als vielmehr häufige Selbstverbrennungen, ziviler Ungehorsam. In den letzten Jahren nahmen Handgreiflichkeiten zu. Sie können (und werden) eskalieren, denn Zeichen der Ungeduld und Radikalisierung sind auf tibetischer Seite unübersehbar. Von tibetischer Selbstbestimmung kann keine Rede sein. Nicht nur religiös und kulturell, sondern auch politisch und wirtschaftlich.

Warum ist Tibet für China unverzichtbar? Das großtibetische Hochland ist mit seiner Durchschnittshöhe von rund 4.500 Metern über dem Meeresspiegel der geografisch sicherste Überlebensschutz im Falle einer feindlichen Invasion vom Meer und den Ebenen. Angesichts der chinesischen Geschichte und Zeitgeschichte ist die Angst vor solchen Überfällen verständlich. Sie mag von außen (etwa im Vergleich zu Israel und seiner Außenwelt) völlig übertrieben scheinen, ist aber vorhanden, und das zählt politisch aus der Sicht historisch-psychologisch Traumatisierter. Tibet ist somit die geografische Lebensversicherung Chinas, wo man – für den unwahrscheinlichen Fall eines Bodenkrieges – notfalls Invasionskräfte mit der Guerillastrategie zunächst schwächen und schließlich besiegen könnte.

Tibet verfügt auch über Öl und andere, bislang kaum abgebaute, also noch intensiv abbaubare Bodenschätze, auf die China weder verzichten will noch wird oder kann.

Ein dritter Grund: Die beiden seit jeher wichtigsten Lebensadern Chinas, der *Gelbe Fluss* sowie der *Jangtsekiang*, entspringen in Großtibet. Wer das Quellgebiet dieser Flüsse beherrscht, kann China, im wahrsten Sinne des Wortes, den Hahn zudrehen. Zumal sauberes Wasser, das China der selbstverschuldeten Gewässerverschmutzung wegen dringender denn je braucht und noch mehr brauchen wird.

Jenseits dieser sozusagen urchinesischen Flüsse entspringen in Tibet auch noch andere lange, wasserreiche Flüsse: Mekong, Brahmaputra und Saluen.

Der *Saluen* fließt von China zur Grenze zwischen Thailand und Myanmar. Dort mündet er in den Indischen Ozean. Der Flusslauf bietet sich in Konfliktfällen als politisch-wirtschaftlicher Hebel an. Ein solch politisch-wirtschaftlicher Hebel ist auch der *Mekong*. Von Tibet aus durchquert er weitere fünf Staaten: Myanmar, Thailand, Laos, Kambodscha und schließlich Vietnam. Die Liste ist fortzusetzen. Der *Brahmaputra*, Asiens wasserreichster Fluss, entspringt ebenfalls in Tibet und durchfließt Indien sowie Bangladesch. Diese zwei Staaten wasserwirtschaftlich, letztlich auch politisch, wenigstens strukturell und teilweise zu kontrollieren, gar zu strangulieren, ist eine große machtpolitische Versuchung oder zumindest eine strategische Überlegung. Ohne die ebenfalls in Tibet entspringenden Flüsse *Indus* sowie *Satluj* bräche der Wasserhaushalt Pakistans und Indiens zusammen.

Die grundsätzlichen Schlussfolgerungen liegen auf der Hand. China kann und wird aus wirtschaftlichen, militärischen und politischen Gründen weder auf Xinjiang noch auf Tibet verzichten. Strukturell ebenso unverzichtbar ist für Chinas Wirtschaft jedoch der innere Frieden in beiden Provinzen. Konflikte und Kriege sind wirtschaftliche Risiken, sie erschweren jegliche Kalkulierbarkeit und ohne Kalkulierbarkeit ist Wirtschaftlichkeit unberechenbar. Unberechenbarkeit und Wirtschaftlichkeit schließen einander aus. Der argumentative Kreis schließt sich: China braucht in Xinjiang und Tibet den inneren Frieden, denn Widerstandskräfte können relativ mühelos Erdöl- oder Erdgasleitungen sprengen, ohne dass es den Streitkräften Chinas, auch wenn sie bei weitem überlegen sind, langfristig gelänge, solche Schäden dauerhaft zu verhindern. Das ist nur politisch denkbar und machbar. Das wiederum bedeutet: China wird beiden Provinzen Selbstbestimmung gewähren müssen, um sich wirtschaftlich entwickeln zu können. Dieser politische Preis ist niedriger als der militärische, der geregeltes Wirtschaften ohnehin unmöglich macht, also sinnlos ist.

Wie wird das Gedachte gemacht? Ja, durch eine Föderalisierung Chinas. Die Siedlungs- bzw. Sinisierungspolitik hat (ebenso wie im Westjordanland) allerdings dazu geführt, dass nicht die leichter zu verwirklichende räumlich-territoriale, sondern die schwierigere personale Gruppenföderation notwendig wird. Han-Chinesen und Uiguren oder Tibeter müssten, unabhängig von ihrer räumlichen Zuordnung, gemäß ihrer demografischen Zugehörigkeit bzw. ihrer Kommunikationsgemeinschaft ihre Vertretungskörperschaften wählen. In den Bundesländern Xinjiang und Tibet gäbe es demnach neben einer allgemeinen ersten je eine uigurische und chinesische sowie eine tibetische und chinesische zweite Kammer. Aus den beiden Kammern des jeweiligen Bundeslandes wäre die Landesregierung zu bestimmen. Auf der gesamtstaatlichen Ebene müsste ebenfalls ein Zweikammersystem gebildet werden. All das entspräche ebenfalls noch nicht dem Paradies auf Erden oder gar dem Weltfrieden, trüge aber erheblich zum inneren Frieden der Volksrepublik China bei. Ohne Föderalismus wird es auch in und für China keinen Frieden geben.

Taiwan und Hongkong

Eine langfristige Föderalisierung der Volksrepublik China dürfte sich auf das Verhältnis zu Taiwan, das seit 1949 faktisch selbständig ist, auch wenn Peking seinen Anspruch nie aufgegeben hat, ebenfalls auswirken. Wenn das heutige China eine Bundesrepublik ist, liegt es in der Logik und Dynamik dieser Umwandlung, dass Taiwan dieser Föderation als Bundesland beitritt oder im Rahmen einer Konföderation als eigenständiger Staat Teil dieses Staatenbundes wird. Jede der beiden Varianten berücksichtigt die langfristig wirksamen Historischen Urkräfte und trägt zum Regionalfrieden bei.

Ohne eine wie auch immer geformte Föderalisierung wird die chinesische Zentralregierung auch die vom britischen Demokratie-und-eben-nicht-nur-Kolonialismus-Bazillus mitgeprägten Hongkonger nicht langfristig befriedigen und befrieden können. Der Juni 1989, also das von den Pekinger Machthabern zu verantwortende Blutbad am Pekinger Platz des Himmlischen Friedens, mag im Herbst 2014 Hundertausende Demonstranten davon abgehalten haben, noch mehr für die Demokratisierung zu riskieren. Doch Drohungen demotivieren die Menschen langfristig. Und demotivierte Menschen wirtschaften schlecht. Gutes Wirtschaften aber, Geld also, will und braucht die Zentralregierung für ganz China. Durch einen föderativen Stadtstaat Hongkong wäre das eher zu erreichen. Die Proteste würden abebben und nicht weitere Gebiete Chinas demokratisch entzünden.

Thailand, Malaysia

Keinen Frieden finden wird auch das weitgehend (94 Prozent) buddhistische Thailand, wenn es seiner im Süden des Landes, an der Grenze zu Malaysia lebenden muslimischen Minderheit von rund 5 Prozent nicht mehr Selbstbestimmung zubilligt.[65]

Erneut sind Geografie, Demografie und »Theologie« Navigatoren zu einer Lösung. Wie kamen die malayischen Muslime unter das Joch der buddhistischen Thais? 1785 eroberte Thailand das Sultanat von Patami. Diesen einseitigen Akt erkannte Großbritannien, die Kolonialmacht auf der Malaiischen Halbinsel, 1909 an. Häufige Terroranschläge islamischer Gruppen in Süd-Thailand sind, so gesehen, ebenfalls eine Rache der Geschichte an der Gegenwart.

Auch die Weltwirtschaft und -politik (be)trifft dieser scheinbar nur innenpolitische Konflikt Thailands, denn Süd-Thailand bzw. Nord-Malaysia liegt in der unmittelbaren Nachbarschaft der Straße von Malakka. Deren weltwirtschaftliche Bedeutung für Ölimporte nach China und Japan kann gar nicht überschätzt werden.

Diese und jene Tatsachen, verbunden mit seit langem bekannten al-Qaida-Aktivitäten in Malaysia, sind nicht der Stoff für friedliche Nachtgedanken. Die schmale, stark befahrene Schiffsroute kann durch wenige gezielte Schüsse auf Tanker schnell blockiert werden.

Seit 1785 bzw. 1909 hatte Thailand genug Zeit, um die muslimische Minderheit durch Selbstbestimmung zu befriedigen und zu befrieden. Noch ist es nicht zu spät, und vergleichsweise einfach lässt sich dieses Ziel bundesstaatlich, territorial, lösen.

Sri Lanka

Ähnliches gilt für das zu rund 70 Prozent singhalesisch-buddhistische Sri Lanka bzw. Ceylon, das die nach Selbstbestimmung strebenden, zu 80 Prozent hinduistischen Tamilen (knapp 15 Prozent der sri-lankischen Bevölkerung) nach einem langjährigen Bürgerkrieg 2009 regelrecht massakrierte und fast liquidierte. Dieses Blutbad war – nach Caesars Völkermord an der Zivilbevölkerung Galliens – wahrscheinlich einer der im rein militärischen Sinne erfolgreichsten Anti-Guerilla-Kriege, die je gefochten wurden. Üblicherweise bewegen sich Guerillakämpfer, mit den Worten Mao Zedongs, in der eigenen Zivilbevölkerung »wie der Fisch im Wasser«. Einerseits bietet sie freiwillig oder gezwungenermaßen Schutz, andererseits wird sie als Schutzschild und Geisel ge- und missbraucht. Wie weiland Caesar hat die singhalesisch-sri-lankische Armee willentlich und wissentlich keinen Unterschied zwischen dem feindlichen Militär und Zivil gemacht.

Dieses Vorgehen durchbricht die Psychologie und Strategie der Guerilla. Es ist aber logisch und ethisch das Spiegelbild eben dieser Guerillapsychologie und -strategie, denn die Guerilla unterscheidet sich äußerlich in der Regel nicht vom Zivil. Guerillakämpfer tragen absichtlich keine Uniform, zur Tarnung und weil propagandistisch gesehen nach innen und außen ein ziviles Opfer automatisch ein Märtyrer ist. Menschlich sind Märtyrer ein Verlust, politisch-psychologisch jedoch ein Gewinn. Die Sri-Lanka-Regierung und die Streitkräfte haben es nicht zugelassen, dass aus dem Kriegsgebiet berichtet werden konnte. Auf diese

Weise wurde dieser als einer der wenigen Anti-Guerillakriege der Menschheitsgeschichte »gewonnen«.[66] Doch dieses Blutbad löst so wenig wie irgendein anderes an anderem Ort das grundsätzliche Problem Sri Lankas. Durch kein Blutbad kann der jeweilige Feind völlig vernichtet werden. Nicht einmal die »Endlösung der Judenfrage« hat im Sinne Hitlers und seinesgleichen das Problem, die »Judenfrage«, gelöst. Es gibt, gottlob, auch nach dem sechsmillionenfachen Judenmord Juden. Gegenwärtig sind es rund 13 Millionen. Auch nach der vermeintlichen militärischen Endlösung der Tamilenfrage leben in bzw. auf Sri Lanka mehr als 3 Millionen Menschen dieser Volksgruppe. Sie leben im äußersten Norden und im Osten des Landes.[67] Wenn die Singhalesen nicht dauerhaft im faktischen (Bürger-)Kriegszustand leben wollen, werden sie an einer – keine Überraschung mehr, liebe Leser – Föderalisierung nicht vorbeikommen. Sie zählen zu denjenigen, welche die leichter zu realisierende Form der territorialen Selbstbestimmung wählen können. Demografie, Geografie und Theologie wären in einer Bundesrepublik Sri Lanka weitgehend deckungsgleich. Die oft »paradiesisch« genannte Insel wäre dann zwar noch nicht (ganz) das Paradies auf Erden, doch deutlich friedlicher als bisher. Ganz nebenbei: Der von vielen (Sachkundigen?) als friedlich bezeichnete Buddhismus hat das Abschlachten anderer Ethnien und Religionen auf Sri Lanka nicht verhindert. Gleiches gilt für das durch und durch buddhistisch geprägte (87 Prozent) Burma bzw. Myanmar und Thailand.

Myanmar/Burma

Die mehrheitlich buddhistischen Birmanen (Bomar) stellen rund 70 Prozent der Bürger. Insgesamt leben in diesem Staat 135 Volksgruppen und -grüppchen. Folglich kann auch der Vielvölkerstaat Myanmar kein Nationalstaat sein. Solange Birmanen die Vorherrschaft beanspruchen und diesen Staat als nur ihren betrachten, kann es keinen inneren Frieden geben. Es gibt ihn auch nicht. Zum Beispiel die mehrheitlich christlichen Karen (6 Prozent aller Einwohner) und die muslimischen Rohingya (etwa 5 Prozent der Staatsbürger) pochen, nicht nur gewaltfrei, auf mehr Mitbestimmung. Sie wird ihnen verweigert; auch nach dem Fast-Ende der Militärdiktatur, die 1962 und 2012/13 endete. Ein Blick auf Geografie und Demografie Myanmars genügt, um einzusehen, wie friedensschaffend eine territoriale Föderalisierung, also eine Bundesrepublik Myanmar wäre. Auch aus wirtschaftlichen Gründen beim Bau und Schutz geplanter Erdöl- und Erdgasleitungen zum Beispiel nach Thailand und China.[68] Die Regierung von Myanmar sollte sich mit Reformen, mehr Selbstbestimmung für die Muslime, beeilen, denn schon hat sich al-Qaida angemeldet. Auch hier wolle man verstärkt eingreifen.[69]

Afrika

Dass Nordafrika zu Nah- und Mittelost gehört, kann als bekannt vorausgesetzt werden. Aber auch in zahlreichen Staaten und weiten Regionen (Geografie) Schwarzafrikas leben Menschen (Demografie) islamischen Glaubens (Theologie). Im Laufe der Jahrhunderte drang der Islam allmählich von Nord nach Süd vor und teilweise von Ost nach West. Südlich der Sahara findet man bis zur Zentralafrikanischen Republik islamisch-demografische Schwerpunkte. Sie reichen im Osten bis Somalia und von dort südlich über Kenia nach Tansania.[70]

Das bedeutet sowohl theoretisch-gedanklich als auch praktisch-faktisch: Was im nah- und mittelöstlichen Zentrum des Islam geschieht, (be)trifft auch den afrikanischen Rand (Peripherie) des Islam. Dieses Betreffen bezieht sich auf Ereignisse. Ereignisse sind Einzelphänomene und keine Strukturen, also keine langfristig wirksamen Faktoren. Ereignisse sind jedoch oft der zündende Funke, der eine explosive und noch nicht explodierte Masse (Strukturen) zum Explodieren bringen kann. So etwas kann jederzeit passieren. Wir widmen uns den langfristig wirksamen Phänomenen, sprich: den Strukturen sowie den weitgehend konstanten Größen, sprich: der Geografie. Anders als die auf Menschenlebensdauer bezogen fast konstante Geografie im engeren, eigentlichen Sinne der »Erdkunde« ist die politische Geografie alles andere als konstant. Sie ist dynamisch und kann sich von einem Tag auf den anderen ändern. Afrikas Trennungslinie zwischen islamischen oder islamisierten sowie nichtislamisierten Regionen ist zugleich der elementare Ariadne- bzw. Leitfaden für nicht alle, aber zahlreiche innerstaatliche Konflikte Afrikas. Man kann dies im Zusammenhang mit der deutschen Außenpolitik an einigen Beispielen veranschaulichen.

Menetekel Kongo, Ruanda und Nigeria

Warnzeichen bezüglich nahender, lang andauernder Kriege gab es in Afrika nach der Entkolonialisierung sofort und genug. Die Entkolonialisierung des Kontinents betraf außer Liberia und Äthiopien alle Staaten, die es dort heute noch gibt. Den Unabhängigkeitsreigen eröffnete Ghana 1957. 1960 war das afrikanische Unabhängigkeitsjahr schlechthin. Aus 18 Kolonien wurden souveräne Staaten; auch das künstliche Staatsgebilde Kongo entstand. Knapp zwei Wochen nach dessen Unabhängigkeit sagte sich die rohstoffreiche Provinz Katanga los, und das Chaos begann. Die UNO intervenierte. Die sogenannte Einheit des Kongo-Staates wurde »wiederhergestellt«. Es gibt sie bis heute nicht. Als eiserne Klammer wirkte von 1965 bis 1997 die Diktatur Mobutus, spätere folgten, ebenso wie, von 1997 bis heute, der Bürgerkrieg mit vielfachen zwischenstaatlichen, teils weltwirtschaftlichen Dimensionen.

Man kann die in und um afrikanische Staaten ausgetragenen Kriege und Bürgerkriege im Einzelnen aufzählen und erhält eine lange Liste. Sinnvoller, weil zielführend ist diese Frage: Wo brannte es seit 1960 nicht in Afrika? Wo brennt es heute? Das Problem ist durch die Ausbreitung von al-Qaida in Nord-, West- und Ostafrika nicht kleiner geworden. Doch unabhängig davon

gibt es zahlreiche Bruchstellen zwischen den diversen Volks-
und Sprachgruppen in und zwischen den Staaten. Auch ohne
den Islam vermochten Afrikaner Krieg zu führen. Ausgelöst
wurde er, wurden die Kriege nicht zuletzt durch die künstlichen,
ohne Rücksicht auf demografische Trennungslinien von den Kolonialmächten und ihren einheimischen Kollaborateuren, teils
auch vormaligen einheimischen Feinden, gezogenen Grenzen.
Das gilt z. B. fürs südliche Afrika: Angola, Mozambique, Namibia, Uganda. Sie sind eine wesentliche Ursache für das politisch-
militärische und somit auch wirtschaftliche Elend Afrikas.

Wie die meisten Menschen anderswo kennen auch die meisten Afrikaner weder ihre Geschichte noch gar die Wucht Historischer Urkräfte. Sie sind ihnen jedoch ausgeliefert. Wo in Afrika
wären Demografie, politische Geografie bzw. Grenzen, Theologie oder Ökonomie deckungsgleich? Bestimmt nicht in Nigeria,
welches sich, anders als andere, sogar »Bundesrepublik« nennt.

Die vieles bedingende, dominante demografisch-geografisch-
theologische Zweiteilung Afrikas wird am Beispiel Nigerias
besonders deutlich. Es ist die *Zweiteilung zwischen der islamischen und der nichtislamischen Bevölkerung*. Im Laufe der
Jahrhunderte sickerte der Islam aus zwei Richtungen ins Herz
des Kontinents. Aus Nordafrika drang er allmählich gen Süd
und Südwest, und von der Ostküste ins Zentrum, wo beide Richtungen ineinanderflossen, um sich südwärts auszubreiten. Das
ist ein langsamer Prozess. In der Republik Südafrika zum Beispiel sind derzeit nur ungefähr 2 Prozent der Bürger Muslime.[71]

Das Zusammenleben von Muslimen und Nicht-Muslimen
war und ist nicht immer friedlich verlaufen. Eskalation scheint
programmiert. Diese Befürchtung nähren die explosiven Entwicklungen in den Staaten Afrikas, wo islamische und nicht-is-
lamische Bevölkerungsgruppen nebeneinander leben, richtiger:
aufeinanderstoßen und gegeneinander kämpfen. Die »Bundesrepublik« Nigeria liefert traurigen Anschauungsunterricht.

Deren Regierungssystem ist territorial-föderativ strukturiert
und, auf dem Papier, am Vorbild der USA orientiert. Wie in den
USA gibt es den Senat als Kammer der 36 Einzelstaaten bzw.

Bundesländer sowie ein Repräsentantenhaus, das dem deutschen Bundestag entspricht.

Im muslimisch dominierten Norden Nigerias gilt die Scharia, das islamische Gesetz, und nicht nur muslimische Extremisten, sondern durchaus auch zumindest sogenannte Gemäßigte möchten es auf den gesamten Staat ausweiten und auch den Christen in der Landesmitte und im Süden überstülpen.[72] Von Benin City, das westlich des Niger liegt, ist der Süden des Landes ostwärts, entlang dem Benue-Fluss, weitgehend christlich. Im Nordost-Zipfel dieser Südregion lebt allerdings eine große muslimische Minderheit. Insgesamt sind circa 51 Prozent der Nigerianer Muslime, 48 Prozent Christen, davon rund zwei Drittel (aufgrund der britischen Kolonialherrschaft) Protestanten.

Auch ohne den Islam studiert zu haben, wissen die Christen Nigerias aus eigener Erfahrung nicht nur seit Beginn der terroristisch-jihadistischen Offensive der »Boko Haram« im Jahre 1999/2000, dass sie als Christen (wie auch die Juden) vom Islam bestenfalls geduldet, aber nicht als gleichrangig eingestuft werden. Thomas Jefferson, der 1776 den Text der US-Unabhängigkeitserklärung entworfen hatte, rief 1801 in seiner Antrittsrede als Präsident nicht den »Heiligen Krieg« aus, sondern das »heilige Prinzip« des Mehrheitswillens, der zu gelten habe – bei gleichen Rechten für die Minderheit. Religiöse Intoleranz, die zu »blutigen Verfolgungen« führe, sei zu verbannen.[73] Mit der Verfassungswirklichkeit in Nigeria hat das nicht viel zu tun.

Unser Röntgenschirm zeigt uns nicht nur die »theologisch« (religiös-)demografische Geografie Nigerias. Wir sehen auch die Ökonomie, genauer: den Erdölreichtum des Landes. Der liegt unter der Oberfläche des christlichen Südens, der praktisch den gesamten Staat alimentiert. Je mehr dieser Staat jedoch islamistisch wird und je mehr Christen terrorisiert oder gar liquidiert werden, je weniger dieser Staat Christenverfolgungen und Mord verhindern kann (oder will), desto weniger ist es für die Christen des Landes ihr Staat. Ihre Begeisterung, ihn trotzdem zu finanzieren, tendiert verständlicherweise gegen null.

Es blieb nicht nur bei der Theorie des Separatismus. Die Praxis gibt es jetzt, und es gab sie bereits unmittelbar nach der 1960 gewährten Unabhängigkeit. 1967 trennte sich die Südostregion »Biafra« vom Gesamtstaat, der in einem blutgetränkten Krieg 1970 die formale staatliche Einheit wiederherstellte. Wenig überraschend ist die Tatsache, dass das Gebiet Biafras weitgehend deckungsgleich mit der Geografie des Christentums und des Erdöls Nigerias war.[74] Dabei erhielt die Zentralregierung während des Kalten Krieges sowohl östlich-sowjetische als auch westlich-amerikanisch-britische Waffen. So wichtig war damals Ost und West die Unantastbarkeit der demografisch-theologisch widersinnigen Geografie. In Biafra mussten hierfür mindestens »Hunderttausende«, maximal 3 Millionen Menschen mit ihrem Leben »bezahlen«. Wie in jedem Krieg muss den Zahlenangaben misstraut werden, doch auch die Minimalzahl dokumentiert Maximalleid. Die Welt weinte. Das war's.

Hauptträger des Biafra-Separatismus waren die christlichen Igbo. Die Tore der Macht in Nigeria blieben ihnen danach verschlossen, und das ehemalige Gebiet Biafras wurde in zahlreiche Einzelstaaten gegliedert, tatsächlich zergliedert, also administrativ, politisch und wirtschaftlich durch Teilung geschwächt. Die sogenannte »Bundesrepublik« ist eine Mogelpackung, in der das uralte, nicht gerade demokratische Herrschaftsprinzip »divide et impera« fröhliche Urständ' feiert. Echter, die verschiedenen Bevölkerungsgruppen Nigerias befriedigender, also friedensstiftender Föderalismus sähe anders aus. Dessen Einteilungskriterium für die Einzelstaaten wäre die politische Geografie der Demografie, Ethnologie, »Theologie« (Religion) und nicht zuletzt Ökonomie Nigerias.

Europa: Die Rache der Geschichte II
oder Zur »Universalgeschichte der Niedertracht«

Es gibt so etwas wie eine noch ungeschriebene, doch bereits von dem großen argentinischen Schriftsteller Jorge Luis Borges benannte sowie skizzierte »Universalgeschichte der Niedertracht«.[75] Sie geht zeitlich weit zurück und umfasst räumlich, recht besehen, die ganze Welt.

Bleiben wir kurz in Europa und schauen noch einmal auf Irland, Schottland, Wales, das Baskenland, Galicien oder Katalonien. Irland, Schottland, Wales, die Bretagne in Frankreich sowie Galicien in Spanien sind historisch-demografisch Keltenland. Nach dem »Keltischen Jahrtausend« von circa 1.200 bis etwa 300 v. u. Z, in dem die Keltenstämme fast ganz Zentral- und Westeuropa beherrschten, wurden sie allmählich vom Zentrum an den äußersten Rand des Kontinents gedrängt. Friedlich, gewaltfrei geschah das nicht. Viel fehlte nicht, und sie wären ins Meer geworfen worden. Der von 122 bis 128 nahe der heutigen englisch-schottischen Grenze von den Römern gegen Schotten und Iren errichtete Hadrianswall war dabei die fast schon menschenfreundliche, defensive Variante. Angelsachsen und Normannen waren später weniger zimperlich.

Anglo-normannische Kolonisten in *Irland* zeigten bereits seit dem 12. Jahrhundert ihren späteren, gelehrigen Schülern, den jüdisch-israelischen Siedlern seit 1967/77 oder den Kommunisten Chinas, wie Eroberer neues Land »entwickeln«. 1541 kassierte Heinrich VIII. Irland. Der irische Widerstand hielt auch danach an. Es war bis weit ins 20. Jahrhundert ein *Guerillakrieg* und, wie jeder Krieg dieser Art, ein Kampf David gegen Goliath. Der irische David gegen den englischen Goliath. Irland wurde der englischen Krone unterstellt und 1801 mit dem Königreich Großbritannien zum Vereinigten Königreich von Großbritannien und Irland »vereint«. Goliath schien zu obsiegen. Doch der katholische Teil der Insel erkämpfte sich von 1916 an, während des Ersten Weltkriegs, bis 1921 die Unabhängigkeit.

Wie Israels Ministerpräsidenten Menachem Begin und Ariel Scharon für das palästinensische Westjordanland oder die chinesische Regierung im Tibet und Xinjiang des 20. Jahrhunderts waren Heinrich VIII. sowie sein Sohn und Nachfolger Eduard VI., auch ab 1690, unmittelbar nach der »Glorreichen Revolution« in England, der neue protestantische König Wilhelm von

Oranien, die Väter einer massiven Siedlerbewegung. Sie pump-
ten ins katholische Irland massenweise protestantische Siedler,
vornehmlich in die nordirische Provinz Ulster.

Die Glorreiche Revolution von 1688/89, also die Vertreibung
des katholisch-absolutistischen Jakob II. sowie die Thronbestei-
gung Wilhelms von Oranien und die Bill of Rights waren Grundstein der konstitutionellen Monarchie Britanniens. So viel zum
Positiven. Gleichzeitig aber blieben die katholischen Iren unter
dem englischen Joch. Noch dunkler ist das Kapitel der Verhaltensweisen während des Zweiten Weltkrieges und danach. Offiziell war Irland im Krieg gegen Deutschland »neutral«. Faktisch arbeitete die Regierung mit den Westalliierten zusammen.
Doch irische Soldaten, die an der Seite der Briten gegen Hitler
gekämpft und überlebt hatten, wurden nach 1945 unehrenhaft
aus der Irischen Armee entlassen und zusätzlich als Kollaborateure der Briten diskriminiert. Andererseits hatte Irland sich aus
katholischem Antijudaismus und Anbiederung an das national-
sozialistische Deutschland geweigert, Juden aus dem hitlerdeutschen Machtbereich, sofern möglich, aufzunehmen. Es ist ein
verwirrendes Wechselspiel von Licht und Schatten.

Die 1707 vollzogene Vereinigung von England und *Schottland*
glich eher einer Annexion Schottlands durch England. Sie wurde
nicht von allen Schotten widerspruchs- oder widerstandslos hin-
genommen. Nach verlorenen herkömmlichen Schlachten oder
Kriegen wandten auch sie die Strategie des Guerillakrieges an.

Ähnlich das Annexions- und Widerstandsmuster der
Anglisierung von *Wales*. Es wurde im späten 13. Jahrhundert
von den Normannen erobert und im »Act of Union« (1532–37)
vom Tudor-König Heinrich VIII. eingegliedert. Eine Ironie der
Geschichte: Die Tudors waren ein walisisches Geschlecht. So
wenig behutsam wie mit seinen Ehefrauen ging Heinrich VIII.
auch mit den Walisern um. Fortan galt englisches Recht und
Englisch wurde Landessprache, doch die walisische Kommunikationsgemeinschaft überlebte. Wie die schottische und natürlich die irische.

Es war nur eine Frage der Zeit, der Gelegenheiten, Anlässe

und Rahmenbedingungen, bis zum altneukeltischen Anspruch auf Selbstbestimmung. Zuerst rebellierten die katholischen Iren, die Anfang des 20. Jahrhunderts im Süden ihre Unabhängigkeit erfochten. Das protestantisch-katholische Nordirland blieb bis heute Teil des »Vereinigten Königreiches«. Die pro-englischen Unionisten, Nachfahren der historischen Erstsiedler, wollten so wenig zurück ins englische Mutterland wie die heutigen jüdischen Siedler im Westjordanland ins israelische Kernland. Militant wie die britischen sind die jüdischen Siedler. Wird das Westjordanland, wird Xinjiang ein nah- und fernöstliches Nordirland?

Im September 2014 konnten die Schotten in einem Referendum über ihre Unabhängigkeit entscheiden. Bei einer Wahlbeteiligung von 85 Prozent (97 Prozent der Wahlberechtigten hatten sich zuvor als Wähler registrieren lassen) sagten 55 Prozent nein zum Nationalstaat der Schotten und damit ja zum Verbleib in einem demnächst gewiss bundesstaatlichen Großbritannien. Wie diese neue Quasibundesrepublik aus England, Schottland, Wales und Irland im Einzelnen gestaltet wird, bleibt einstweilen offen. Dass es dazu kommt, ist sicher, denn die Verbindung von Historischen Urkräften und Tagespolitik ist nicht zu verhindern. Die Umformung in einen Staatenbund ist wahrscheinlich. Sollte es nämlich ein Referendum über den Verbleib Großbritanniens in der Europäischen Union geben, dürfte dies zu einer neuerlichen Zerreißprobe zwischen dem eher EU-skeptischen England und dem deutlich EU-freundlicheren Schottland führen. Entscheiden sich dabei die Engländer mehrheitlich für und die Schotten gegen einen Austritt, zeichnete sich der Weg eines Bundesstaates Großbritannien zum Staatenbund Großbritannien ab.

Zunächst werden *Wales* und *Nordirland* weiter föderalisiert. In Nordirland ist außerdem die Binnen-Föderalisierung, sprich: personale bzw. gruppenbezogene Selbstbestimmung unerlässliche Voraussetzung einer dauerhaften politischen Befriedigung und Befriedung.

Die Kelten der *Bretagne*, die ihrerseits seit dem 6. vorchristlichen Jahrhundert die Urbevölkerung allmählich verdrängt (liquidiert oder durch Partnerschaften liiert?) hatten, mussten seit den Römerzeiten Julius Caesars nichtkeltische Vorherrschaft und damit auch Siedler ertragen. Natürlich wurde nicht um ihre Genehmigung gebeten. Weder von den Merowingern noch vom Frankenkönig Karl dem Großen, der sie besiegt hatte, oder seit der Angliederung vom Königreich Frankreich (1532). So gesehen war es nicht überraschend, dass sich »die« Bretonen zur Zeit der Französischen Revolution dem Pariser Zentralismus in einem Guerillakrieg widersetzten und gar nicht so wenige im Zweiten Weltkrieg, während der deutschen Besatzung, mit Hitler-Deutschland kollaborierten. Die seit den 1960er Jahren eingeleitete Regionalisierung in ganz Frankreich konnte die Wucht der Historischen Urkräfte der Bretagne dämpfen. Dauerhaft? Das darf man bezweifeln. Präsident Hollande plante 2014 aus wirtschaftlichen Gründen eine teilweise Rücknahme regionaler Kompetenzen in seinem Land. So soll aus Elsass und Lothringen Elsass-Lothringen werden.[76] Sollte es dazu kommen, wird es ihm wie Goethes Zauberlehrling ergehen: Er würde die von ihm selbst gerufenen Geister nicht mehr los. Einmal mehr und immer wieder: ohne territoriale oder personale Selbstbestimmung kein innerer Frieden.

Völkerrechtlich ist *Korsika* integraler Bestandteil der, so Artikel 1 der Verfassung, »unteilbaren Republik« Frankreich. Auch dieses Papier ist geduldig, denn Korsika ist, trotz des aus Korsika stammenden Kaisers Napoleon, alles andere als (ur)französisch. Von 1300 bis 1755 etwa gehörte Korsika zur Republik Genua. Immer wieder hatten die Korsen, wie alle Davids gegen jeden Besatzer-Goliath die Guerillastrategie anwendend, um Unabhängigkeit gerungen. So zum Beispiel 1736. Das »Königreich Korsika« mit einem deutschen und daher hausmachtlosen Baron an der Spitze wurde ausgerufen. Nach einem Jahr war der Zauber vorbei. 1755 erfolgte ein neuer Versuch in einem neuerlichen Guerillakampf unter der Führung des legendären »Vaters des Vaterlandes«, Pascal Paoli. Lange vor der US-amerikanischen oder französischen arbeitete er mit seinem Freund Carlo di Buonaparte, Napoleons Vater, eine demokratische Verfassung aus. Er setzte sie auch ein. Genua hatte genug und übergab die

Insel an Frankreich, das sie bis 1769 gewaltsam »befriedete«. Richtig friedlich blieb es nicht. Unruhig wurde es nach dem Ersten Weltkrieg. Zwar kollaborierten die Korsen kaum mit Hitler-Deutschland, doch nach 1945 wuchs die Unzufriedenheit, weil die wirtschaftliche Entwicklung stagnierte.

1962 wurde Algerien (1830 erobert und danach ebenfalls »integraler Bestandteil« Frankreichs) unabhängig. Nachdem im Freiheitskampf (1954–1962) viel Blut geflossen war, mussten circa 1,3 Millionen »weiße Franzosen« (Pieds-noirs bzw. Schwarzfüßler genannt) Algerien verlassen und neuen Boden unter den Füßen finden. Mussten? Ja, denn Algeriens Unabhängigkeitsbewegung FNL hatte ihnen andernfalls mit dem Tod gedroht. »Koffer oder Sarg« – das war die Alternative. Dass es die neue algerische Führung ernst meinte, wurde schon am ersten Tag der Unabhängigkeit, dem 5. Juli 1962, offenkundig. In der Stadt Oran wurden weiße Siedler massenweise massakriert. Die genaue Zahl wurde nie ermittelt, die Täter wurden nie gefasst und bestraft.

Eine neue Heimat fanden die Flüchtlinge überwiegend in Südfrankreich und auf Korsika. Hier wanderten, unterstützt durch staatliche Finanzspritzen, rund 17.000 Algerienflüchtlinge ein. Damals lebten auf der Insel etwa 275.000 Korsen.

Umsiedlungsprogramme verschiedener Art kennt die Menschheitsgeschichte schon seit der Antike. Der (Über-)Bevölkerungsdruck in den Mutterstädten des antiken Griechenland wurde zwischen 750 und 550 v. u. Z. durch die Kolonisation, sprich: durch die Gründung neuer Städte in neuen Siedlungsgebieten am Mittelmeer, gemildert. Eine Reaktion auf das große Bevölkerungswachstum im mittelalterlichen Westeuropa zwischen dem 11. und 13. Jahrhundert war die Neugründung zahlreicher Städte und auch die Besiedelung Irlands durch englische Eroberer und Kolonisten. In der Frühen Neuzeit wechselten Landlose aus Spanien nach Neu-Spanien in Südamerika. China »entzerrt« seit Jahrzehnten seine Bevölkerungsdichte durch die Besiedelung des uigurisch-muslimischen Xinjiang, Israels Siedler sind (noch?) im Westjordanland und auf den Golanhöhen, aber im Gazastreifen nicht mehr. Von dort wurden sie bis 2005 hinausgebombt. Welches Schicksal ihnen bevorsteht, wird sich zeigen. Aber niemand kann wollen, dass sie fliehen müssen, um ihr Leben zu retten wie die Algerienfranzosen. Im Gefolge dieser Rettungsaktion für die Pieds-Noirs ging die französische Regierung mit ihren Absichten über die rein humanitären Ziele hinaus. Sie versuchte zwei Fliegen mit einer Klappe zu schlagen und verfolgte auch ein politisch-kulturelles Ziel: die Schwächung oder gar (freilich nur friedlich-administrative) Auslöschung der korsischen Sprache und Kultur. Es überrascht nicht wirklich, dass sich »die« Korsen, zumindest die Aktivisten unter ihnen, dagegen wehrten. Wie viele andere Davids vor und nach ihnen verbanden sie (seit 1967 als separatistische Action Régionale Corse ARC und ab 1975/76 als Front de Libération Nationale de la Corse FLNC) Terror- und Guerillaaktivitäten. Es flogen Bomben – nicht gegen Touristen, wie »menschlich« –, aber es starben Menschen, wenngleich die FLNC »nur« die Enteignung der vermeintlich ungerecht bevorzugten Pieds-Noirs verlangte. Paris bot Zuckerbrot und Peitsche an. So zum Beispiel 1991. Mehr Selbstverwaltung wurde zugebilligt und sogar die Anerkennung der »kulturellen Eigenständigkeit des korsischen Volkes«. Das Bomben hörte trotzdem nicht auf. Im Juli 2003 stimmten die Korsen über ein Autonomiestatut ab: Autonomie gegen Gewaltverzicht. 51 Prozent sagten nein.

Inzwischen ist viel Wasser durch Europas Flüsse geflossen, und mehr territoriale Selbstbestimmung bzw. Autonomie, Föderalismus und sogar Separatismus liegen in Europas Luft. Folgerichtig kündigte die FLNC im Juni 2014 an, sie werde ihre Waffen niederlegen. Was ihnen über kurz oder lang wie eine reife Frucht in den Schoß fällt, müssen die Korsen nicht durch Waffengewalt erzwingen. Das Rad der Regionalisierung bzw. Föderalisierung wird sich in Frankreich nicht zurückdrehen lassen. Daran ändert auch der im Juli 2014 von Regierung und Parlament gefasste Beschluss nichts, die Zahl der Regionen von 22 auf 12 zu verringern. Das war der Ökonomie geschuldet, dem Sparzwang. Die Kraft von Kultur und Demografie wird auf Korsika obsiegen. Erst recht nach 2014, als Separatisten in Schottland und Katalo-

nien Massen mobilisieren konnten. Zur Trennung Korsikas von
Frankreich wird es nicht kommen, wohl aber zu einem oder einer Art Bundesland Korsika.

Bevor wir uns weiter mit Keltischem befassen, schauen wir
kurz auf eine andere Peripherie Frankreichs: nach Belgien.
Das frankophone, wallonische Belgien ist demografisch und
sprachlich, recht besehen und nicht nur im Hinblick auf den
Gallischen Hahn im Wappen Walloniens, Nord-Frankreich. Es
ist so sehr Nord-Frankreich, wie das belgische Flandern eigentlich Süd-Niederlande ist. Ein Staat mit (lassen wir die deutsche
Minderheit in Eupen und Malmedy als Folge des Ersten Weltkriegs beiseite) zwei Großgruppen. Belgien ist ein demografisch-
sprachlich in sich gespaltener Staat, der, weil Bundesstaat, also
territoriale Föderation, immer noch ein Staat ist. Dauerhaft?
Das darf angesichts des dauerhaften Ringens zwischen beiden
Gruppen bezweifelt werden.

Soll das heißen, dass Föderalismus doch nicht das Zauber-
mittel staatlichen Zusammenhalts ist? Scheinbar ja, wenn sich
trotz der Bundesstaatlichkeit die Spaltung Belgiens eher vertieft
als geglättet hat. Selbst eine Trennung beider Landesteile dürfte
ebenso gewaltfrei verlaufen wie 1993 die Loslösung der Slowakei
von der Tschechoslowakei. Alle Beteiligten waren schon davor
oder kurz danach EU-europäisch abgefedert, eingebunden bzw.
so verzahnt, damit sie sich nicht ineinander verbeißen konnten.
Ähnliches wäre im Falle eines Auseinanderbrechens von Belgien
zu erwarten

Im spanischen *Galicien,* das sich als Teil der »Keltischen
Nation« versteht, wird seit jeher die eigenständige Tradition
gepflegt. Als Madrid ab 1833 energisch die Zentralisierung des
Königreichs betrieb, widersetzten sich die Galicier diesen Be-
strebungen ebenso energisch und auch gewaltsam. Militärisch
unterlag der galicische David 1846. Durch die Fortentwicklung
einer nationalen, teils nationalistischen Kultur wurde das Militärische jedoch kompensiert und die Autonomie vorbereitet,
die Galicien ab 1931 in der Zweiten Spanischen Republik erhielt. Diktator Franco zog die zentralistischen Zügel dann wie-

der scharf an. Er widerrief die Autonomie der Galicier sowie der (nichtkeltischen) Basken und Katalanen.

Abermals eine Ironie der Geschichte: Franco, der Spanien von 1936 bis 1939 mit einem Bürgerkrieg überzog und dann bis 1975 diktatorisch regierte, stammte aus Galicien. Wir erinnern uns: König Heinrich VIII. war Waliser und führte die Waliser unters englische Joch. Diese Doppel-Ironie weist uns auf einen methodischen Markstein hin: Jede Kommunikationsgemeinschaft bzw. Nation ist auch in sich vielschichtig und eben nicht aus einem Guss. Das ändert nichts daran, dass es in jeder Kommunikationsgemeinschaft auch dauerhafte Mehrheitsströmungen gibt.

Die Mehrheitsströmungen der Galicier, Basken und Katalanen wollen aus demografisch-geografisch-kulturellen und wirtschaftlichen Gründen territoriale Selbstbestimmung, zumindest Autonomie im Rahmen eines spanischen Gesamtstaates. Galicien wurde nach Franco, in der parlamentarisch-demokratischen Neu-Monarchie, 1980/81, rund fünf Jahre nach Francos Tod, wieder autonom. Dem baskischen Terrorismus wurde durch mehr territoriale Selbstbestimmung ab 1980 allmählich, sehr langsam, der Boden entzogen, und das seit 1979 Quasi-Bundesland Katalonien strebt (mehrheitlich?) nach Unabhängigkeit. Den radikaleren Kräften, besonders im Baskenland und in Katalonien, reicht der bisherige Status nicht. Sie wollen zum Teil immer noch vollständige oder staatenbündische (konföderative) Unabhängigkeit.

Wie dem auch sei und was immer werde: Friedlich wird oder bleibt auch Spanien nur, wenn es weiter den Föderalismus festigt. Es hat das Glück, die weniger komplizierte Form wählen zu können: die räumliche. Wird es sein Glück nutzen und glücklich werden?

Lettland und Estland

Die Rache der Geschichte ist auch in anderen, neueren Mitgliedstaaten der Europäischen Union mal mehr, mal weniger, doch strukturell immer zu spüren. Im ersten Kapitel wurde auf das ungarische Beispiel verwiesen. Zu denken wäre auch an *Lettland und Estland.*

Schon seit dem Nordischen Krieg (1700–1721) geriet Livland (das weitgehend dem Gebiet des heutigen Lettland plus Estland entspricht) in den Herrschaftsbereich des zaristischen Russland. Mit der Zeit siedelten sich auch Russen an. Sie strömten nicht, doch sie kamen. Als Folge des Hitler-Stalin-Paktes (23. August 1939) und des frühen Zweiten Weltkrieges ließ der sowjetische Diktator Stalin seit 1940 Tausende Letten und Esten deportieren sowie Russen massenweise sozusagen importieren. Der Russenanteil hat sich dadurch binnen kurzem in Lettland und Estland auf rund 30 Prozent ungefähr verdreifacht. Bis zum Ende der Sowjetunion, 1991, blieb dieser Anteil relativ stabil. Dass die russischen Neusiedler in beiden Staaten ungefähr so willkommen waren und blieben wie britische Protestanten in Irland, jüdische Siedler im Westjordanland oder Han-Chinesen in Tibet und Xinjiang, ist nicht wirklich überraschend.

In Lettland und Estland lebt derzeit immer noch eine zwar kleinere, doch nach wie vor beachtliche russische Minderheit. In Lettland sind es etwa 28 Prozent, in Estland 25 Prozent der jeweiligen Staatsbürger. In beiden Staaten werden, trotz EU-Mitgliedschaft und damit verbundenem Minderheitenschutz, russische Einwohner im Alltag diskriminiert und schikaniert. Eindeutiger Beleg hierfür ist das Einbürgerungsverfahren, das in beiden Ländern so ausgestaltet wurde, dass zahlreiche Russen, Alt- und erst recht Neu-Einwohner, die jeweilige Staatsbürgerschaft gar nicht erst beantragen. Willkommen in der Antike. Im alten Athen lebten die Metöken als »Fremde« dauerhaft in der Stadt, ohne deren Bürgerrecht zu besitzen. Anders als ihre Mitbewohner, die Bürger waren, konnten sie nicht über Wohl und Wehe, also nicht über die Polis-Politik mitbestimmen.

Damit haben die beiden baltischen EU-und-NATO-Mitglieder strukturelle Voraussetzungen geschaffen, die Russland, vergleichbar der Krim-Annexion 2013/14 und der versuchten Einverleibung der Ost-Ukraine 2014/15, irgendwann durch irgendeinen Anlass die Möglichkeit verschaffen, die »russischen Brüder und Schwestern« dieser EU-Staaten militärisch und politisch zu »schützen«. Bei dieser Gelegenheit könnten dann Lettland und Estland, quasi hochmoralisch gerechtfertigt, »heim ins Reich« geführt werden. Für die NATO entstünde dadurch eine hochgefährliche Situation. Anders als die Ukraine sind Lettland und Estland Mitglieder der NATO, für die, im Falle einer russischen Intervention, Beistandspflicht bestünde. Gemeinsame Schau-Manöver baltischer und anderer NATO-Armeen, das Entsenden einiger Flugzeuge, westliche Politikerbesuche, Weinen und verurteilendes Werten reichen dann nicht mehr. Es könnte ein Krieg zwischen Russland und der NATO ausbrechen.

Es geht uns daher alle an, dass Lettland und Estland ihren russischen Minderheiten mehr Mit- und Selbstbestimmung gewähren. Auch sie werden eine Föderalisierung ihrer Staaten nicht verhindern können – nicht verhindern dürfen.

Dieser staatliche Umbau wäre nicht einmal sonderlich kompliziert. Die estnisch-russische Minderheit lebt nämlich räumlich relativ konzentriert an der Grenze zu Russland, die lettisch-russische nahe Russland und Weißrussland sowie in Riga und im übrigen Zentral-Lettland.[77] In der Hauptstadt Riga gibt es mit 46 Prozent zu 40 Prozent unwesentlich mehr Letten als Russen. Hier müsste eine gruppenbezogene, personale Selbstbestimmung (»Föderation«) angestrebt werden. Wo ein Wollen, da ein Können. Hier ist das Müssen Friedenspflicht. EU und NATO sind gefordert, den Föderalismusgedanken bei diesen beiden Mitgliedern zu fördern.

Muslime in Westeuropa

»Im Jahre 1517 bewies der Padre Bartolomeo de las Casas großes Erbarmen mit den Indios, die sich in den Marterhöllen der Goldgruben auf den Antillen abquälten; er schlug dem Kaiser Karl V. vor, Neger einzuführen, die sich in den Marterhöllen der

Goldgruben auf den Antillen abquälen sollten.«[78] Der Rest der Rassengeschichte ist bekannt. Dem »Import« der »Menschenware« von Schwarzafrikanern nach Amerika waren freilich lange vorher andere Menschen-»Ein- und Ausfuhren« vorangegangen. Auch aus Afrika und nicht zuletzt als Teil innerafrikanischer Traditionen. Vor und dann auch mit europäischen Sklavenhändlern betätigten sich hierbei vor allem arabische. Unmenschlichkeit bleibt Unmenschlichkeit, gleich welcher Herkunft, Religion oder Tradition.

Jenseits der Fundamental-Unmoral hat der »Im- und Export« von Menschen, anders als bei Waren, langfristige Folgen für Menschen im Ein- und Ausfuhrbereich. Jener im frühen 16. Jahrhundert begonnene Import von Schwarzafrikanern nach Amerika war der Beginn der Rassenprobleme, welche den Kontinent noch heute erschüttern.

Ähnlich und älter ist ein anderer »Klassiker« der Weltgeschichte des Menschenim- und -exports: Die Rede ist von »den« Juden.

Die Historie des jüdischen Im- und Exports, um es weiter scheinbar zynisch zu formulieren, begann in vorgeschichtlich-mythisch-biblischen Zeiten. Abraham wanderte freiwillig (!), wenngleich auf Gottes Befehl, aus dem Zweistromland von Kanaan nach Ägypten und wieder zurück nach Kanaan. Seine Nachfahren kamen wie auch immer nach Ägypten. Es folgte der Exodus, der »Auszug der Kinder Israels aus Ägypten«. In geschichtlicher Zeit begann die Deportation von Juden nach Assyrien als Folge der Auslöschung des Königreiches Israel im Jahre 721 v. u. Z. Schritt zwei war der gewaltsame Judenexport 586 v. u. Z. durch Babylon, das im gleichen Jahr den ersten Jerusalemer Tempel zerstört hatte.

Dann lesen wir aber (sogar in der Bibel), dass Juden freiwillig sowohl in Babylon als auch in Ägypten lebten. Ja, es war sogar die Mehrheit der Juden, die, wie seit der Gründung des modernen Staates Israel 1948, außerhalb des jüdischen Gemeinwesens blieb.

Der nächste Einschnitt war die Zerstörung des Zweiten Jerusalemer Tempels durch Rom im Jahre 70 u. Z. Das war der Anfang der europäischen Diaspora. Damals entwickelte sich allmählich ein allgemeines Muster: Juden wurden importiert, also ins oder im Land gelassen, wenn und solange man sie zum Beispiel als Fernhändler und ganz allgemein als vormodernes Bürgertum brauchte. Sobald die landeseigene, nichtjüdische Einwohnerschaft diese Funktionen selbst erfüllen wollte – und konnte –, wurden die Juden verfolgt, verbannt, verbrannt, vernichtet. Dann galt das bereits erwähnte Zitat: »Der Mohr hat seine Arbeit getan, der Mohr kann gehen.« Das Leid der Juden wurde, nachträglich und analytisch betrachtet, langfristig ein Fiasko für die Verfolger. Aus Spanien und Portugal wurden die Juden 1492 und 1497 vertrieben. Dieser selbstverschuldete wirtschaftliche, wissenschaftliche und kulturelle Verlust auf dem Höhepunkt der Weltgeltung leitete langfristig das Ende spanischer und portugiesischer Weltmacht ein. Deren Geburtsstunde war zugleich Beginn ihres Todes. Vergleichbar die Verfolgung, Vertreibung und dann Vernichtung der Juden durch das deutschdritte Reich Hitlers. An diesem Aderlass leidet Deutschland noch heute.

Die Geschichte der Juden ist, abgesehen von kurzen Phasen quasistaatlicher Eigenständigkeit in der Diaspora, seit rund 3000 Jahren eine Abfolge von Juden-Importen und späteren Exporten, sprich: Vertreibungen. Das entsprach mehr oder weniger während der Importphase bis zur rechtlichen Emanzipation einer geduldeten Isolation, meistens begleitet von Diskrimination und seit der formalrechtlichen Gleichstellung (in Europa seit ca.1800, meist aber später) einer bereitwilligen Akkulturation der jüdischen Minderheit und, wo möglich, ihrer Assimilation meist ohne (vollständige) Selbstaufgabe, aber nicht selten Hyper-Assimilation mit Selbstaufgabe.

Export und Exportphasen führten zum jüdischen Exodus, oft Exitus, also zu Deportation oder eben Liquidation.

Vor der Zerstörung des Zweiten Jerusalemer Tempels im Jahre 70 bis zur Staatswerdung und -gründung Israels, 1948, waren »die« Juden defensiv, ja wehrlos. Zionismus und Staat Israel haben, als Reaktion auf die jüdische Geschichte, die Wehrlosigkeit in Wehrhaftigkeit verwandelt. Manchmal, vielleicht zu oft und heftig, darüber kann gestritten werden. Jenseits (be)streitbarer

Meinungen gilt die Tatsache des Wechsels von der diasporahistorischen Defensive zur israelischen Offensive. Dieser Wechsel erfolgte, wohlgemerkt, im Rahmen von nach knapp 2000 Jahren wiedererlangter, eigener Staatlichkeit – als Mehrheit. Dieses *klassisch-defensive Muster* gilt (soweit ich sehe) *universalgeschichtlich* auch bezogen auf andere, ja, die meisten (mir bekannten) zugewanderten oder herbeigeholten Minderheiten; nicht zuletzt die aus Afrika ex- und nach Amerika importierten Schwarzafrikaner.

Irre ich mich, wenn ich wahrzunehmen glaube, dass die Offensive von (wie großen und wie repräsentativen?) Teilen der islamischen Diaspora ein universalgeschichtlich neues, sprich: nicht mehr defensiv-hinnehmendes Minderheiten-Denken und -Handeln anzeigt? Unter »Diaspora« seien die Staaten und Regionen gemeint, in denen Muslime eine Minderheit darstellen. Die Instrumentenpalette ihrer Offensive ist breit. Sie reicht von absoluter Gewaltlosigkeit zu heftiger Gewalt, von reiner Politik zu purem Terrorismus. Diesen Wandel erleben wir von Westeuropa über Afrika bis zur süd-philippinischen Insel Mindanao.

Ein Beispiel, das eine Brücke von der Vergangenheit zur Gegenwart schlägt, kann den Unterschied zwischen der historisch jüdisch-(hyper)assimilatorischen Defensive und der gegenwärtigen diaspora-islamischen Offensive verdeutlichen. Bereits im ersten Drittel des 19. Jahrhunderts gaben die Eltern der ersten Generation nach der rechtlichen Emanzipation ihren Kindern nichtjüdische und danach immer stärker an die christlich-deutsche Umwelt angepasste Vornamen. Dieser empirisch-repräsentativ nachgewiesene Trend hielt bis Ende der 1920er Jahre an. Großer Beliebtheit erfreuten sich Vornamen wie Max, Julius, Hermann (= der Cherusker), Alfred (Tirpitz, des deutschen Kaisers Flottenbauer) und natürlich der nahezu unvermeidbare Siegfried. Der von der Nibelungensage ... Aufstieg und Machtergreifung der Nationalsozialisten änderten diese Denk- und Verhaltensweisen. Sie führten zu einer Rückbesinnung auf jüdische Identitäten und Identifizierungen.[79]

Ganz anders das Muster der deutsch-islamischen Minderheit:

Hier nannte, hier nennt auch die zweite und dritte Diaspora-Generation ihre Kinder Mohammed, Achmed, Ali oder so ähnlich.[80] Dieses Beispiel bezieht sich auf die gewaltfreie Mehrheit der deutschen und wohl auch europäisch-islamischen Diaspora und allein auf ihren Beharrungswillen, also ihren Wunsch, wenigstens dieses symbolische Namensband zu den eigenen Wurzeln nicht zu durchschneiden. In der islamisch-europäischen Diaspora, auch in der deutschen, findet man, gott(!)lob selten, aber eben doch neben traditionell alltäglichen Vornamen zum Beispiel den Vornamen »Jihad«. Da weiß man, wes Geistes Kind die Eltern sind. Nomen est omen.

Das ist die moderne Gegenwart des europäischen Islam. Es gab auch eine alte Gegenwart des Islam in Europa. Sie begann auf der Iberischen Halbinsel im Jahre 711 und endete 1492 mit der Vertreibung der Mauren aus Granada. Ausgewogen und nicht nur antisemitisch war man 1492 in Spanien. Es wurden nicht nur die Juden, sondern auch die Muslime vertrieben. Die doppelte Unmoral war zugleich ein doppelter Zeitlupen-Selbstmord.

Etwas früher, schon seit dem 14. Jahrhundert, waren allerdings andere Muslime am anderen, südöstlichen, Rand nach Europa vorgestoßen: Das Osmanische Reich setzte sich auf der Balkanhalbinsel fest und eroberte 1453 Konstantinopel, die Hauptstadt des griechisch-orthodox-christlichen Byzanz. Der ersten Belagerung Wiens 1529 folgte 1683 die zweite. Sie war zugleich der Wendepunkt türkischer Herrschaft in und über Teile Europas. Ihr Endpunkt war der Erste Weltkrieg. Seit dessen Ende gehört nur noch ein Zipfel Europas zur Türkei.

Seit 1961 kamen (inzwischen) Millionen Türken nach Deutschland. Weshalb seit 1961? Weil die DDR-Führung am 13. August jenes Jahres ihre nicht selten in West-Deutschland oder West-Berlin arbeitenden Bürger durch Mauer und Stacheldraht von der westlichen Außen- und Arbeitswelt abgetrennt und eingesperrt hatte. Die boomende Wirtschaft der Bundesrepublik suchte nun händeringend »Gastarbeiter«. Die DDR-Bürger waren nach getaner Arbeit, meistens allabendlich, von West nach Ost, jedenfalls nach Hause, zurückgefahren. Das war bei den türkischen »Gastarbeitern« schon aus geografischen Gründen unmöglich. So wurden aus Gästen dauerhafte Mitbewohner und erst sehr viel später »Mitbürger«. Zunächst hatte sich die Mehrheitsgesellschaft um die Gastarbeiter kaum gekümmert. Kein Wunder, denn sie hatte das diffuse Gefühl, Funktionen und Funktionsträger, also quasi Waren, keine Menschen, importiert zu haben. Darüber hinaus hatte man das gute Gefühl, an diesen in ihrer Heimat »armen Menschen« (sprich: dort noch ärmeren Menschen) ein »gutes Werk« zu tun. Schöne Grüße vom Dominikanermönch Bartolomeo de las Casas.

Vergleichbare Beispiele zur Universalgeschichte diesbezüglicher Niedertracht liefert nicht nur das christliche Abendland. Das muslimische Morgenland und das Jüdisch-Heilige Land leisten ihrerseits bemerkenswerte Beiträge. Die hyperreichen arabischen Ölförderstaaten haben ungefähr seit den 1960er Jahren Millionen meist asiatischer und afrikanischer Gastarbeiter importiert, doch absichtlich bis heute nicht integriert und meistens ausgebeutet und drangsaliert. Weniger drangsaliert, doch ebenfalls nicht integriert und ausgebeutet werden im jüdischen Israel Gastarbeiter, die in der Regel von den Philippinen, aus Thailand, Äthiopien, Eritrea, dem Sudan, Rumänien und Bulgarien stammen.

Ähnlich wie die Westdeutschen bis zum 13. August 1961 hatten die Israelis bis Anfang Dezember 1987, dem Ausbruch der Ersten Intifada, das Glück, Gastarbeiter beschäftigen zu können, die aus dem Gazastreifen und Westjordanland morgens per Lastwagen oder Bus eintrafen und abends heimfuhren. Aus Angst, dass nicht Arbeiter, sondern als Arbeiter getarnte Terroristen ins Land kämen, schloss Israel seit Ende 1987 seine Grenzen. Doch der Bedarf nach Arbeitskräften bestand fort. Er musste gedeckt werden. Er wurde gedeckt, und auf diese Weise wurde das multinational-jüdische, genauer: jüdisch-arabische Israel noch bunter. Wie überall entstanden auch in Israel, zum Beispiel im Süden Tel-Avivs, räumliche Konzentrationen ausländischer Unterschichten. Die Umstände, unter denen sie leben, sind extrem ärmlich und erbärmlich.

Auch die städtischen Ballungsgebiete der Migranten in Deutschland sind nicht gerade vornehme Villengegenden, ganz zu schweigen von den Banlieues, den neu gebauten Vorstädten an der Peripherie der französischen Großstädte. Der Import fremder Menschen verändert langfristig die importierende Gesellschaft ebenso wie ihre neuen Mitbewohner. Die zunächst mehr oder weniger homogene, national, ethnisch, religiös und kulturell relativ einheitliche Gesellschaft wird vielfältig. Das ist kein einmaliger Akt, kein einmaliges Ereignis. Das ist ein fundamentaler, revolutionärer Wandel und dauert, wie jeder Strukturwandel, geraume Zeit. Durch administrativ-taktische Manöver kann man den langfristigen, also strukturellen Wandel aufhalten, verhindern kann man ihn nicht.

Das bedeutet: Alle genannten mehr oder weniger nationalen Gesellschaften werden multinational, multiethnisch, multikulturell und multikonfessionell. Revolutionen und revolutionäre Veränderungen verlaufen selten unblutig und konfliktfrei. Sie sind meistens schmerzhaft, sehr; für fast alle Beteiligten.

In Deutschland bewirkte der Bedarf an Arbeitskräften, wirtschaftliche Anziehungskraft sowie als Abstoßungskraft die damals strukturelle ökonomische Schwäche der Heimat die Massenmigration. Diese Doppelursache – Europas Wirtschaftsstärke und die heimische Wirtschaftsschwäche – ließ auch andere Nichteuropäer nach Westeuropa aufbrechen. Sie kamen zunächst aus den ehemaligen Kolonien Frankreichs, Großbritanniens und der Niederlande. Der religiösen Struktur ihrer Heimat entsprechend, kamen vor allem Muslime. Nach Frankreich kamen Muslime aus Nordafrika, Algerien, Tunesien und Marokko, später aus dem vormals französischen Schwarzafrika. Nach Großbritannien kamen Muslime aus Pakistan und Indien. In die Niederlande kamen Muslime aus Indonesien. Nach Spanien und Portugal kamen seit 1975 vorwiegend Nicht-Muslime aus Westsahara, Angola und Mozambique.

Deutschland hatte nicht viele Kolonien und verlor sie nach dem Ersten Weltkrieg. Deshalb gilt der zweite Faktor, die Entkolonialisierung, hier nicht, sehr wohl aber in den anderen westeuropäischen Staaten. Die trüben Wirtschaftsaussichten der neuen, unabhängigen Staaten trieben viele Einheimische in die Emigration. Allein vom Stolz auf ihre neu gewonnene staatliche Unabhängigkeit konnten sie nicht (über)leben. Folglich verließen viele Menschen aus den ehemaligen Kolonialvölkern ihre Heimat. Sie wanderten natürlich in die wirtschaftskräftige(re)n Staaten aus, deren Sprache sie beherrschten. Das war die Sprache der einstigen Kolonialmacht, mit deren Gewohn- und Gepflogenheiten sie recht gut vertraut waren. Nicht zu vergessen sind diejenigen, die in ihrer unabhängigen Heimat als vermeintliche oder tatsächliche »Kollaborateure« der Kolonialherren verachtet und verfolgt wurden.

Der hier in aller Kürze skizzierte revolutionäre Wandel ist immer noch im Gange. Wir (er)leben diese Revolution, diesen fundamentalen Strukturwandel der westeuropäischen Gesellschaften in unserer Gegenwart.

Der Begriff Revolution trifft nicht ganz zu. Wanderungen, Völkerwanderungen sind so alt wie die Menschheit. Das führte dazu, dass sich in der Menschheitsgeschichte überall und immer die jeweils ansässige Bevölkerung verändert hat. So gesehen ist die Revolution, von der ich sprach, als Muster uralt und eben nicht neu. Neu sind nur Akteure, Ort, Zeit und Handlung. Neu ist unsere Wahrnehmung. Die Menschen neigen dazu, ihre Gegenwart als unveränderlich, als Dauerzustand zu betrachten. Es entspricht zumindest ihrer Erwartung. Wenn sich dann aber die Situation dramatisch ändert, neigen wir dazu, diese Veränderung als Revolution aufzufassen. Dabei verwechseln wir Wahrnehmung mit Wirklichkeit. Dauerhafte Wirklichkeit des Menschen ist die Abfolge von Werden und Sterben, dauerhafte Wirklichkeit der Menschheit ist das ständige Werden. Dabei ist stets zu prüfen, was man mit- oder gegensteuernd bewahren oder nicht bewahren kann oder will.

Das universalgeschichtlich immer gleiche Muster jener vermeintlichen Revolution durch freiwillige Migration (»Wanderung«) besteht aus zwei Phasen: Die Migration ist Phase eins, Phase zwei die gelungene oder die mehr oder weniger oder gar nicht erfolgreiche Integration der neuen Population (= Bevölkerung). Solange die Migranten in Phase zwei gebraucht werden, ist das friedliche Neben- und Miteinander gesichert. Wehe, wenn Krisen drohen oder auch ausbrechen. Dann kann, selbst nach Jahrhunderten friedlichen Zusammenlebens, »der Teufel los sein«.

Als politische Reaktion auf die von uns wahrgenommene und deshalb für uns politisch-psychologisch (aber nicht analytisch) als Revolution (wörtlich: alles völlig Umwendende) verstandene Entwicklung findet man sowohl in der alteingesessenen als auch der neu zugewanderten Bevölkerung das gesamte denkbare Spektrum. Jede der Bevölkerungsgruppen hat auch ihre Überläufer, Konvertiten: Alteingesessene Deutsche oder deren Nachfahren werden Muslime oder Muslime Christen. Das geschieht nicht oft, aber es geschieht.

Was die jeweiligen Gruppen gedacht, möchten sie auch gemacht haben. Bei den jungen und alten Alteingesessenen reicht das Spektrum vom Multikulti-Kult bis zum fremdenfeindlichen, französischen Front National oder »Nationalsozialistischen Untergrund« (NSU) in Deutschland.

Die erste Generation der Migranten, welche die Heimat noch aus eigenem (Er)Leben gut kannte, stand mit einem Bein in ihrer alten und dem anderen in ihrer neuen Welt. Diese Generation war eher defensiv. Die folgenden wurden erheblich offensiver, und zwar in der gesamten Breite aller Möglichkeiten: Von Assimilation und Akkulturation bis zur Rebellion, gar bis zur terroristischen Rebellion gegen die eigenen, vermeintlich schwachen Vorfahren und noch mehr und grundsätzlich sowie mit globalen Folgen gegen die vermeintlichen (teils tatsächlichen) Fremdenfeinde ihrer neuen Welt, die nicht ihre Welt ist und die sie nicht als ihre Welt wissen und fühlen wollen. Anzumerken wäre, dass diese Fremden als neue Staatsbürger oder geborene Mitbewohner desselben Staates zumindest formal keine Fremden sind. Das nicht, aber sie gehören nicht und wollen nicht zur mehrheitlichen Kommunikationsgemeinschaft in Westeuropa und Deutschland gehören. In einer Art Nostalgie, die nie den Gegenstand der Sehnsucht erlebt hatte, wenden sie sich dem Herkunftsbereich ihrer Vorfahren zu. Die einen nur folkloristisch oder teilfolkloristisch sowie medial per Satellitenschüssel, die anderen real sogar als »Heilige Krieger«.

Das anschaulichste Beispiel liefern die gar nicht wenigen in Westeuropa geborenen Islamisten, die als Jihadisten in Afghanistan, Libyen, Jemen, Syrien, Irak oder sonst wo in der Islamischen Welt kämpften und kämpfen und im August 2014 dem US-Journalisten James Foley vor laufender Videokamera die Kehle durchschnitten, oder am 11. März 2004 in Madrid oder am 30. Juni am Flughafen Glasgow oder am 7. und 21. Juli 2005 in London Anschläge verübten oder nur (nur?), weil Verlierer, sich als Randalierer 2005 in den Vorstädten und im Januar 2015 als Mörder von Paris hervortaten.

Auf eine bemerkenswerte Zwischen- bzw. Zwittergruppe sei hingewiesen: Es sind Muslime aus der arabisch-islamischen Welt, die zeitweise in Westeuropa leb(t)en und erst hier sozusagen gewendet, also radikalisiert und islamistische Terroristen wurden. Die Personifizierung dieser Wende vom Islam zum terroristischen Islamismus ist Mohammed Atta, einer der Hauptakteure des Mega-Terrors vom 11. September 2001. Zwei entführte Flugzeuge wurden damals ins New Yorker World Trade Center gesteuert. Einer der Terrorpiloten war Mohammed Atta. Er stammte aus einer bürgerlich-ägyptischen Familie und hatte von 1992 bis 1999 in Hamburg studiert. Hier wurde er diplomierter Architekt, hier wurde der Muslim Islamist, also Terrorist.

Vorsicht und wohlgemerkt: Es sind wahrlich weder »die« Deutschen alle Fremdenfeinde noch »die« muslimischen Neu-Mitbürger oder Mit-Einwohner alle Terroristen. Aber es gibt sie.

Kurzum: In Deutschland und Westeuropa werden die demografischen, ethnischen und religiösen Gräben sowohl zwischen als auch in den alteingesessenen sowie den zugewanderten Kommunikationsgemeinschaften breiter und tiefer. Die eine Kommunikationsgemeinschaft ist nicht-islamisch, die andere islamisch. Jede ist in sich vielfältig und vielschichtig. Zwischen beiden und in jeder gibt es weniger Wir als vielmehr Ihr-Wir. Dass aber Migranten und Exilanten sowie selbst ihre völlig integrierten, assimilierten und akkulturierten Nachfahren zur Herkunftsregion der Vorfahren ein besonders enges inneres Verhältnis empfinden und dortige Ereignisse intensiv verfolgen, ist absolut selbstverständlich und gilt für jedwede Diaspora: für die islamische in Europa ebenso wie zum Beispiel für Diaspora-Juden bezüglich Israel, Diaspora-Italiener bezüglich Italien, Diaspora-Chinesen bezüglich China und so weiter und so weiter. Je stärker die Bindung und Verbindung der Diaspora zur Ur-Heimat, desto wahrscheinlicher wird die jeweilige Neu-Heimat auch politisch ein Nebenschauplatz des Hauptschauplatzes, also der Ur-Heimat. Das bedeutet konkret für die islamische Diaspora in Europa, die sich mit der islamischen Ur-Heimat besonders verbunden fühlt, dass Europa ein Nebenschauplatz der islamischen Welt wurde und nun ist. Wie in der New Yorker Theaterwelt gibt es fortan in Westeuropas Gesellschaften den Broadway, die islamische Welt, und den sich stets auf den Broadway beziehenden Off-Broadway, also den Nebenschauplatz, einen großen Teil der Muslime Europas. Diese Entwicklung ist nicht hypothetisch, sondern empirisch, sie beruht auf nachweisbaren Tatsachen und nicht auf Vermutungen.

Einige Beispiele nahöstlicher Nebenschauplätze seien ins Gedächtnis zurückgerufen: Auf Teile der nahöstlich-arabischen Diaspora konnten sich in den 1960er und 1970er Jahren palästinensische Terroristen bei ihren Aktionen gegen Juden und Israelis stützen. Erinnert sei nicht zuletzt an den Anschlag von Palästinensern während der Münchener Olympiade im September 1972. Erinnert sei daran, dass Türken, türkische Graue Wölfe und türkische Kurden sich seit den 1960er Jahren nicht nur in ihrer Heimat, sondern auch in Deutschland und Westeuropa blutig bekämpften. Der syrische und iranische Geheimdienst verfolgten Oppositionelle nicht nur zuhause, sondern auch in Europa. Am 17. September 1992 wurden im Berliner Restaurant »Mykonos« vier kurdische Exilpolitiker vom iranischen Geheimdienst erschossen. Und, und, und ... Im Sommer 2014 herrschte nach antisemitischen Gewaltaktionen vorwiegend von einheimischen Muslimen »Furcht vor (einer) Intifada in Frankreich«.[81] Kurden, Tschetschenen, Türken, Salafisten, Jesiden, Juden und Araber bekämpften sich im deutschen Sommer und Herbst 2014 aus unterschiedlichen Nahostgründen und führten zumindest verbale Nahost-Stellvertreterkriege in Westeuropa.[82] Es sind keineswegs nur notorische Panikmacher und Rassisten im Londoner Stadtteil Tower Hamlets oder anderen Teilgemeinden Englands, die so etwas wie eine »Islamische Republik« im Vereinigten Königreich fürchten.[83]

Soldaten-Importe: Die nächste Etappe?

Der zivile Import von Menschen verändert die importierende und importierte Gesellschaft. Man könnte noch viel mehr Beispiele anführen, um dieses Ergebnis zu erhärten. Wir schauen ergänzend auf den militärischen Menschenimport. Er ist universalhistorisch aufschlussreich und auch politisch aktueller, als die meisten vermuten. Jedes Mal, wenn ein Gemeinwesen, aus welchen Gründen auch immer, mehr Soldaten benötigte als im eigenen Staat verfügbar oder bezahlbar, wurden woanders, gegen Sold, Männer, also Sold-aten, eingekauft. Es gab mehrere Varianten, um diese Krieger zu entlohnen. Sold war die direkte Form. Eine andere war zum Beispiel die Ansiedlung fremder Kämpfer einschließlich ihrer Familien auf dem Gebiet des Erwerbers. Weil die eigenen Grenzen gegen mögliche Invasoren gesichert werden sollten, siedelte man die fremden Kämpfer an der Peripherie des importierenden Gemeinwesens an. Das alte Westrom der späten Kaiserzeit hat sich dieser Methode bedient, indem es die Niederlassung von Germanen, genauer: Westgoten am Außenrand des Reiches zuließ. Im Jahre 382 wurden sie gar »Bundesgenossen« (»foederati«).

Was die Erfinder dieser Methode weder bedacht noch erwartet hatten, geschah im 5. nachchristlichen Jahrhundert: Der »Zauberlehrling«-Effekt trat ein. Die gerufenen Geister wurde das erst schwächelnde, dann schwache und schließlich todkranke Westrom nicht mehr los. Vereinfacht: Im Jahre 476 übernahmen die Westgoten selbst die Macht.

Auf ähnliche Weise verlor Ostrom (Byzanz) im frühen 7. Jahrhundert seine Ostgebiete an arabische »foederati«.[84]

Als arabische Herrscher ihrerseits nicht mehr genügend eigene Krieger gewinnen, pressen oder überzeugen konnten, kauften auch sie Soldaten ein, genauer: Soldatensklaven, nämlich *Mamluken*. Das waren zuerst, seit dem 9. Jahrhundert, vornehmlich junge Türken aus Zentralasien im Pubertätsalter. Sie wurden von Zwischenhändlern geraubt oder von den Eltern verkauft. Das soll, so liest man, bei Käufern und Verkäufern und der günstigen Karriereperspektiven wegen auch bei den Jugendlichen durchaus beliebt gewesen sein.[85]

In Arabien mussten die Jungmänner zum Islam konvertieren und militärisch trainieren. Als kampftüchtige Mannschaften und ranghohe Offiziere gehörten sie zur mächtigen Soldaten»kaste«. Sie wurden ein Staat im Staate – und übernahmen 1250 in Ägypten selbst die Macht. Ähnlich in Indien 1206, also fast zur gleichen Zeit. Ebenfalls zur gleichen Zeit wurden sie von den Osmanen (1516/17) bzw. in Indien von den Mogulherrschern (1526) entmachtet. Das militärische Rekrutierungssystem der Mamluken übernahmen die Osmanen übrigens regional und reichsweit. Die einheimischen Ägypter, also die Mehrheit der Landesbevölkerung, blieb, weil praktisch waffen- und wehrlos, von 1250 bis 1952/54 fremdbestimmt: zunächst durch die Mamluken, ab 1516/17 durch die Osmanen und von 1882 bis 1952/54 durch die Briten.

Erstaunlich, aber wahr: Den Fehler der Besiegten begehen manchmal auch die Sieger. Wie einst die Araber der Verführung des west- und oströmischen Bundesgenossen-Gedankens erlagen und Soldatensklaven (Mamluken) kämpfen und dann, unfreiwillig, herrschen ließen, so folgten die Osmanenherrscher vom Ende des 14. Jahrhunderts bis 1826 ebenfalls diesem Konzept. Statt der Mamluken waren es *Janitscharen*. Die meist im Balkan und Kaukasus erbeuteten christlichen Knaben wurden zwangsislamisiert, dann als Soldaten ausgebildet und stellten die Elite des Osmanischen Heeres. Unter diesen Umständen ist es keine Überraschung, dass sich auch die Janitscharen häufiger, als es dem Sultan gefiel, in die Politik einmischten. 1826 hatten sie den Bogen überspannt. Ihr Korps wurde von Sultan Mahmud II. aufgelöst. Er nannte diesen alles andere als sanften Schritt »Das wohltätige Ereignis«. Die Janitscharen werden es wohl etwas anders empfunden haben. Hand aufs abendländische Herz: So ganz anders als das Militärwesen der Mamluken oder Janitscharen war auch das kontinentaleuropäische bis zur Einführung der Allgemeinen Wehrpflicht nicht. Wo, wenn und weil man nicht genügend Landeskinder rekrutieren konnte, kaufte oder raubte man fremde. Um das festzustellen, bedarf es keiner Geschichtswissenschaftler. Man schaue auf die Namen der Akteure in Schillers ›Wallenstein‹-Trilogie. Ausländer dienten als einfache Soldaten (›Wallensteins Lager‹) ebenso wie als Führungsoffiziere (›Die Piccolomini‹ und ›Wallensteins Tod‹). Auch in den Streitkräften Friedrichs des Großen stammte die Hälfte des Personals aus dem Ausland.

Die Mamlukisierung bzw. Janitscharisierung, also eine militärische Machtergreifung durch ausländische Offiziere im Inland, wurde im Abendland durch eine geradezu genial-machiavellistische Erfindung strukturell unmöglich, durch die Einführung der Allgemeinen Wehrpflicht. Das geschah im Zusammenhang mit der Französischen Revolution und den ihr folgenden Revolutionskriegen.

Recht besehen war die *Allgemeine Wehrpflicht* von ihren Anfängen bis zu ihrer (endgültigen?) Abschaffung (Entschuldigung: »Aussetzung«… 2011 in Deutschland) fast nie wirklich allgemein. Der Begriff überzuckert eine bittere Wahrheit und Wirklichkeit. Seine Begriffsgeschichte ist ein weiteres Kapitel in der »Universalgeschichte der Niedertracht«. Auch in Zeiten der sogenannten Allgemeinen Wehrpflicht galt diese Tatsache: Wer konnte, drückte sich. Wer konnte nicht? Diejenigen, die sich nicht freikaufen konnten, also die jeweiligen ländlichen und städtischen Unterschichten. (Wie die Preußenkönige Friedrich Wilhelm I. und sein Sohn Friedrich der Große den zunächst auch nicht gerade auf den Kriegsdienst erpichten Adel ins Militär (er)pressten, ist eine Geschichte für sich.) Das zu Teil eins dieser Geschichte der Niedertracht. Teil zwei derselben: Während der Staat vor Einführung der Landeskinder-Wehrpflicht Soldaten teuer kaufen musste, bekam er sie nun fast kostenlos. Diese wirklich revolutionäre Veränderung wurde als demokratische Errungenschaft verkauft.

Am Anfang war die Allgemeine Wehrpflicht der Not gehorchend blanker Zynismus, dann aber entwickelte sie ihre Eigendynamik. Wer nämlich (angeblich »süß«) »fürs Vaterland« sterben »durfte«, verlangte über kurz oder lang auch politische Teilnahme und Teilhabe am und im Vaterland. Am Anfang war also die vermeintlich Allgemeine Wehrpflicht alles andere als demokratisch. Sie wurde es. Auch Verweigerer konnten natürlich wählen – bis sich wieder drückte, wer konnte und wollte. Und die meisten wollten.

Habe ich das Thema aus den Augen verloren, gar verfehlt? Mitnichten. Ich habe die »Universalgeschichte der Niedertracht« zunächst um einige Einzelheiten aus dem zivilen und dann dem militärischen Bereich erweitert, indem ich erstens den zivilen und zweitens den militärischen Menschenimport skizzierte.

Importierte zivile Minderheiten haben in den importierenden Staaten, soweit ich sehe, nie die Macht übernommen, wohl aber importierte militärische Minderheiten. Die Vergangenheit(en) betrachtend und aus ihr Schlussfolgerungen ziehend bahnt sich in der Gegenwart und Zukunft Deutschlands sowie Westeuropas zwar nicht zwingend-gesetzmäßig, doch strukturbedingt folgende Doppel-Entwicklung an. Sie umfasst zum einen den zivilen, zum anderen den militärischen Bereich.

Zum militärischen: Nach dem Ende oder »Aussetzen« der sogenannten Allgemeinen Wehrpflicht haben alle westlichen Streitkräfte, die Bundeswehr eingeschlossen, ein vorhersehbares Riesenproblem: Personalmangel. Selbst in den immer noch patriotischen USA wird über Nachwuchsmangel beim Militär geklagt. Ausländer, die sich der US Army anschließen, werden unter anderem mit der amerikanischen Staatsbürgerschaft ver- und angelockt. Die Bundeswehr ist nun auch einer von vielen Arbeitgebern, die junge Menschen umwerben. Weil der Soldatenberuf in einer Interventionsarmee, als die sich die Bundeswehr inzwischen zu verstehen hat, sagen wir, etwas gefährlicher als ein Büroberuf ist, bleibt die Zahl der Freiwilligen gering. Auch die Arbeitsplatzverbesserungen, die Ursula von der Leyen, die erste Frau als Verteidigungsminster(in), in der und für die Bundeswehr plant, werden keine Freiwilligenflut auslösen. Der Wettbewerb um Arbeitskräfte ist hart.

Es sieht so aus, als seien neue Mannschaftskräfte (bei Offizieren ist das anders) vornehmlich aus drei Gruppen zu erwarten: erstens aus der Reihe derer, die im weniger gefährlichen Zivilbereich nicht unterkommen, zweitens aus wirtschaftsschwachen Regionen und drittens – nicht selten aus Gruppe 1 plus 2 – aus eingewanderten Familien. Für diese drei Gruppen, besonders für die dritte, ist die Bundeswehr ein überlebensrettender Aufstiegs- und Integrationskanal – sofern man die Einsätze überlebt. Mit dem Wort »sofern« sind wir erneut beim strukturellen Wettbewerbsnachteil jeder Armee auf dem zivilen Arbeitsmarkt.

Das bedeutet, und wir bleiben bei Gruppe 3, für die jungen Menschen aus Einwandererfamilien: Je besser sie im Zivilbereich der Gesellschaft integriert sind, desto unwahrscheinlicher ihre Bereitschaft, freiwillig zur Bundeswehr zu stoßen.

Das bedeutet: Um weiter bestehen zu können, benötigt die Bundeswehr neues Personal. Dabei bleibt ihr kein anderer Ausweg, als, wie vor Einführung der »Allgemeinen« Wehrpflicht, Soldaten im Ausland einzukaufen oder die inländischen Freiwilligen deutlich besser zu bezahlen. Selbst das dürfte kaum ausreichen, denn das Sozialprestige des Militärs ist in eher pazifistischen Gesellschaften wie Deutschland so niedrig, dass nur wenige Jungbürger in Uniform arbeiten möchten.

Das wiederum bedeutet: Die Bundeswehr der Zukunft wird, wie andere Armeen wohlhabender Staaten, ihr Personal weitgehend nur aus der Reserve der ohnehin schon wirtschaftlich schwachen und schlecht ausgebildeten jugendlichen Inländer – oder jungen Ausländer – schöpfen können, für welche der materielle und ideelle Rahmen der Bundeswehr immer noch attraktiver als der zivile heimatliche Arbeitsmarkt ist.

Kann also aus der Bundeswehr, der französischen, britischen oder sogar der US-amerikanischen Armee ein in die Politik massiv eingreifendes, gar die Macht ergreifendes Militär werden, wie es seinerzeit die Mamluken und Janitscharen waren? Nein, denn bei Mamluken und Janitscharen waren Mannschaften *und* Offiziere naturalisierte Ausländer. Die Offiziere unserer westeuropäischen oder der US-amerikanischen Streitkräfte werden auf absehbare Zeit weiter aus dem Umkreis der Einheimischen rekrutiert, und eine Armee ohne Offiziere ist wie ein Körper ohne Kopf, also nicht wirklich funktionsfähig. Das ändert nichts an der Wahrscheinlichkeit, dass die westeuropäischen Streitkräfte, wie die zivile Gesellschaft, immer muslimischer werden.

Diese Entwicklungsperspektive dient durchaus dem inneren Frieden, denn gerade im Militär sind Muslime als Teil des Systems ins System integriert. So bilden sie keine Parallelgesellschaft und müssen, obwohl integriert, nicht ihre Identität aufgeben, denn Vielfalt ist in demokratischen Armeen rechtlich und institutionell garantiert.

Weshalb und wozu sollten europäische Muslime, wie einst die Mamluken, die Macht militärisch an sich reißen? Ihre Waffe ist die Demografie. Demografie und Demokratie werden ihre politischen Einflussmöglichkeiten weiter steigern und ihnen neben Familien- auch Machtzuwachs bescheren.

Womit wir wieder im zivilen Bereich wären: In Deutschland und Westeuropa werden nicht zuletzt muslimische Minderheiten objektiv und subjektiv diskriminiert. Objektiv, weil viele, gewiss nicht alle, doch immer noch zu viele Nichtmuslime tatsächlich auf »die« Muslime hinabschauen. Subjektiv, weil sich viele Muslime bei uns als Muslime zu Recht oder zu Unrecht diskriminiert fühlen. Politisch entscheidend ist nicht, was ist, sondern was als seiend wahrgenommen wird.

Jenseits diverser Verbände ist die muslimische Minderheit noch nicht parteipolitisch organisiert. Das wird früher oder später geschehen. Weshalb? Das lässt sich aus der allgemeinen Parteiengeschichte ableiten. Bei allen bedeutenden neuen Parteigruppierungen gingen der jeweiligen Parteigründung gesellschaftlich-wirtschaftlich-kulturelle Veränderungen, Krisen, Bedürfnisse, Interessen oder Nöte voraus. Ein Beispiel: Ohne die Industrialisierung keine Industriearbeiterschaft und damit verbunden kein Elend der Industriearbeiterschaft. Erst als Reaktion auf dieses Elend entstand die Arbeiterbewegung und aus ihr die Arbeiterparteien.

Dem allgemeinen Muster entsprechend, wird die muslimische Minderheit als Reaktion auf ihre Sonder-Situation und ihre Sonder-Interessen eine eigene Partei gründen. Anders als bisher werden sie dann mit den traditionellen Mehrheitsparteien auf Augenhöhe streiten, rivalisieren und kooperieren. Bislang fand die Kommunikation, auch die gut gemeinte, von oben nach unten statt. Die vom damaligen bundesdeutschen Innenminister begründete Islamkonferenz ist dafür ein Beispiel. Letztlich bestimmten er und seine Berater, wer teilnahm und wer nicht. Das war vielleicht subjektiv nicht gönnerhaft-paternalistisch gemeint und geplant, doch genau das war es objektiv. Gleichberechtigte Partnerschaft und Paternalismus schließen einander aber aus. Parteien, Parteienpluralismus ergänzen den Föderalismus. Beides gehört zusammen – beides ist für den inneren Frieden unerlässlich.

Die ersten beiden Migrantengenerationen blieben in der Defensive. Spätestens die dritte wechselte von der Defensive in die Offensive. Die folgenden werden diesen Weg fortsetzen, weil sie nicht mehr eine Gruppe an sich, sondern längst eine Gruppe für sich geworden sind. Im Klartext: Sie wissen um ihre Eigeninteressen und sie kennen das landesübliche Instrumentarium, um es durchzusetzen. Sie werden ihren politischen Druck im und fürs eigene Interesse erhöhen und deshalb über kurz oder lang (mindestens und vernünftigerweise) eine Partei gründen. Nur eine.

Wer wollte bestreiten, dass innerhalb der muslimischen Minderheit viele mehr oder weniger gemeinsame politische, wirtschaftliche oder gesellschaftliche Interessen haben und vertreten, die sich mit Interessen von mal größeren, mal kleineren Teilen der nichtmuslimischen Mehrheit decken? Dann könnte man (wieder mit Marx) von »Klassenkampf« sprechen oder (es

geht mindestens genauso gut auch ohne Marx) von »gesamtgesellschaftlichen Konflikten« über dieses und jenes Thema. Richtig. Doch es lässt sich nicht bestreiten, dass diese große muslimische Minderheit insbesondere in Deutschland, Frankreich und
Großbritannien sowohl von innen als auch von außen ständig
mit einer alles andere als unwichtigen darüber hinausreichenden
Dimension konfrontiert ist: der islamischen.

Schon aufgrund ihrer Zahlenstärke wird eine muslimische
Partei ein gesuchter (Koalitions-)Partner auf kommunaler, Lan-
des- und vielleicht auf Bundesebene sein. Wie die Religiösen in
Israel werden sie ein meistens und vor allem gesellschaftspoli-
tisch unverzichtbarer Verantwortungspartner sein, der Brücken
zwischen den unterschiedlichen Welten derselben Gesellschaft
schlägt. Egal, ob es einem gefällt oder nicht. Es ist, wie gesagt,
unverzichtbar – für den inneren Frieden.

Der innere Frieden wiederum setzt – gemäß unserem Leit-
gedanken – verschiedene und wechselseitig geduldete, *unter-
geordnete* Wir-Gefühle im Staat voraus. Das übergeordnete
Wir-Gefühl eines Staates besteht in der inneren und äußeren Bereitschaft, das staatliche Regelwerk zu billigen und zu akzeptieren. Nur wer das akzeptiert, ist integriert, und auf diese Weise ist
die *Gefahr von Parallelgesellschaften neutralisiert.* Zugleich
aber kann jede Interessengruppe (und »die« Muslime sind eine
solche und in sich, wie jede Gruppierung, intern ringend vielschichtig) sozusagen parallel zu den anderen Teilgesellschaften
ihre Besonderheiten leben, erleben, ausleben. Eine solche Parallelgesellschaft ist kein Staat im Staat, sondern funktional und
mental Teil des Regelwerkes namens Staat. Innerhalb einer so
verstandenen und regulierten (also den allgemeinen Regeln, den
allgemeinen Grundwerten entsprechenden) Parallelgesellschaft
ist auch eine allgemein(!)gesetzlich bestimmte Rechtsautonomie
denkbar.

Wir haben gesehen: Demografie und Theologie (Religion) trennen die beiden unterschiedlich großen gesellschaftlichen Großgruppen: die größere nichtislamische von der islamischen. Ist

diese Trennung, ist dieser Riss auch im Bereich der *innerstaatlichen und innerstädtischen Geografie* erkennbar, und wenn ja, welche Konsequenzen ergeben sich für die Sicherung des inneren Friedens in Deutschland und Westeuropa? Abbildungen von städtischen Siedlungsmustern beantworten diese Fragen. Schematisch, abstrakt, gibt Abbildung 4 in Kapitel 1 die Antwort.

Bezogen auf den In- und Ausländeranteil gleicht die Geografie westeuropäischer Großstädte wie Paris, London oder Berlin – schematisch, soziologisch formuliert und nicht abwertend gemeint – besonders in den »Unterschichts«-Bezirken einem Flickenteppich mit eindeutigen Ballungsräumen der jeweiligen Kommunikationsgemeinschaften oder Volksgruppen wie in Abbildung 4 bzw., rein innerstaatlich, zum Beispiel Bosnien-Herzegowina, dem palästinensischen Westjordanland, Galiläa in Nord-Israel, Tibet, Xinjiang.[86] Politische Einheiten mit dieser demografischen Geografie sind, wie wir zeigen konnten, nein, mussten, alles andere als stabil. Sie sind konfliktträchtig; gleich, ob auf gesamtstaatlicher, regionaler oder lokal-städtischer Ebene.

Das Schema ist richtig und falsch zugleich. Insofern richtig, als es potentielle Konfliktstrukturen anzeigt. Insofern falsch, als Bosniaken, Juden, Palästinenser, Uiguren oder Tibeter nicht nur um ihre Selbstbestimmung kämpfen, sondern um Selbstbestimmung im und über das Land, das sie jeweils exklusiv als ihr Land betrachten.

In den Großstädten Westeuropas findet kein Kampf ums Land statt. Wohl aber ums eigene, selbstbestimmte So-Sein. Doch kann eine Minderheit so sein, wie sie es selbst will, ohne den Mehrheitswillen auszuhebeln? Zum inneren Frieden gehört beides: Mehrheitsherrschaft und Minderheitenschutz.

Manche der Banlieues (Vorstädte) oder Stadtteile von Paris, Lyon, Straßburg, Marseille oder Toulouse betritt selbst die Polizei nicht mehr. Das ist der Nährboden junger europäischer, vornehmlich französischer Jihadisten, die sich seit den Arabischen Revolutionen von 2011 den »Heiligen Kriegern« hinzugesellten.[87] Es war auch der Nährboden der Pariser Killer vom Januar 2015. Immer wieder, besonders im Jahre 2005, brannten die vornehmlich muslimischen Vorstädte oder Vorstadtteile von Paris. Wo Muslime und Juden dicht beieinander wohnen, kam es in den letzten Jahren vermehrt zu Handgreiflichkeiten, manchmal sogar Morden junger Muslime an Juden. Auch woanders fehlt es nicht an Kämpfern, die als Muslime geboren wurden oder zum Islam konvertierten. Zum Beispiel in Deutschland oder selbst Österreich.[88] Ursache und Anlass ist meistens und immer wieder der Nahostkonflikt, nicht die innereuropäische Innenpolitik. Dies bestätigt die These, dass die Probleme der Heimat oder – manchmal auch nur vermeintlichen – Urheimat der ethnischen, religiösen oder Sprachgruppen vom Morgenland ins Abendland überschwappen. »Wenn es im Nahen Osten brennt, dann brennt es auch in Berlin.«[89]

In Berlin wurde 2011 ein Kippa-tragender Rabbiner mit erkennbar zu ihm gehörenden Kindern von muslimischen Jugendlichen zusammengeschlagen. Während des Gaza-Krieges, im Sommer 2014, doch auch schon davor wurden Kippa- oder Davidsternträger mehrfach beschimpft oder gewaltsam angegriffen. Andrew Walde, eher ein »Linker«, fuhr im August 2014 mit einer Israelfahne an seinem Auto durch Berlin-Neukölln, wo zahlreiche Araber leben. Gerade erfreulich verlief diese Fahrt nicht.[90] Freilich gibt es auch ganz andere Muslime. Etwa Yasmis Kassar. Im Juli 2014 konnte man in der ›Berliner Zeitung‹ ein Interview mit ihm lesen: Er »ist Lern-Coach an der Refik-Veseli-Sekundarschule in der Skalitzer Straße und engagiert sich bei der Kreuzberger Initiative gegen Antisemitismus. Der Verein führt Workshops mit Schülern durch, um sie gegen Antisemitismus, Islamfeindschaft und Islamismus zu sensibilisieren.«[91]

Was tun? Lenin stellte diese Frage zu seiner Zeit. Er hatte sie kommunistisch-revolutionär beantwortet und seit 1917 dementsprechend gehandelt. Hier sei diese Frage in friedlicher Absicht gestellt und versuchsweise (!) beantwortet: So viel Autonomie, also innere Selbstbestimmung wie möglich, bei klarer, konsequenter, entschiedener Durchsetzung der »Spielregeln«. Das könnte sogar bis zur Legalisierung der muslimischen Gerichtsbarkeit in Fragen des Personenstands-, also Familienrechts und ggf. zusätzlichen Rechtsbereichen führen – unter einer alles entscheidenden Voraussetzung: dass diese Gerichtsbarkeit, weil in Deutschland oder Westeuropa, vom jeweiligen Staat kontrolliert wird, denn das ist das Wesen des Staates an sich: »Landesrecht gilt.« Gälte diese Norm nicht, gäbe sich der Staat selbst auf. Jüdischen Minderheiten ist diese Norm traditionelles Talmud-Gebot. Sie heißt auf Aramäisch »dina demalchuta dina« (dina = Recht, Hebräisch din; malchuta = Königreich, Hebräisch malchut), also: Landesrecht gilt.[92]

Zentrales Problem aus islamischer Sicht ist die Tatsache, dass islamisches Recht ursprünglich und meistens das Recht einer mehrheitlich muslimischen oder muslimisch beherrschten Gesellschaft war – und weitgehend (andere sagen: bis heute) geblieben ist.

Zur Demokratie gehört beides: Mehrheitsherrschaft und Minderheitenschutz – aber nicht Minderheitenherrschaft. Deshalb »dina demalchute dina«, Landesrecht gilt – und schützt die Minderheit, lässt der Minderheit maximalen Freiraum, solange dieser nicht den normativen und elementarrechtlichen Schutzraum des Staates trifft oder gar zerstört, in dem die Minderheit lebt, bestehe sie aus Muslimen, Juden, Christen, Buddhisten, Deutschen, Arabern, Israelis, Amerikanern, Eskimos, Indianern oder, oder, oder.

Kein Staat ohne Recht. Ohne Recht kein Frieden. Wo das Recht bricht, zerbricht der Staat. Wo der Staat zerbricht, zerbricht die Gesellschaft. Wo die Gesellschaft zerbricht, kein Frieden. Kein Frieden, wenn es weder Mehrheitsherrschaft noch Minderheitenschutz gibt. Kein Frieden, wenn es nur Mehrheitsherrschaft ohne Minderheitenschutz gibt. Kein Frieden ohne Mehrheitsherrschaft und Minderheitenschutz.

Kapitel III

Blut für Öl, Gas und Wasser?
Zur politischen Demografie, Geografie und Ökonomie der Rohstoff-Leitungen und der großen Flusssysteme

Öl und Gas

Für des Menschen Wirtschaft sind – einstweilen vom Preis unabhängig – Öl und Gas heute lebensnotwendig und daher unverzichtbar. Öl zu suchen, zu finden, zu haben, zu fördern ist eine Sache. Die andere: Öl und Gas von der Bohrstelle zum Verbraucher zu bringen. Glücklich das Land, das innerhalb der eigenen Grenzen diese Rohstoffe fördern, verarbeiten und verbrauchen kann. Doch selbst so ein glückliches Land will oder muss das Öl exportieren. Dafür sind Leitungen bzw. Pipelines notwendig. So viel zur reinen Funktion und Ökonomie.

Ohne Geografie keine Pipeline-Trassenführung, und ohne Wirtschaftlichkeit keine Pipeline. Deshalb gilt dieser Satz: Keine Pipeline-Geografie ohne – Ökonomie. Auch dieser Satz gilt: Nicht zuletzt die Demografie bestimmt die Geografie und Ökonomie der Erdöl- und Erdgasleitungen. Wie hochpolitisch und explosiv Demografie sein kann, haben wir in den vorangegangenen Kapiteln erfahren. Wo Demografie und politische Geografie, also Staatsgrenzen, nicht übereinstimmen, sind Erdöl- und Erdgasleitungen mehr als anderswo in Gefahr zu explodieren. Nicht wegen der chemischen, sondern wegen der politischen Sprengkraft. Davon ist in diesem Kapitel die Rede. Es dient als politisch-wirtschaftlicher, praktisch-faktischer Test unserer föderativen Grundgedanken.

Der fast globale Überblick

Von weltwirtschaftlich sowie weltpolitisch herausragender Bedeutung sind die Erdgas- und Erdölleitungen Eurasiens, die teilweise ergänzt werden durch Gas- und Ölaus- bzw. -einfuhren aus Nord- und Nordwestafrika. Einen vortrefflichen optischen Eindruck über eurasische und andere Pipelines in der Welt vermittelt das Internet, zum Beispiel unter den Suchwörtern »pipelines world«, »world pipeline maps« oder »list of oil pipelines«.[93]

Nord- und Südamerika sind ein Kapitel für sich, das uns im Zusammenhang mit der konzeptionellen und organisatorischen, föderativen Umordnung der globalen Unordnung nicht beschäftigen muss. Politisch-theoretisch hat die Konzeption der USA als Union allerdings bleibende Bedeutung. Die »Federalist«-Papers, das gedankliche Urdokument der amerikanischen Verfassungsdiskussion und damit moderner Demokratien überhaupt, sind hier zuerst und vor allem zu erwähnen. Eigentlich haben die US-Verfassungsväter (fast) alles Grundsätzliche formuliert. Es käme »nur« darauf an, auch dieses föderativ so klug Gedachte noch einmal – übertragen auf die Gegenwart und Zukunft – zu denken und dann zu machen.

Hochpolitisch, aber nicht im Sinne föderaler, sondern politisch-wirtschaftlicher Überlegungen, ist die Trassenführung für venezolanisches Erdöl. Bisher geht die Exportrichtung gen Norden, also in die traditionell energiegierigen USA. Der verstorbene Präsident Venezuelas, Hugo Chavez, hatte zwischenzeitlich gedroht, die Exportrichtung gen Süden zu ändern. Das hätte riesige Summen verschlungen, die er nicht hatte, weil er und seine Gefolgsleute die Förderanlagen verkommen ließen, schlecht wirtschafteten, daher kein Geld hatten und, mangels Sicherheiten, keine Kredite erhalten hätten. Inzwischen ist jedoch auch diese Drohung Venezuelas eine stumpfe Waffe. Durch Fracking sind die USA nunmehr Ölexportnation, vom derzeitigen/einstweiligen Öl-Überangebot und -Niedrigpreis ganz zu schweigen.

Die Türkei als strategischer Schlüsselstaat: Nahost und Kaspisches Becken

Vom Kurdenproblem der Türkei war bereits die Rede. Wegen der Pipeline-Geografie ist es nicht nur ein nationales Problem der Türkei, sondern auch ein internationales. Für Europa unverzichtbare, überlebenswichtige Öl- und Erdgas-Leitungen führen durch die Türkei oder enden dort. Nicht nur das. Sie führen durch den oder zum Südosten des Landes, also durch das oder zum Siedlungsgebiet der türkischen Kurden. Wenn es der Kurde will, steht der Ölexport ganz still. Es genügt nur ein erfolgreicher Sabotageakt, um zumindest zeitweilig den Öl- oder Gasexport aus der Türkei zu unterbrechen. Häufige, gar ständige Explosionen würden die gesamte Weltwirtschaft direkt oder indirekt hart treffen.

Einerseits verfügt die Türkei über diesen Hebel. Das ist gegenüber der EU und der NATO ein Verhandlungsjoker. Andererseits ist die Türkei selbst außerordentlich verwundbar. Wenn sie nämlich ihr Kurdenproblem nicht löst, verliert sie die lukrativen Transporterlöse. Sie kann das Kurdenproblem aber nicht ohne mehr Selbstbestimmung für die Kurden lösen, und ohne eine Umwandlung der Türkei in einen türkisch-kurdischen Bundesstaat wird es keine Lösung geben. Erst recht nicht, wenn die vielen aus Syrien 2014 vor den Islamisten in die Türkei geflohenen Kurden nicht zurückkehren oder woanders eine dauerhafte Bleibe finden.

Betrachten wir den Verlauf einiger Öl- und Gasleitungen genauer. Wir müssen dabei neben dem Faktor Ökonomie erneut die Geografie und Demografie, teils auch die Theologie (Religion) berücksichtigen, um das Wirkungsgeflecht sowie die Notwendigkeit politischen Umdenkens und -handelns zu erkennen und zu benennen.

Pipelines aus zwei Großgebieten der Öl- und Gasförderung enden in der Südosttürkei.[94] Da wäre erstens die Ölzufuhr aus dem Osten Saudi-Arabiens sowie der arabischen Golfstaaten. Sie wird mit der Leitung aus dem schiitischen Süden des Irak verbunden. Weiter durchläuft sie die sunnitische Mitte des Irak.

Sie wird dann um Öl aus dem kurdischen und (2014/15) teils von Islamisten beherrschten Nord-Irak ergänzt. Von dort führt die Trasse schließlich durch kurdisch-türkisches Gebiet zum Verladehafen Ceyhan am Mittelmeer.

Wir erinnern uns an die politisch-demografisch-theologischen Explosionsgefahren, die mit dieser Trassenführung zusammenhängen. Es liegt auf der Hand, dass jeder Akteur versuchen kann, durch militärische Großaktionen oder durch kleine Guerilla- oder Sabotageakte die politische Ökonomie des Erdöls und Gases auf seine Weise zu lösen. Gewalt gegen Sachen und Menschen steht nicht nur für unmoralisches Handeln, sondern ist auch ein wirtschaftlicher Störfaktor. Sie gefährdet Wohlleben und Wohlstand. Die Ordnung/Unordnung der gegenwärtigen Staatenwelt ist eine Quelle für solche wirtschaftlichen und friedenspolitischen Störfaktoren und kann jederzeit zu Explosionen mit umwälzenden humanen, politischen und wirtschaftlichen Folgen führen. Wenn in den Ländern, die Öl und Gas produzieren, und in denjenigen, durch die Öl und Gas transportiert wird, keine inner- und zwischenstaatliche Umordnung im beschriebenen föderativen Sinne stattfindet, dann wird das so bleiben.

Betrachten wir den Exportweg vom Westen des Kaspischen Meeres genauer: die 2006 eingeweihte Baku-Tiflis-Ceyhan-Pipeline für Öl und Gas.[95] Sie beginnt im aserbaidschanischen Baku und führt über Georgien und dann ebenfalls durch türkisch-kurdisches Gebiet nach Ceyhan in der türkischen Südprovinz Adana. Ich nenne sie der Hauptabnehmer und politischen Absichten wegen »EU-NATO-Pipeline«.

Diese zweite Trasse umgeht absichtlich zwei Gebiete und eine bestehende Pipeline. Sie umgeht, ganz bewusst natürlich, Russland und damit auch die alte, von Baku ins russische Noworissiysk am Schwarzen Meer und von dort nach Westeuropa führende Ölleitung. Auf diese Weise sollte die westliche Abhängigkeit von Russland verringert werden. Es ist zudem geplant, diese Erdgas-Leitung um die ins Kaspische Meer zu legenden Rohre vom turkmenischen Turkmenbassy nach Baku zu ergänzen. Wiederum ginge der Transport an Russland vorbei.

Man muss die russische Ukraine- und Georgienpolitik auch in diesen politisch-ökonomischen Zusammenhang einordnen: Putin signalisiert, dass er auch Aserbaidschan treffen könnte, wenn er wollte. Der Westen solle verstehen, dass er für die Pipeline-Umgehung Russlands einen hohen Preis zahlen müsse.

Ein Sicherheitsabstand zur bleihaltigen, vom Guerilla- und Anti-Guerillakrieg erfüllten Luft im russisch beherrschten (und unterdrückten) Tschetschenien wurde in weiser Voraussicht beim Bau der Pipeline berücksichtigt. »Weit vom Schuss« sollte sie verlaufen. Doch so richtig weise war diese weise Voraussicht doch nicht. Russlands Präsident Putin war vielleicht nicht klüger, aber auf jeden Fall skrupelloser als die Pipelineplaner. Er nutzte im Sommer 2008 die erstbeste Gelegenheit, um Georgien anzugreifen und Teile Georgiens militärisch zu besetzen. Dabei gelangte die politisch vermeintlich so klug geplante Trasse in die Reichweite russischer Geschosse.

Die Baku-Tiflis-Ceyhan-Pipeline führt noch um ein weiteres Gebiet herum, obwohl es rein geografisch und somit auch ökonomisch sinnvoller wäre, sie durch dieses Gebiet hindurchzuführen. Das ist Armenien. Aber diese kürzere Route ist politisch nicht umzusetzen. Armenien und Aserbaidschan sind miteinander verfeindet.

Seit 2001 gibt es auch eine Erdgasleitung vom iranischen Täbris über das türkische Erzurum nach Ankara.[96] In Erzurum mündet sie in die Baku-Tiflis-Ceyhan-, also die EU-NATO-Pipeline. Kaum jemand spricht darüber. Ist das erstaunlich? Nicht wirklich. Was man nicht weiß, macht einen nicht heiß. Man kann sich nicht darüber aufregen. Aber aufregend, zumindest der amtlichen EU-NATO-Politik widersprechend, ist diese Erdgasleitung zweifellos. Wohl deshalb haben die Exporteure, Importeure und Transporteure, also die Profiteure, kein Interesse daran, ihre Aktivitäten an die große Glocke zu hängen. Man könnte beschwichtigend verkünden, dass dieser Export-Import-Transport, wie einst im Ost-West-Handel während des Kalten Krieges, für alle volks- und weltwirtschaftlich lebensnotwendig

sei. Warum aber dann das demokratiepolitisch höchst proble-
matische Versteckspiel? Im Kalten Krieg geschah dergleichen
offen und öffentlich. Vorreiter ist Erdogans Türkei, deren EU-
und NATO-Nähe, sagen wir, etwas schwächelt. Im Jahre 2014
jedenfalls intensivierte die Türkei die Verhandlungen über eine
Erdgas-Pipeline vom Iran über die Türkei, Griechenland und
Italien nach West- und Südwesteuropa.[97] Doch ohne willige EU-
und NATO-Importeure würde der Haupt-Transporteur Türkei
diese Anstrengungen gar nicht erst beginnen. Einstweilen ist das
noch Zukunftsmusik, denn der hehre politisch-wirtschaftlich-
geografische Plan hat einen Pferdefuß: Keine Trasse kann Kurdengebiete meiden. Ohne eine friedliche inner- und zwischenstaatliche Regelung des Kurdenproblems bleibt dieser Plan ein
Wunschtraum. Wirklichkeit ist bekanntlich die Erdgas-Pipeline
Täbris-Erzurum-Ankara. Einmal funktioniert sie, einmal nicht –
je nach den politischen Gegebenheiten. Mehrfach wurde sie von
PKK-Kämpfern/Aktivisten/Terroristen (je nach Standpunkt des
Betrachters) in die Luft gejagt. Wirtschaftlich denkende Planer und Manager werden keine weiteren Investitionen in diese
Wunschträume riskieren. Föderalismus tut not.

Ein reibungs-, sprich explosionsloser Ölexport hängt auf allen
beschriebenen Routen nicht von der technologischen Vollkom-
menheit der Röhren oder Maschinen ab, sondern vom politischen Willen der dort lebenden Menschen. Diese Feststellung gilt
nicht nur regional bezüglich der kaspisch-georgisch-türkischen
sowie der saudisch-irakisch-türkischen Pipelines. Sie gilt global.
Anschläge auf Einrichtungen, Personen und Organisationen im
Energiesektor sind in den letzten Jahren weltweit immer häufiger
zu beklagen.[98] Überraschend ist die Entwicklung nicht, denn die
Trassenstaaten sind genau wegen der Trassen wirtschaftlich und,
weil wirtschaftlich, auch politisch verwundbar und, weil verwundbar, erpressbar. Nicht mehr erpressbar sind sie, wenn sie ihre politischen Hausaufgaben, also die innenpolitischen Probleme mit
ihren Minderheiten lösen. Nicht alle Probleme, aber sehr viele, ja,
wohl die meisten sind Probleme mit einheimischen Minderheiten.

Russlands Hebel

Wir haben gesehen, dass westliche Erdöl- und Erdgas-Pipelines-Trassen durchaus strategischen Überlegungen der politisch-ökonomisch-demografisch-theologischen Geografie folgen. Ob es gefällt oder nicht: Die russischen Strategien sind ihnen überlegen, und dabei kann Russland (unter, sorry, dem Autokraten Putin) auch auf zwei deutsche »Russland-Versteher« zurückgreifen: Gerhard Schröder und Henning Voscherau, beide als Sozialdemokraten Mitglieder einer Partei, die eigentlich im Umgang mit Autokraten eine erheblich weißere Weste aufzuweisen hat als viele andere Westparteien. Aber lassen wir die normativen Aspekte beiseite und konzentrieren uns auf die politisch-ökonomischen im Zusammenhang mit unserem übergeordneten Thema: dem Zerfall der Staatenwelt und der daraus resultierenden Gefährdung der wirtschaftlichen Basis.

Nach Russlands Georgienkrieg (2008) hatten westliche, besonders westeuropäische, Staaten gelobt, sich von russischen Öl- und Gasimporten weniger abhängig machen zu wollen. Die EU beließ es bei diesen Willensbekundungen. Kein Wunder. 2011 nach dem Supergau im japanischen Fukushima erfolgte der deutsche Atomausstieg. Atom- und Russlandausstieg – das wäre ein energiepolitisches Harakiri gewesen.

Die Ukrainekrise (2013/15) hat die strukturelle Gefahr dieser zu starken Abhängigkeit von russischen Importen drastisch vor Augen geführt. Solange Westeuropa Öl und Gas importieren muss, sitzt es im Vergleich zu Russland am kürzeren Hebel. Russland kann nämlich die Richtung seiner Öl- und Gasexporte wählen. Sowohl im Westen als auch im Osten warten energiehungrige, -gierige Abnehmer: Im Westen Europa, im Osten China und Japan. Russland kann nach West und Ost exportieren[99]. Europa ist vom Nahen und vom Russischen Osten abhängig. Für Westeuropa bietet die Tatsache, dass ein nicht unerheblicher Teil des Exportwegs für das russische Gas und Öl durch gebaute und geplante Pipelines bereits programmiert, also strukturell festgelegt ist, eine gewisse Sicherheit. Russland kann das nicht

ändern, ohne sich selbst kurzfristig und langfristig zu schaden.
Russland kann aber politisch durchaus damit drohen oder sich
sogar dafür entscheiden, den Westen durch Exportdrosselung
oder -einstellung wofür auch immer zu bestrafen, selbst wenn es
sich dadurch zunächst ins eigene Fleisch schneidet – zumal angesichts des selbst verschuldeten Ukrainekrieges und des nied-
rigen Ölpreises. Auch wenn man entschieden gegen Putin und
den Putinismus ist, kommt man nicht umhin festzustellen, dass
die von ihm politisch zu verantwortenden Trassenplanungen
nach Europa strategische Meisterstücke sind. Die Politik wird
durch die Politik ausgeschaltet. Putins Expansionismus als Versuch, die alte Sowjetunion mit ihrem alten Schein-Föderalismus
wiederherzustellen, wird, nach kurzfristigen Erfolgen, langfristig
scheitern, aber seine Pipeline-Strategie, die Wirtschaft und Politik verbindet, sucht ihresgleichen. Dagegen wirkt zum Beispiel
die westliche Strategie der Baku-Tiflis-Ceyhan-Pipeline konzeptionell kümmerlich. Ausgerechnet über Georgien werden die
konfliktschwangeren Regionen Armenien und Tschetschenien
umgangen. Doch durch Putins Georgienkrieg wurde dieser Plan
zu Makulatur gemacht.

In seine Konzeption hat Putin zusätzlich eine politische Sicherung eingebaut: Wenn alle Stricke reißen, gibt es noch einen
Vollblutpolitiker, der einspringt: den deutschen Ex-Bundeskanz-
ler Gerhard Schröder als Vorsitzenden des Aktionärsausschus-
ses, der das zuständige Unternehmen North/Nord Stream leitet.
Schröder macht kein Hehl daraus, auf die putinsche Russland-
karte gesetzt und eine Brückenfunktion zwischen West und Ost
gewählt zu haben.

Man betrachte die Erdgasleitung North Stream.[100] Sie führt direkt durch die Ostsee von Russland nach Deutschland. Politisch
mag geschehen, was will, das Erdgas kann sein Ziel erreichen.
Selbst im Falle einer russischen Invasion in die baltischen Staaten oder nach Polen, mit und ohne Guerillagegenwehr der Über-
fallenen. All das würde den Gasfluss nicht (be)hindern. Der Faktor Mensch, der Mensch ist als energiepolitisches, gar Leitungen
sabotierendes Wesen geografisch-wirtschaftlich neutralisiert.

Funktional, gestalterisch (nicht moralisch) ähnlich genial ist die Trassenführung des südlichen Gegenstücks zu North Stream: die Erdgasleitung South Stream.[101] Wieder nutzt Russland hier die Gunst der Geografie und wollte – unter Umgehung der strukturell widerborstigen Ukraine – eine Unterwasserleitung von der eigenen Schwarzmeer-Ostküste an die Schwarzmeer-Westküste nahe dem bulgarischen Varna bauen. Von Bulgarien sollte ein Strang durch Serbien und Ungarn nach Österreich führen, ein zweiter über Griechenland und Albanien nach Italien. Keiner der betroffenen EU-Staaten würde sich gegen diese Leitungen wenden oder zulassen, dass Bomben an diese Leitung gelegt werden, wenn er es nur irgend verhindern kann. Die Politik sollte ausgeschaltet werden. Sollte es dennoch zu »politischen« Problemen kommen, dann wird ein anderer deutscher Sozialdemokrat, Hamburgs Ex-Bürgermeister Henning Voscherau, die politischen Geister austreiben. Seit 2012 ist er Aufsichtsratsvorsitzender von South Stream.

2014 dürfte er hinter den Kulissen allerhand zu tun gehabt haben. Nach der Annexion der Krim durch Russland sowie wegen Putins systematischer Unterstützung ostukrainischer, prorussischer Separatisten wurde im Juni 2014 das EU-Mitglied Bulgarien »gebeten«, die Bauarbeiten einstweilen einstellen zu lassen. Zähneknirschend willigte Sofia ein, gab jedoch deutlich zu verstehen, prinzipiell am Vorhaben festhalten zu wollen. Das ist verständlich, denn South Stream böte Bulgarien sowohl Gassicherheit als auch Trasseneinkünfte. Ähnlich gelagert ist das Problem für Griechenland, das es sich finanzpolitisch nicht leisten kann, seine europäischen Kreditgeber zusätzlich zu verprellen. South Stream oder EU? Das EU-Möchtegern-Mitglied Serbien wird ebenfalls eine Güterabwägung vornehmen müssen, wenn der Russland-Ukraine-Konflikt fortdauert.

Ein zusätzlicher Arm von South Stream führt als Blue Stream[102] nach Ankara und fließt von hier in die das strukturell konfliktträchtige Kurdengebiet relativ kurz durchlaufende Transanatolische Pipeline (TANAP)[103]. Diese mündet in die Trans-Adria-Pipeline (TAP)[104] und verläuft von der türkisch-griechischen

Grenze über Albanien fast parallel zum südlichen Strang von South nach San Foca am Fersenabsatz des italienischen Stiefels. Am 1. Dezember 2014 schien Russlands Präsident Putin eine strategische Kehrtwende einzuleiten: South Stream werde nicht weiter gebaut, weil die EU die Bulgaren gängele und somit das Projekt sabotiere. Das klang dramatisch. Doch durch einen Ausbau von Blue Stream könnte South Stream kompensiert werden. Der nördliche Strang der Baku-Tiflis-(Erzurum)-Ceyhan-Pipeline führt nicht nach Ceyhan, sondern von Erzurum in die Ankara-Region zur TANAP und schließlich TAP. Politisch gleicht diese Variante einem Schildbürgerstreich. Ursprünglich war ja die Baku-Tiflis-Türkei-(Ceyhan/Ankara-)Leitung als Alternative zu russischem Erdgas gedacht. Aus Aserbaidschan, später auch aus Turkmenistan, sollte ohne russische Beiträge Energie nach Europa strömen. Nun ist es anders gekommen. Russland hat einen zusätzliche, die Ukraine umgehende Exportmöglichkeit und die Türkei einen weiteren polit-ökonomischen Vorteil bekommen. Für die Türkei ist das quasi die beste aller Welten. Für den Fall, dass kaspisches Erdgas der Kurden wegen nicht in die Türkei gelangt, erreicht russisches Erdgas Ankara sozusagen kurdenfrei. Man muss den türkischen (inzwischen) Präsidenten Erdoğan nicht mögen oder schätzen, aber auch er ist in der Lage, strategisch-politisch-ökonomisch-geografisch-demografisch zu denken. Das lässt sich über westeuropäische Planer und Macher nicht sagen, die über diese Trassenführungen (mit)entschieden.

Ost-, Süd- und Südost-Asien

… und frisst und frisst und frisst Erdöl sowie Erdgas. Die Rede ist von der expandierenden Volkswirtschaft Chinas. Aber auch von der Volkswirtschaft Japans, das geografisch von den Haupt-Öl- und Gasquellen noch weiter entfernt liegt. Nicht zu vergessen ist Indien.

Scheinbar ist geografisch und wirtschaftlich kaum etwas leichter zu planen und umzusetzen als der Öl- und Gastransport nach

Indien. Wären da nicht Demografie, Theologie (Religion) und Politik. Längst ist die IPI-Gas-Pipeline vom Iran über Pakistanisch-Belutschistan nach Indien geplant.[105] Man suche im Netz nach IPI bzw. der Pipeline Iran-Pakistan-Indien. Wer wann worüber verhandelt und mit welchem Ziel und Ergebnis, ist dort nachlesbar. Aber Nachlesen alleine genügt nicht. Mit etwas föderationspolitischer Nachhilfe lässt sich das weiterdenken. Von der demografisch und religiös so explosiven Struktur des Vielvölkerstaates Iran war schon die Rede. Dieser Staat kann auch implodieren. Soll man in eine so grundsätzlich gefährdete Pipeline-Trasse investieren?, wird sich jeder staatliche oder private Geldgeber fragen. Die Antwort ist eindeutig. Sicher wirft der eine oder andere auf Selbstbestimmung innerhalb oder außerhalb des Iran oder Pakistans sinnende Belutsche die eine oder andere Bombe auf diese Leitung. Selbst wenn die Belutschistan-Hürde überwunden ist, droht Pakistan bei der erstbesten Gelegenheit, Indien den Öl- oder Gashahn abzudrehen. Ohne eine vorherige politische Befriedung wird es auch diese Pipeline nicht geben. Und ohne eine territoriale Föderalisierung des Iran und Pakistans sowie eine personale Indiens gibt es, wie nachgewiesen, keine politische Lösung.

Ähnlich utopisch, politisch und wirtschaftlich absurd, wenngleich geografisch überzeugend, sind die Pläne einer Erweiterung der bereits bestehenden Gasleitung von Kasachstan und Turkmenistan über Afghanistan und Pakistan nach Indien.[106] Die zwischen- und innerstaatlichen Spannungen dieser Region wurden in den vorangegangenen Kapiteln erörtert. Ebenso die einzige Alternative: Föderalismus. Ohne Föderalismus keine bombensicheren Pipelines.

Dieser Satz gilt auch für die Gas- und Ölzufuhr aus dem ostkaspischen Raum nach China. Die Netz-Suchwörter »Central Asia China Gas/Oil Pipeline« helfen mit Wort und Bild,[107] den Sachverhalt vor Augen zu führen.

Die 2014 vollendete, geografisch dem Anschein nach vernünftige Gas-Pipeline von West-Kasachstan und Turkmenistan über das alles andere als ethnisch-demografisch konfliktfreie Usbekistan und Ost-Kasachstan nach China[108] hat eine entscheidende politisch-demografische Hürde zu überwinden: den Nordwesten, die Unruheprovinz Xinjiang, wo sich die einheimischen muslimischen Uiguren gegen Pekings Sinisierungspolitik gewaltsam zur Wehr setzen. Nicht anders ist das Problem der Ölzufuhr von Kasachstan nach China.[109] Der Rohstoff muss nach und dann durch Xinjiang. Die Pipeline ist vollendet, die Politik noch lange nicht. Kein Frieden in Sicht. Es wird der chinesischen Zentralregierung langfristig so wenig wie der israelischen gelingen, durch Druck, Macht, Gewalt oder Siedlungspolitik der einheimischen Bevölkerung den Selbstbestimmungswillen zu nehmen. Wieder das bekannte Fazit: Ohne Föderalismus weder Öl noch Gas nach China.

Eine Möglichkeit bleibt: Östlich, an der Mongolei vorbei, kann China aus den ostsibirisch-russischen Feldern Öl und Gas einführen – vorausgesetzt, der Selbstbestimmungs- bzw. Föderalismus-Virus breitet sich nicht auch in Sibirien aus. Das wiederum ist alles andere als unwahrscheinlich, erst recht nach Putins so vehementem Eintreten für die Föderalisierung der Ost-Ukraine im Jahre 2014. Das Föderalismuskonzept samt seiner Selbst- und Mitbestimmungsmöglichkeiten hat sich gerade seitdem bis nach Ost-Sibirien herumgesprochen. Aus Ostsibirien soll das Öl nicht nur nach China fließen, sondern später über die Region Wladiwostok nach Japan und Korea.[110]

Die Öl- und Gasleitungen von der Bengalischen Bucht nach China teilen Myanmar (Burma) vom Südwesten in den Nordosten in zwei Hälften.[111] So weit, so rein geografisch, so wenig problematisch. Sehr wohl problematisch wird der ungefährdete Öl- und Gasexport von Myanmar nach China, wenn man die ethnisch-demografische und religiöse Dimension mitbedenkt. Beide Bodenschätze werden im Gebiet der muslimischen Rohingya gefördert. Die Öl- und Gas-Pipelines führen unter anderem durch Shan-Gebiete.[112] Auch hier herrscht faktisch Bürgerkrieg im Vielvölkerstaat Myanmar mit seinen 135 Ethnien. Auch die Shan-Bevölkerung fühlt sich von der Zentralregierung bevormundet. Selbst die ansonsten eher um den heißen Brei herumredenden Vereinten Nationen bezeichnen die Rohingya-Volksgruppe als eine der weltweit am meisten verfolgten Minderheiten. Seit der Unabhängigkeit Burmas, 1948, kämpft diese Bevölkerungsgruppe um die Anerkennung ihrer Rechte. Genauer gesagt: Sie hat keine, nicht einmal die Staatsbürgerschaft, denn die Rohingya werden als Fremde, als Bengalen eingestuft. Es liegt deshalb sowohl geografisch als auch ethnisch und politisch nahe, dass Rohingya-Guerillas territoriale Rückzugsbasen im benachbarten Bangladesh aufgebaut haben. Das wiederum macht diese muslimische Minderheit im ethnisch vielfältigen Buddhistenstaat noch mehr zu Fremden im eigenen Land.

Die Zentralregierung agiert und reagiert nach dem bekannten Muster, das ich der Einfachheit halber als chinesisch-israelisch bezeichne: politisches Diktat, Siedlungspolitik, Gewalt. Diese Politik führt friedenspolitisch in eine Sackgasse. Sie ist ein Holzweg, der immer wieder und weiter befahren wird. Dieser Weg ist nicht geradlinig, er führt im Kreis herum. Auf dem dreht sich das Rad der Geschichte. Ganz »realistisch«. Utopisch, irreal, wird die Lösung genannt. Sie heißt Föderalismus. Nur eine Bundesrepublik Myanmar kann friedlich überleben sowie Öl und Gas sicher exportieren; nach China ebenso wie über Bangladesh (!) nach Indien.[113] Die fortwährende Verweigerung der Selbstbestimmungsrechte für Rohingyas schadet den lebenswichtigen Interessen Myanmars. Wie die meisten anderen Minderheiten dieses Staates wollen sie keinen eigenen Staat, sondern ein föderales System, also eine Bundesrepublik.

Afrika

Geografisch und wirtschaftlich ist alles klar. Der wirtschaftlich günstigste, weil kürzeste der langen Wege für Öl oder Gas aus Nigeria nach Europa würde vom der Quelle im Niger-Delta über Mittel- und Nord-Nigeria durch Niger und schließlich nach Algerien und von dort nach Europa führen.[114] Pläne für diese Trans-Sahara-Pipeline gibt es seit rund vierzig Jahren, und die ersten

Verträge wurden seit 2002 geschlossen. Luftschlösser blieben die Vorbereitungen bis heute. Daran dürfte sich auf absehbare Zeit wenig ändern. Die Gründe liegen auf der Hand. Die Süd-Nord-Trasse der Trans-Sahara-Leitung müsste folgende Hindernisse überwinden: den Nord-Süd- bzw. Islam-Christentum- bzw. Mit-Öl-ohne-Öl-Bürgerkrieg in Nigeria, die ethnisch und politisch instabile Lage in Niger sowie den latenten Bürgerkrieg zwischen einheimischen oder auch zugewanderten al-Qaida-Terroristen plus anderen religiös motivierten Sunni-Islamisten einerseits sowie Modernisten diverser Prägungen andererseits. Nicht zu vergessen ist der Dauerkonflikt zwischen Arabern im Norden und Berbern im Süden sowie im Zentrum Algeriens.[115] Kein Geld- oder Kreditgeber begeht freiwillig Investitions-Harakiri.

Kein Anfang, sondern Teil einer seit 2002, also nach dem al-Qaida-9/11/2001-Mega-Terrorakt von New York und Washington, ablaufenden Ereigniskette war zum Beispiel im Januar 2013 das Geiseldrama im algerischen Amenas. Dort haben al-Qaida-nahe Terroristen rund 800 Arbeiter einer Erdgasförderanlage überfallen und festgehalten. Ein Kommando der algerischen Armee befreite die Geiseln. Die Bilanz: 39 Geiseln getötet, 29 Terroristen, ein Soldat. Jederzeit und überall wäre auf der gesamten Strecke der Trans-Sahara-Pipeline mit Ähnlichem zu rechnen.

Auch deshalb waren Pläne wie »Desertec«, mit denen in erster Linie durch Sonnenkollektoren die Sonnenenergie vor allem Nordafrikas für Europa nutz- und exportierbar gemacht werden sollte, nichts als Hirngespinste von Experten, die viel von Energie, Geografie, modischen Schlagworten und Hoffnungen, doch nichts von Politik und Geschichte, also Historischen Urkräften verstanden.[116] Sabotageakte in dieser strukturell unruhigen Region könnten jederzeit und an jedem Ort die Stromzufuhr verhindern. Bis zum bitteren Ende des angedachten Vorhabens, zum Jahreswechsel 2014/15, verharrten Großunternehmen wie ABB oder MunichRe im Gesellschafterkreis. Siemens, Bosch oder Eon waren frühzeitig ausgestiegen.[117]

Im Hauptstrom des Zeitgeistes wurde bescheiden all dies versprochen: »Klimaschutz, Energiesicherheit und Entwicklung ..., indem die energiereichsten Standorte der Welt genutzt werden, um nachhaltigen Strom aus erneuerbaren Energien zu produzieren.«[118] Amen.

Nein, nicht die wirtschaftliche Basis bestimmt den staatlich-politischen Überbau, sondern umgekehrt, der Überbau die Basis. Die Welt steht förmlich Kopf, sie bleibt – ohne Föderalismus – aus den Fugen.

Wasser

Wörtlich und auch sprichwörtlich verstanden, ist »das Wasser abzugraben« keine vertrauensbildende Maßnahme. Wasser ist – und wird noch mehr – ein knappes Gut, denn die Weltbevölkerung wächst und wächst und wächst. Wem Wasser fehlt, dem geht es schlecht, dessen Existenz ist gefährdet.[119] Wenn der territorial- oder personal-föderalistische Umbau, der für fast die meisten Staaten dieser Welt notwendig ist und von dem dieses Buch handelt, nicht gelingt, dann ist in zahlreichen Regionen unserer Welt die lebensnotwendige inner- und zwischenstaatliche Wasserversorgung bedroht. Es könnte Blut für Wasser fließen.

In diesem Kapitel sei die politische Geografie und Ökonomie des Wassers wie eine Folie über die Kriegs-, Konflikt- und Krisenstaaten oder -regionen gelegt. Wir konzentrieren uns auf die großen Flusssysteme. Im Internet findet man hierzu vorzügliches Anschauungsmaterial.[120]

Das Nilbecken

Der Nil ist die Lebensader Ägyptens sowie sieben weiterer Länder. Er hat zwei Quellflüsse, den Blauen und den Weißen Nil. Der Weiße mit seinen diversen Zuflüssen kommt aus Ruanda, Burundi, Tansania und vor allem aus dem Gebiet um den Viktoria-See. Er fließt dann über Uganda, den Südsudan und Sudan nordwärts nach Ägypten, wo er ins Mittelmeer mündet. Der

Blaue Nil entspringt in Äthiopien. Er vereinigt sich bei Khartum, der Hauptstadt des Sudan, mit dem Weißen Nil.[121] Schon die italienische Kolonialmacht kam zwischen 1935 und 1941 auf den Gedanken, den konkurrierenden britischen Kolonialherren Ägyptens das blaue Nilwasser abzugraben. Sie planten, am Tana-See einen Staudamm zu errichten, um ihre eigene großitalienische Kolonie zum Blühen und die britische zum Niedergang und Verblühen zu zwingen. Die militärisch-politische Entwicklung verhinderte im Zweiten Weltkrieg die Verwirklichung dieses Vorhabens. Aus den Schubladen geholt wurde es zwischen 1978 und 1982. Die Sowjetunion Breschnews und das mit ihr verbündete äthiopische Militärregime Mengistus drohten Kairo. Sie wollten Ägypten den Wasser»hahn« des Blauen Nil zudrehen, um die 1977 von Präsident Sadat mit Israels Premier Begin eingeleitete und 1978/79 zum Friedensschluss führende Politik zu torpedieren. Gleichzeitig sollte der Sudan getroffen werden. Dessen damaliger (1985 von Islamisten gestürzter) Präsident Numeiri unterstützte die ägyptisch-israelische Aussöhnung.

Auch der extrem antiisraelische libysche Diktator Gaddafi glaubte seinerzeit, mit Wasser Politik treiben und seinerseits Sadats Ägypten das Wasser abgraben zu können. Während Äthiopien unter der Regie Moskaus am Hahn des Blauen Nils hantierte, wandte sich der Libyer dem Weißen Nil zu: Er hofierte den damaligen ugandischen Diktator Idi Amin, mit dem er Pläne zur Um- und Ableitung dieses Gewässers schmiedete. Der von vielen als »verrückt« verschriene Gaddhafi bewies damit, dass auch Wahnsinn Methode haben kann.

Das politisch-geografische Hantieren am Nil schien den Gegnern der Sadat'schen Friedenspolitik umso dringlicher, als der ägyptische Präsident 1978 Bereitschaft signalisierte, Israel am Nilwasser zu beteiligen. Hierfür sollte eine Leitung in den Negev im Süden Israels gelegt werden. Dieser Plan scheiterte an innerägyptischer Opposition.[122]

In den späten 80er Jahren ging Addis Abeba auf Distanz zu Moskau. Im November 1989 nahm Äthiopien wieder diplomatische Beziehungen zu Israel auf. Es hoffte nicht zuletzt auf israelische Militärhilfe im Kampf gegen die vor allem von Saudi-Arabien, Syrien und Palästinensergruppen unterstützten Aufständischen in Eritrea und Tigre. Zweihundert israelische Ausbilder, berichtete die ›Sunday Times‹ im Dezember 1989, reparierten die Ausrüstung und trainierten Soldaten der äthiopischen Streitkräfte. Außerdem würden 15 israelische Kfir-Flugzeuge verkauft, berichtete der Londoner ›Independent‹ Anfang Januar 1990. Bald danach wurde die Auswanderung der verbliebenen Falascha, der jüdischen Äthiopier, genehmigt.

Das alles provozierte Achmed Jibril, den Gründer und Führer der linken »Volksfront für die Befreiung Palästinas-Generalkommando« (PFLP-GC): Seine Organisation werde die »Eritreische Volksbefreiungsfront« (EPLF) verstärkt unterstützen, erklärte er im November 1989. Äthiopien schätzte jedoch die Hilfe Israels mehr, als es die Drohung der PFLP-GC fürchtete. Außerdem setzte Addis Abeba auf den Erfahrungsschatz israelischer Bewässerungsexperten. In der Region des Tana-Sees sollte mit Hilfe israelischer Fachleute der Blaue Nil gestaut werden, meldete Radio Kairo am 9. Januar 1990.

Diese Absicht alarmierte wiederum Ägyptens Präsident Mubarak, den Nachfolger Sadats, der 1979 als erster Araber Frieden mit Israel geschlossen hatte. Über Israels Todfeind Libyen warnte Kairo Äthiopien – und damit auch Israel – vor Versuchen, die Wasserwirtschaft des Nils zu verändern. Jegliche Gefährdung der Nilwasserzufuhr war, ist und bleibt für Ägypten ein Casus Belli, also ein Kriegsgrund.

Die Regierung des Sudan reagierte 1990 ebenfalls nervös. Die islamistisch-sudanesische Regierung hatte Israel außerdem beschuldigt, die mehrheitlich christlichen Aufständischen im Südsudan militärisch zu unterstützen (was eigentlich schon damals jeder wusste). Khartum behauptete außerdem, Israel habe am Bab el-Mandeb, am strategisch so wichtigen Ausgang des Roten Meeres, von Äthiopien einen Stützpunkt erhalten.[123] Offiziell wurde das nicht, aber sehr wahrscheinlich war es.

Stichwort Sudan. Das dortige islamistische Regime war für

Mubaraks und ist wieder für Präsident Sisis Ägypten eine grundsätzliche Gefahr. Es könnte auf den Gedanken kommen, dem
nördlichen Feind Nilwasser in der einen oder anderen Form
zumindest teilweise vorzuenthalten. Dann jedoch könnte – und
würde – Ägypten über Partner im Südsudan schon vorher dem
nördlichen Sudan Wasser ab- und wegstauen. Das wiederum bedeutet: Die Stabilität des Südsudan, auch Ugandas und Tansanias ist eine unabdingbare Voraussetzung für wasserpolitischen
Frieden in der Region. Politische Stabilität ohne föderale Strukturen gibt es aber (auch) dort nicht. Die demografische Vielfalt
Ugandas und Tansanias sei hier der Einfachheit halber nur erwähnt und nicht weiter dargestellt.

Der unheilig heilige Jordan

Die natürlich-geografische Grenze zwischen dem Libanon und
Israel bildet der Litani, ein kleiner, doch lebenswichtiger, weil
lebensspendender Fluss. Die 1919 bei den Pariser Friedensver-
handlungen von der Zionistischen Weltorganisation vorgelegte
Wunschkarte des künftigen jüdischen Staates setzte diesen Fluss
weitgehend in das eigene Territorium.[124] Kein Wunder, dass auch
später die arabische Umwelt israelische Aktionen gegen den Libanon misstrauisch beäugte. Das geschah vor allem seit Israels
Militäraktionen und der zeitweiligen Besetzung des südlichen Libanon, 1978, und noch mehr seit Herbst 1982. Würde Israel den
Wasserhaushalt des Litani kontrollieren wollen? Bis zum Rückzug, der im Frühjahr 2000 erfolgte, bestand zu dieser bangen, von
Misstrauen geleiteten Frage Anlass. Das strukturelle Misstrau-
en wird durch den konstanten Faktor der natürlichen Geografie
verstärkt. Trotz Israels Rückzug und wegen der Tatsache, dass
der Süd-Libanon Hochburg und Aktionsbasis der vom Iran unterstützten, hochgerüsteten und auch mit Raketen ausgerüsteten
Schiitenmiliz Hisbollah ist. Somit gäbe es für Israel jederzeit einen
sicherheitspolitischen Vorwand, zum Teil auch die Notwendigkeit,
einen wasserpolitischen Vorstoß in diesen Raum zu unternehmen.

Zwei der drei Quellflüsse des Jordan kontrolliert Israel seit dem Sechs-Tage-Krieg (1967): den Dan auf altisraelischem Gebiet (also in den Grenzen von 1949) sowie durch die Eroberung der Golan-Höhen den Banias. Der dritte Jordan-Quellfluss, der Hasbani, entspringt im südlichen Libanon.[125] Eine Tatsache, die Israels Interesse an dieser Region über den militärischen Aspekt hinaus erklärt.

Schon in den 1950er und frühen 1960er Jahren war es wegen des Jordan und seiner Zuflüsse zu wasserpolitisch-militärischen Scharmützeln mit Syrien und teils auch mit Jordanien gekommen. Sie waren zum einen politisch bedingt und hingen mit dem Legitimitätsdefizit Israels zusammen. Doch der ebenfalls defizitäre Wasserhaushalt aller Anrainerstaaten verwandelte den politisch-nationalen Kampf zusätzlich in einen Kampf ums Wasser. Blut floss für Wasser.

Vertrauen und somit Frieden wird in dieser Region neben kurzfristigen Anlässen und Ereignissen sowohl von strukturell-langfristigen als auch von konstanten, nämlich geografischen Faktoren erschwert. Der Jarmuk ist ein Nebenfluss des Jordan. Er fließt durch syrisches und jordanisches Territorium und grenzt beide voneinander ab. Seit jeher wollten diese Staaten das Wasser des Jarmuk ihrer jeweiligen Landwirtschaft nutzbar machen. Israel misstraute diesen Absichten, weil es eine Verminderung der Jordanzuflüsse befürchtete. Durch deutliche politische und militärische Drohgebärden wollte Jerusalem die Verwirklichung von Plänen für einen Staudamm verhindern, stimmte schließlich aber doch zu. Von 2004 bis 2011 wurde der Wahdah-Damm errichtet.

Rund zwei Drittel der Wasserquellen des Westjordanlandes werden vom und für das israelische Kernland oder die jüdischen Siedler genutzt. Wasserwirtschaftlich ist das Westjordanland längst annektiert. Ohne diese Wasserzufuhr wäre Israels Überleben bis in die 1990er Jahre erheblich erschwert gewesen. Würde ein palästinensischer Staat bereit oder willens sein, die israelische Wasserversorgung zu garantieren? Diese und ähnliche Fragen stellten sich Israelis. Umgekehrt, und ebenfalls zu Recht, empörten sich Palästinenser, dass Israel »ihr« Wasser raube. Vertrauen wäre gut. Es besteht nicht. Daher hielten nicht nur araberpolitische Falken Kontrolle für besser. Dank seiner wissenschaftlichen Infrastruktur und seines technologischen Potentials hat Israel inzwischen so viele Meerwasserentsalzungsanlagen und Wasseraufbereitungsanlagen gebaut, dass dadurch etwa ein Drittel des israelischen Wasserbedarfs abgedeckt wird. Für die übrigen zwei Drittel sind nach wie vor natürliche Wasserquellen notwendig. Bis 2020, so die Vorhersage der Fachleute, würden natürliche Wasserquellen nur noch zur Deckung von 40 Prozent des israelischen Wasserbedarfs notwendig sein.[126] Diese technologische Revolution – und eine solche ist es – bietet theoretisch friedenspolitischen Spielraum. Faktisch bietet die Technologie und damit auch die Ökonomie Israelis und (!) Palästinensern also die Möglichkeit, die friedenspolitischen Hemmnisse der (Wasser-)Geografie zu überwinden. Man muss nur wollen. Nur?

Man könnte freilich mit Hilfe von Rohren auch Wasser aus Euphrat und Tigris, aus der Türkei über Syrien oder den Irak nach Palästina, Jordanien und sogar Saudi-Arabien sowie in die Golfstaaten pumpen. Die Golfstaaten und Saudi-Arabien verfügen inzwischen allerdings über eigene, Energie verschwendende Meerwasserentsalzungsanlagen. Doch in den Ölförderstaaten ist Energieverschwendung noch kein Thema. Über kurz oder lang wird auch diese energieintensive Art der Meerwasserentsalzung ökologischer werden. Schon jetzt gibt es dezentrale Meerwasserentsalzungsanlagen, die durch Wind oder/sowie durch Wind und Sonne betrieben werden. Das bedeutet: Als Meeresanrainer müssen Saudi-Arabien und die Golfstaaten auch langfristig kein Wasser importieren. Anders stellt sich die Frage für Palästina/Westjordanland und Jordanien, das nur einen Zipfel des Roten Meeres sein Eigen nennt.

Auch für Palästina/Westjordanland sowie Jordanien gehorchen die Gesetze der Politik allerdings nicht der Geografie. Die politische Demografie und Theologie Syriens und des Irak stellen keine Ermutigung für kostspielige Investitionen dieser Art dar. Ein paar Akteure genügen, um solche Wasser-Pipelines zu sabotieren und in die Luft zu jagen. Das ökonomisch und geografisch Vernünftige hängt also immer wieder vom Politischen ab. Das wiederum ist Ergebnis des Gewollten, dann Gedachten und Gemachten. Bislang ist das politisch in und um Syrien und den Irak Gewollte, Gedachte und Gemachte im wahrsten Sinne des Wortes verheerend. Wasser aus israelischen Meerwasserentsalzungsanlagen scheint auch für Palästinenser eine besser berechenbare Größe zu sein als die Wassereinfuhr von Euphrat und Tigris.

Euphrat und Tigris

Die Nutzung des Euphrat- und Tigris-Wassers ist zwischen der Türkei, Syrien und dem Irak bzw. der Türkei und dem Irak strittig. Unabhängig davon, ob und in welcher Form diese drei Staaten ganz oder auch nur teilweise zerfallen, die auf deren heutigem Gebiet heute und morgen lebenden Menschen gleich welcher Region, Nation oder Religion brauchen das Wasser beider Flüsse. Sie werden sich über die Wasseraufteilung einigen müssen – oder gegeneinander Krieg führen.

Da sowohl Euphrat als auch Tigris in der Türkei entspringen, besitzt Ankara die stärkste Verfügungsmacht. Bei näherer Betrachtung ist freilich auch die Türkei wasserpolitisch extrem verwundbar. Das Quellgebiet beider Flüsse liegt im Osten des Landes, und dort leben vornehmlich türkische Kurden, die innerhalb der Türkei oder eines kurdischen Staates mehr Selbstbestimmung verlangen. Sie verlangen sie nicht nur. Sie bluten hierfür.

Seit den 1980er Jahren plant und baut die türkische Regierung das *Südostanatolien-Projekt*. Es soll, aus Sicht Ankaras, die bestmögliche Nutzung des Euphrat- und Tigris-Wassers garantieren. Ursprünglich sollte es 2010 abgeschlossen sein. So weit ist es noch nicht. Am Ende sollen 22 Staudämme, 19 Wasserkraftwerke und Bewässerungsanlagen entstanden sein.[127]

Die Vollendung dieses ehrgeizigen Projektes verzögert sich auch wegen der häufigen politisch-militärischen Unruhen in den

Kurdengebieten. Eigentlich und zunächst war das Projekt nicht nur, sondern auch als wirtschaftliche, psychologische und damit politische Wohltat gegenüber den Kurden gedacht. Doch die Begeisterung der Kurden hielt sich in Grenzen. Selbst oder gerade dort, wo das Projekt bereits abgeschlossen wurde; zum Beispiel am und um den riesigen Atatürk-Stausee. Erstens mussten zahlreiche Einwohner der Region, Kurden also, umgesiedelt werden. Derartige Aktionen schätzen die Betroffenen selten. Zweitens verschlammte der Stausee bedingt durch Erdrutsche. Diese hatten die Planer nicht bedacht. Nachträglich mussten die Abhänge aufgeforstet werden. Tausende Studenten pflanzten freiwillig, wie es hieß, Bäume am See-Ufer. Erinnert diese studentische Freiwilligkeit nicht an Maos Studenten, die mit fröhlichen Liedern auf den Lippen die Einheit von geistiger und körperlicher Arbeit ganz und gar, wie es amtlich hieß, freiwillig vorführten?

Statt der erhofften Kurden-Sympathie für den türkischen Staat wuchs die Antipathie gegen ihn. Mit oder ohne Aufforstung – ohne eine Aussöhnung zwischen dem türkischen Staat und den Kurden wird das Vorhaben, auch nach seiner Vollendung, eine Totgeburt, weil es nicht leben, sprich: funktionieren wird. Wenige Explosionen reichten, um es zu sabotieren. Blut statt Wasser im Staat wäre die Folge. Einmal mehr und immer wieder: Ankara wird langfristig den Kurden territoriale Selbstbestimmung gewähren müssen, um selbst überleben zu können.

Auch der seit 2003 in der Politik schiitisch dominierte Irak hat – sofern er bestehen bleibt – keine andere Wahl als eine Pazifierung durch Föderalisierung der einen oder anderen Art. Der Euphrat fließt nämlich von der Türkei zunächst durch die Sunniten-Provinz Anbar, die Region des Haditha-Staudamms.[128] Das ist der landesweit zweitgrößte Stromerzeuger. Wenn der Sunnit es will, steh'n Schiitenräder still; in Bagdad und im überwiegend schiitischen Süd-Irak. Im August und September 2014 hatten die sunnitischen Islamisten des Islamischen Staates (IS) jenen Staudamm zeitweilig erobert. Die US-Luftwaffe vermochte sie zu vertreiben. Gleiches gelang ihr, gemeinsam mit den nordirakisch-kurdischen Peschmerga-Soldaten, am Tigris-Staudamm bei Mossul.[129] Dies ist der größte im Irak. Der Islamische Staat ist eine hochemotionalisierte Terrorbande, aber sie denkt und handelt im funktionalen Sinne absolut rational.

Das Fazit ist eindeutig: Iraks Schiiten sind heute weder politisch noch gar militärisch stark genug, um entweder die Sunniten oder die Kurden oder beide im Land weiter niederzuhalten. Wenn sie das Euphrat- und Tigris-Wasser (das sie zum Überleben benötigen) wollen, müssen sie ihnen mehr geben als eine wie auch immer gestaltete Proporzbeteiligung an der Zentralregierung, die auf Dauer nicht mehr zentral regieren kann. Auch nicht mit Hilfe der USA, der EU-Staaten, Deutschland inklusive, wenngleich auch diese drei Großakteure diesen Traum weiter träumen. Irgendwann werden sie aufwachen (müssen).

Niger und Kongo

Nicht nur dem Nil sollte in Afrika ein politisch-geografisch-theologisch-demografischer Röntgenblick gelten. Auch der Verlauf anderer Großflüsse[130] zeigt, was für eine bedeutende Rolle eine gesicherte Wasserversorgung für den inner- und zwischenstaatlichen Frieden spielt. Der wiederum nur zu haben ist, wenn das derzeitige nationalstaatliche Konzept reformiert bzw. föderalisiert wird.

Der Niger[131] entspringt in Guinea, er fließt in Mali mitten durch demografisch-religiös umkämpfte Gebiete, dann durch Niger und am Rande Benins. Nigers Bevölkerung explodiert, die Versorgungslage ist höchst prekär. Die Landwirtschaft liegt darnieder, Wassermangel ist die Regel. Die Bevölkerungsmehrheit stellen mit rund 55 Prozent die Haussa. Politisch dominant sind aber die Zarma und Songhai, die beide zusammen 21 Prozent der Staatsbürger ausmachen.[132] Ohne territoriale Selbstbestimmung dieser Völker ist der innerstaatliche Konflikt programmiert. Ebenso der zwischenstaatliche, sollte der Staat Niger in welcher Zusammensetzung auch immer Niger-Wasser nicht oder nur teilweise weiter nach Nigeria fließen lassen. In Nord-Nigeria könnten Islamisten an der Macht auf die gar nicht fernliegende Idee kommen, ihren Brüdern und Schwestern im christlichen Süden das Niger-Wasser abzudrehen oder nur tröpfeln zu lassen. Gleiches können sie erreichen, wenn sie den natürlichen Lauf des größten Niger-Nebenflusses manipulieren, des *Benue*.[133] Der Süden Nigerias hat Öl, das der Norden zum finanziellen Überleben braucht, der Norden hat das Wasser, welches der Süden zum Überleben braucht. Wenn weiter Nord gegen Süd und Süd gegen Nord kämpft, gehen beide unter. Wenn dieser Staat als Funktionseinheit bzw. funktionale Einheit fortbestehen soll, bleibt nur die territoriale Selbstbestimmung bzw. die echte und nicht nur Pro-forma-Föderalisierung.

Der Staat Kongo hat das scheinbare Glück, dass der Kongo-Fluss ein Binnengewässer ist.[134] Das scheinbare Glück ist kein wirkliches, denn der Kongo-Vielvölker- und Viel-Sprachen-Staat ist als einheitlicher Staat eine Fiktion, deren Bruch nur eine Frage der Zeit ist. Hier leben 250 ethnische Gruppen, die, so belehrt uns Wikipedia, 700 Sprachen und Dialekte sprechen.[135] In vier Großgruppen sind sie zusammenzufassen.[136]

Schon unmittelbar nach der 1960 erreichten Unabhängigkeit machte sich die rohstoffreiche Provinz Katanga selbständig. Darauf kamen wir schon zu sprechen. Bis zur Jahreswende 1962/63 wurde sie dann auch mit Hilfe von UNO-Truppen besiegt und wieder ins Staatsgebiet eingegliedert. Auf dem Papier. Da steht auch die völkerrechtlich verbriefte Unverletzlichkeit der Kongo-Staatsgrenzen. Im Jahre 2006 half u. a. Deutschland mit dem Einsatz der Bundeswehr sogenannte demokratische Wahlen durchzuführen. Nach der Entmachtung des langjährigen Diktators Mobutu – er unterdrückte das Land und presste es zwischen 1965 und 1997 gnadenlos aus – hatten erneut Konflikte und Krieg die vielen Völker heimgesucht. Oder sollte man sagen: Die vielen Völker suchten Konflikte und Krieg? Ein politisch-staatliches Haus vermochten sie nicht zu bauen. Auch nicht durch die vermeintlich demokratischen Wahlen. Mit Hilfe von Militär freie allgemeine Wahlen durchführen zu können, die dann zu einem stabilen und friedlichen demokratischen System führen, das ist ein frommer Wunsch, gerne gedacht von wohlmeinenden Politikern in Berlin und anderen Hauptstädten. Jedenfalls ist der Kongo noch immer Lichtjahre vom inneren Frieden entfernt.

Tibet: Wasser für Asien

Wer das Hochland von Tibet (Tibet-Plateau) beherrscht, entscheidet potentiell über Leben und Tod von Milliarden Menschen in Süd-, Südost- und Ostasien. Tibet ist der »Wasserhahn« Asiens. Die großen Flüsse dieser Regionen entspringen alle im Großraum Tibet, und Tibet wird von der Volksrepublik China beherrscht.[137] In Kapitel 2 wurde die herausragende Bedeutung Tibets für das Reich der Mitte bereits skizziert. Keine Großmacht, und China ist eine solche, wird freiwillig auf einen solchen ökonomischen und politischen Machthebel verzichten, der die vitalen Interessen zahlreicher Länder berührt. Konflikte mit China wären schon aus wasserpolitischen Gründen selbstmörderisch für: Pakistan, Indien, Nepal, Bhutan, Bangladesh, Myanmar, Laos, Thailand und Vietnam. Das ist die eine Seite.

Die andere Seite sieht ganz anders aus: Solange China die einheimische, nichtchinesische Bevölkerung Tibets unterdrückt, kann es Tibet nicht wirklich kontrollieren. Jederzeit ist und wird mit Sabotage- oder Terrorakten zu rechnen sein. Gesetzt den Fall, Chinas Zentralregierung würde durch Dämme oder andere Bauten den »Wasserhahn« Asiens zudrehen oder wie auch immer nutzen wollen, müsste sie mit Sabotageakten rechnen. Dadurch ließen die Bombenleger nicht nur Bomben, sondern auch die Bau- und Kontrollkosten explodieren. Man möchte sich eine derartige Machtposition Chinas nicht wünschen. Aber wenn China auf eine Wasser-Strategie setzen will, die von vornherein jedweden Gegner in Süd-, Südost- und Ostasien in die Knie zwingt, dann ist das nur möglich, wenn die Tibeter-Mehrheit durch territoriale und/oder personale Selbstbestimmung befriedet wird.

Statt eines Schlussworts

Mit Waffen Frieden schaffen? Humanitäre Interventionen

Wir haben, liebe Leser, gemeinsam aufs Chaos dieser Welt geschaut. Ich habe versucht, dessen Ursachen zu ergründen. Ich habe zudem Lösungsvorschläge unterbreitet. Sie zu verwirklichen, obliegt nicht mir, sondern anderen, den nationalen und internationalen Entscheidungsträgern. Sie werden lange dafür brauchen. Bis dahin werden viele Entscheidungsträger kommen und gehen. So lange aber können die von Mord und Todschlag, Krieg und Bürgerkrieg bedrohten Menschen nicht warten. Jeder hat (wahrscheinlich) nur ein Leben. Müssen, sollen, dürfen wir aus humanitären Gründen intervenieren? Wer darf, wo, wie, wann, wie lange, warum, wozu?

In unsere Wohnzimmer dringt jeden Tag das Elend dieser Welt. Armut, Unterdrückung, Mord, Totschlag, Völkermord. Wir sehen es, wir wissen es. Als Fernsehbilder dringen die alltäglichen Mordorgien, die Hunger- und Flüchtlingskatastrophen nur virtuell in unsere Lebenswelt. Am anderen Ende der Welt aber (und manchmal auch näher) sind humanitäre Katastrophen Fakten.

Nichts Bessers weiß ich mir an Sonn- und Feiertagen
Als ein Gespräch von Krieg und Kriegsgeschrei,
Wenn hinten, weit, in der Türkei,
Die Völker aufeinander schlagen.
Man steht am Fenster, trinkt sein Gläschen aus

Und sieht den Fluss hinab die bunten Schiffe gleiten;
Dann kehrt man abends froh nach Haus,
Und segnet Fried und Friedenszeiten.

Herr Nachbar, ja! so lass ich's auch geschehn:
Sie mögen sich die Köpfe spalten,
Mag alles durcheinander gehn;
Doch nur zu Hause bleib's beim alten.

Der Bürger-Dialog beim Osterspaziergang in Goethes ›Faust I‹ liefert ein Abbild altdeutsch-moralischer Hornhaut, die wir gottlob abgelegt haben. Wir sehen nicht mehr gelassen zu, wenn die Völker aufeinanderschlagen. Wir sind erschüttert, wütend, empört. Wir unterstützen zumindest humanitäre Interventionen. Warum geraten sie so oft zum politischen und militärischen Desaster, ob in Afghanistan, im Irak oder in Libyen? Warum und wo finden sie überhaupt statt? Eine humanitäre Intervention entmachtete Gaddafi. Gegen Mugabe, den kaum weniger blutrünstigen Diktator Zimbabwes, wurde nichts unternommen. In Libyens Bürgerkrieg wurde interveniert, im weitaus blutigeren und längeren syrischen Bürgerkrieg nicht bzw. minimal, und wenn, dann für die Opfer zu spät.

Sowohl in den Ländern, die intervenieren, wie auch in den Ländern, die Ziel der humanitären Intervention sind, kann sich im Laufe der Zeit die Wahrnehmung des Geschehens ändern. Auf Zustimmung folgt irgendwann die Ablehnung. Je höher der Preis an Menschen und Material bei den Intervenierenden, desto geringer die Einsatzbereitschaft und die Zustimmung in der Bevölkerung. Und umgekehrt: Die Völker, die befreit werden sollten, fühlen sich – mal früher, mal später – als Opfer eines Besatzungs- und Bevormundungsregimes. Der damalige Verteidigungsminister Peter Struck versuchte mir im Mai 2004 einzureden, die Bundeswehr sei und bleibe in Afghanistan hochbeliebt. Er irre, konterte ich und verwies auf historisches Wissen und Erfahrung, der er sich, wie so viele nicht nur in der politischen Klasse, verschloss. Inzwischen ist diese Einsicht Allgemeingut.

Manche meinen, die Katholische und Evangelische Kirche in Deutschland (EKD) verfüge über einen direkteren Draht zum Lieben Gott als unsereins. Mag sein. Hans-Jürgen Papier, von 2002 bis 2010 Präsident des Bundesverfassungsgerichts, war Mitglied eines EKD-Autorenteams, das sich humanitären Interventionen widmete.

Am 25. Januar 2014 schrieb er in der Tageszeitung ›Die Welt‹, »dass Recht Frieden« stifte. Sancta simplicitas, Heilige Einfalt. Ach, wenn es denn so wäre. Leider gilt diese Feststellung (genauer: Hoffnung) nur, wenn die beteiligten Akteure das Recht als Grundlage des (Da-)Seins akzeptieren. Genau das ist oft genug nicht der Fall, und deshalb schlachten sich Menschen inner- und zwischenstaatlich ab. Hat Recht im Dritten Reich Frieden gestiftet? Gemüsediebstahl wurde bestraft, Massenmord nicht. Das Recht ist ein – wichtiges – Überbauphänomen. Meist aber ist es die Basis, die entscheidet: die Machtverhältnisse. Die Geschichte der Bundesrepublik beweist es. Von Hitler befreit, bekamen die Westdeutschen nach 1945 aufgrund der Machtverhältnisse ein humanes Recht nicht angeboten, sondern aufgezwungen. Ohne die befreiende Gewalt der Alliierten gäbe es das Grundgesetz nicht. Gewalt ging vor Recht, Recht entstand durch Gewalt.

Doch war der Zweite Weltkrieg eine humanitäre Intervention? Er begann als Aggression Deutschlands, führte zur Reaktion der lange Zeit völlig kriegsunwilligen Alliierten und brachte am Ende auch Westdeutschland Freiheit, also ein Mehr an Humanem. So gesehen, war der Zweite Weltkrieg auf der Seite der Alliierten eine humanitäre Intervention. Sollte aber ausgerechnet Stalin ein humanitärer Interventionist gewesen sein? Absurd.

Hitler hatte agiert, er hatte den Krieg gegen Polen, Frankreich, Großbritannien, die Sowjetunion und die USA begonnen. Diese reagierten. Al-Qaida hat schon vor dem 9. September 2001 den Krieg gegen die USA und den Westen begonnen. War die internationale Intervention gegen al-Qaida und deren Partner in Afghanistan, die Taliban, nur eine Reaktion oder eine humanitäre Intervention?

Wir sehen: Weder Interventionen noch Nicht-Interventionen sind an sich humanitär.

Wann ist es ethisch gerechtfertigt, dass ein Staat zu den Waffen greift? Wohlgemerkt, von humanitärer Legitimität ist hier die Rede, nicht von formaler Legalität. Diese wird durch die Priorität staatlicher Souveränität oft zur faktischen Inhumanität. Die Geschichte der Vereinten Nationen bietet dafür überreiches Anschauungsmaterial. Die UNO sollte das Völkerrecht weltweit institutionalisieren. Doch wie steht es um die demokratische Legitimität dieser Institution? Von der Konzeption her sehr gut, faktisch miserabel. Erfahrungsgemäß haben in dieser »Völkergemeinschaft« eher die diktatorischen und autoritären Staaten das Sagen. Die UNO ist die Addition meist undemokratischer Staaten. Soll ausgerechnet diese Institution über Legitimität und Humanität als Handlungsmaßstab entscheiden? Die Internationale Staatengemeinschaft, Deutschland eingeschlossen, hat sich bislang für diese Position entschieden – und sich damit normativ ad absurdum geführt.

Ich sehe drei Möglichkeiten, nach außen gerichtete staatliche Gewalt zu rechtfertigen.

- Erstens ist sie dann gerechtfertigt, wenn ein Staat gewaltsam angegriffen wird oder wenn die Gewalt einem erkennbaren konventionellen oder terroristischen Schlag zuvorkommt.
- Zweitens ist staatliche Gewalt zu rechtfertigen, wenn einem Staat der wirtschaftliche Lebensnerv abgeschnitten wird.
- Drittens ist staatliche Gewalt zu rechtfertigen, wenn durch sie Massen-, Völkermord und Vertreibungen verhindert werden, wenn damit eine politisch bedingte (Hungers-)Not oder Vergleichbares beendet werden kann.

Diese drei Formen militärischer Gewalt halte ich im Sinne der Menschlichkeit für gerechtfertigt, also für legitim.

Der Begriff »humanitär« zielt auf Menschlichkeit und Menschheit, auf Menschenrechte. Doch nicht alle Menschen verstehen darunter dasselbe. Das wiederum bedeutet: Der Begriff muss näher bestimmt werden. Jede humanitär begründete Intervention setzt einen Wertekompass voraus. Dessen Kern könnte die amerikanische Unabhängigkeitserklärung sein. »Life, liberty and the pursuit of happiness« – das wollten nicht nur die Gründungsväter der USA, das will letztlich jeder einzelne Mensch, immer und überall. Deshalb nennt die Unabhängigkeitserklärung diese Dreiheit als Grundeinheit der »unveräußerlichen Menschenrechte«. Diese humanitäre Leitlinie scheint völlig überzeugend zu sein. Doch bei ihrer Verwirklichung gerät man leicht auf glattes Terrain. Warum, so wäre etwa zu fragen, wurde 1999 im Kosovo interveniert? Von Freiheit oder gar dem Streben nach Glück war nicht die Rede, eher – großspurig und pietätlos unproportional – davon, ein »zweites Auschwitz« müsse verhindert werden (Joschka Fischer).

In Ruanda wurde 1994 nicht interveniert. So wenig wie in den Bürgerkriegen Angolas oder Mozambiques. Weshalb? Hatten Millionen schwarzafrikanischer Opfer, anders als die weißen Kosovaren, die falsche Hautfarbe? Warum bekam Kofi Annan, der 1994 die Verantwortung für die UN-Friedenstruppe in Ruanda trug, sie abzog und dadurch den Völkermord erst ermöglichte, später den Friedensnobelpreis? Der Grund für das Nichthandeln ist einfach: Auswärtige Mächte verfolgten in Ruanda keine eigenen Interessen. Weil sich niemand für die Tutsi interessierte, wurden sie 1994 massenhaft ermordet. Vier Jahre später, bei seinem Ruanda-Staatsbesuch, bereute der damalige US-Präsident Bill Clinton seiner und seiner Regierung Wegschauen. »Sorry«, sagte er am 25. März 1998. Schuldig fühlte er sich nicht.[138] »Entschuldigung«, das sagt man, wenn man jemandem auf den Fuß tritt. Nur ein Sorry für geduldeten Völker- und Massenmord?

Es gab einen weiteren Grund: 1991 hatte die Internationale Gemeinschaft unter Federführung der USA und mit Deutschland an der Seite die bürgerkriegsbedingte Hungerkatastrophe in Somalia beenden wollen. Die Retter wurden dann selbst in den Bürgerkrieg verwickelt und zogen schließlich ratlos ab. Das wollten sie kein zweites Mal riskieren.

Bei anderen Fällen waren durchaus Interessen im Spiel. Multinational interveniert wurde (ohne Deutschland) im Irak 1991 und 2003. 1995 ging die NATO (ohne Deutschland) gegen Serbien vor. Nach dem Massaker von Srebrenica, das in einer UNO-Schutzzone lag. Die niederländischen UNO-Soldaten gaben den Mördern sozusagen grünes Licht. Zu erinnern wäre an das Eingreifen im Kongo 2006 (mit Deutschland), 2012 in Libyen (wieder ohne Deutschland) sowie, national-französisch, 2012 in Mali und 2013/14 in der Zentralafrikanischen Republik. Diese beiden Kunststaaten will nun Deutschland (gemeinsam mit anderen)»stabilisieren«.

Bei jenen Interventionen waren handfeste Interessen im Spiel – echte, richtig oder falsch wahrgenommene, unterstellte. Jedenfalls Interessen, die es in vielen anderen Mord- und Brennpunkten der Welt nicht gab und gibt. Dabei wären fast überall in Afrika, in Nahost (siehe Syrien, Irak, Sudan) oder im Kaukasus Menschenleben zu retten. Von Freiheit und Glück ganz zu schweigen. Wollte man diese durchsetzen, wäre die Liste humanitär notwendiger, zumindest emotional begründbarer und dennoch unsinniger Eingriffe schier endlos. Etwa in Weißrussland, der Ukraine, in fast allen GUS-Staaten einschließlich Russland, in Burma und, ja, auch in China (Tibet, Xinjiang).

Dass nicht jede Friedensmission dem Frieden, dem Leben, der Freiheit und dem Glück diente, also keine humanitäre Intervention, sondern propagandistisch verkleidete Aggression war, ist eine historische Binsenweisheit. Athens und Roms Expansion in der Antike wurde als Kulturexport in die Welt der Barbaren verkauft. Nach dem Völkermord römischer Legionen an den Kelten brüstete sich ihr Befehlshaber Gaius Julius Caesar in seinem Bericht ›Über den Gallischen Krieg‹ damit, dass die Region »befriedet« sei. Ja, es herrschte Friedhofsruhe.

Ein anderes Beispiel: In den Ersten Weltkrieg griffen die USA aus handfest materiellen Interessen ein. Dennoch sind besonders beim damaligen Präsidenten Woodrow Wilson aufrichtige ideelle Motive nicht zu leugnen. Sie rechtfertigen durchaus die Frage, ob von einer humanitären Intervention gesprochen werden könnte.»The world must be made safe for democracy«, sagte Wilson am 2. April 1917 vor beiden Häusern des Kongresses. Jenseits der üblichen Propaganda – jede Kriegspartei behauptet, für die humanitäre Sache zu kämpfen – war das durchaus ernst gemeint. Das bewiesen Wilsons 14 Punkte vom 8. Januar 1918, die Leitfaden der Friedensordnung von 1919 wurden. Doch diese schuf weder Frieden noch Ordnung. Ihr Ideal, das Selbstbestimmungsrecht die Völker, war gut gemeint, falsch gedacht und daher falsch gemacht. Aus ganz ähnlichen Gründen scheiterten auch die gegenwärtigen, seit 1991 unternommenen humanitären Interventionen.

Die humanitäre Intervention der Vereinigten Staaten von 1917/18 stellt eine historisch entscheidende Weichenstellung dar. Danach kehrten sich die Prinzipien der herkömmlichen Staatenordnung völlig um. Grundstein des neuen Weltgebäudes war ein wunderbares Ideal: das Selbstbestimmungsrecht der Völker. Die Vielvölkerstaaten Österreich-Ungarn, das Osmanische Reich und – ein Ergebnis der Russischen Revolution von 1917 – das Zarenreich wurden zerschlagen. Die großen Vielvölkerstaaten galten vielen als große Völkergefängnisse. Besonders im Hinblick auf die Habsburgermonarchie war das vollkommen übertrieben. Die Folgen hat der Schriftsteller Martin Mosebach in seinem Roman ›Das Blutbuchenfest‹ treffender formuliert, als es Historiker vermögen:»Der große Völkerkerker war zu mehreren kleinen Völkerkerkern geworden, die auch noch gesprengt werden wollten. In der Tschechoslowakei (…) fühlten sich die Slowaken von den Tschechen unterdrückt, in Rumänien klagten die Ungarn über das Wallachen-Joch, während die Siebenbürger und Banater Deutschen schweigend das Land verließen, und in Jugoslawien fühlten sich die Slowenen, die Kroaten, die Mazedonier, die Albaner und Montenegriner als Gefangene und Knechtsvölker der Serben und rüttelten an den Ketten.« Auch nach den Balkan-Interventionen der 1990er Jahre ist der Völker-Vulkan noch längst nicht erloschen.

Hier wie anderswo kann er nicht erlöschen. Denn in fast allen nach dem Ersten und Zweiten Weltkrieg sowie nach 1991 entstandenen oder wiedererstandenen Staaten waren und sind politische Geografie, Bevölkerung bzw. Volksgruppen und Religionszugehörigkeit nicht deckungsgleich. Diese Deckungsgleichheit ist jedoch die Grundidee des Nationalstaates. Nur eines verband die verschiedenen Gemeinschaften auf dem Balkan: ihr Wille, nicht in *einem* Staat *mit*einander, sondern getrennt *von*einander in jeweils eigenen Staaten zu leben.

Konsequent hat die Staatsführung in den neuen Staaten Serbien, Kroatien, Bosnien-Herzegowina, Mazedonien und Kosovo die jeweiligen Minderheiten zumindest drangsaliert, meistens vertrieben und schlimmstenfalls ihr Land »ethnisch gesäubert«. Mord und Todschlag waren Ergebnis der Selbstbestimmung, zum Teil dank humanitärer Interventionen. Wie 1919 haben sich die Intervenierenden auch nach 1991 von dem Gedanken des homogenen Nationalstaates leiten lassen – sogar in dem religiösen Flickenteppich-Staat Bosnien-Herzegowina, in dem Muslime, Serben und Kroaten leben. Einig sind sich die drei nur in einem: Sie wollen keinesfalls in einem Staat zusammenleben. So entstehen Kunststaaten, die eines Tages zerbrechen müssen.

Wie gesagt, erst nach dem Massaker von Srebrenica in Bosnien-Herzegowina (1995) und den Versuchen der serbischen Führung, das Kosovo ethnisch zu »säubern«, kam es 1999 zur humanitären Intervention. Dabei orientierten sich die Intervenierenden jedoch, ganz in der Tradition von 1919, an der Fiktion des einheitlichen Nationalstaates. Das Massenschlachten konnte zwar (für wie lange?) beendet werden – doch das eigentliche Ziel, die Errichtung einer stabilen Friedensordnung, wurde verfehlt. Wer Fiktion mit Fakten verwechselt, denkt und handelt falsch. Auch für die Kosovo-Intervention gilt: gut gemeint, falsch gedacht, falsch gemacht.

Die seit 1991 humanitär Intervenierenden ließen sich zudem von der Fiktion leiten, sie würden einen Nationalstaat errichten oder wieder aufbauen, vornehmlich »Nation-Building« betreiben. Das war konzeptionell falsch, weil der jeweilige Nationalstaat ja nur die Fiktion eines Nationalstaates, ein Kunstprodukt des Kopfes ist, das die demografische Basis außer Acht lässt.

Die zweite, alle Fakten missachtende Fiktion bestand darin, anzunehmen, Militär – welches auch immer in der Welt – wäre fähig, Nation-Building zu betreiben. Es zu versuchen, ist absurd. Von Anfang an. Keine Streitkraft hat das gelernt, keine kann es. Sie muss scheitern.

Ein weiteres Beispiel: die von den Vereinten Nationen abgesegnete Intervention zur Sicherung demokratischer Wahlen im Kongo. Hier war von Nation-Building nicht die Rede, es sollte vielmehr dieses multiethnische und multisprachliche Kunstgebilde erhalten und demokratisiert werden. Weder das eine noch das andere konnte gelingen, das Morden geht bis heute weiter. In- und Ausländer beteiligen sich daran, weil die ethnolinguistischen Gemeinschaften im Kongo nicht mit den Staatsgrenzen übereinstimmen und alle »ihre« Bodenschätze nutzen möchten. Einmal mehr zeigt sich: Kunstgebilde können nicht friedlich bleiben.

Auch in Libyen sollte durch die Intervention ein Kunstgebilde stabilisiert und demokratisiert werden. Gaddafi wurde entmachtet und ermordet, Libyen demokratisiert, doch nicht stabilisiert. Wie auch? Das Bild müsste in den Rahmen passen, doch es passt nicht. Gleiches gilt für Mali und die Zentralafrikanische Republik, wo Frankreich 2011/14 zunächst alleine humanitär intervenierte. Präsident Hollande hatte sich von den Befreïten in Mali bereits als Friedenstaube feiern lassen. Zu früh. Das Massakrieren soll beendet werden. Wenn das gelingt, was zweifelhaft ist, ziehen die Interventionstruppen ab – und kurz danach wird wieder vergewaltigt, geraubt und gemordet. Nun soll und will, wie gesagt, auch Deutschland stabilisieren, was nicht stabilisierbar ist. Aus einem Kreis wird eben kein Quadrat. Nicht einmal die Schildbürger haben diesen Streich versucht.

Humanitär zu intervenieren, um Menschenleben zu retten, ist an sich richtig. Falsch wird es, wenn ohne militärische und politische Strategie interveniert wird. Humanitäre Motive dürfen zudem nicht durch machtpolitische und opportunistische Erwägungen relativiert werden. Das aber geschieht derzeit, und das ist zynischer Etikettenschwindel. Was also tun? Ich fasse meine These noch einmal zusammen. Das Schlüsselwort heißt Föderalisierung. Hier muss man zwischen zwei Grundformen unterscheiden: der *territorialen* und der *personalen* Selbstbestimmung der jeweiligen Gemeinschaften.

Wo gemeinschaftliche Strukturen innerhalb eines Staates *territorial* zuzuordnen sind, bietet sich die Gründung eines Bundeslandes x, y oder z innerhalb einer Bundesrepublik A an. Es versteht sich von selbst, dass in dem Bundesland Minderheitenschutz garantiert werden muss.

Auch koordinierende Strukturen zwischen Bundesländern verschiedener Staaten bzw. Bundesrepubliken wären in Form einer Föderation der Bundesländer denkbar, die jedoch keinen Staat darstellt. Das wäre eine Variante zu den bekannten Staatenbünden bzw. Konföderationen.

Wo Selbstbestimmung der Gemeinschaften territorial nicht möglich ist, wäre sie unabhängig vom Wohngebiet der jeweiligen Gruppe deren Mitgliedern *personal* zu gewähren.

Mischformen sind dabei ebenso denkbar wie noch mehr Kennzeichen von und für die Quasistaatlichkeit eines Bundeslandes. Ich denke jenseits von Polizeikräften zum Schutz im Innern etwa an Teil-Streitkräfte zum Schutz nach außen; mit oder ohne internationale Garantien. Diese müssen freilich mehr wert sein als das Papier, auf das sie gedruckt würden.

Dieser Ansatz garantiert natürlich nicht die Rückkehr ins Paradies, wohl aber eine deutliche Minderung des Massenmordens. Denjenigen, die sagen, das alles sei unrealistisch, halte ich entgegen: Realistisch ist bislang das Massenmorden – humanitäre Interventionen konnten es nur kurzfristig unterbrechen. Humanitäre Interventionen bekämpfen die Symptome, nicht die Krankheit.

Natürlich muss das Massakrieren von Menschen durch Menschen beendet werden, und dabei darf Deutschland nicht abseits stehen. Doch gute Absichten allein reichen nicht. Bevor wir uns in neue, nicht durchdachte Abenteuer stürzen, brauchen wir eine Denkpause. Nach dem Afghanistan-Debakel mit humanitärem Hallo nach Nahost, Afrika und Irgendwo zu ziehen, ist unverantwortlich. Wann fängt wer an, richtig zu denken und richtig zu handeln? Solange das nicht geschieht, ist der Weg zum Weltfrieden nicht einmal in Sicht.

Anmerkungen

Vorwort

[1] Zum Beispiel im Dezember 1989 auf einer Konferenz der Deutschen Gesellschaft für Politikwissenschaft. Nachdruck in: Michael Wolffsohn, Über den Abgrund der Geschichte hinweg. Deutsch-jüdische Blicke auf das 20. Jahrhundert, München: Olzog 2012, S. 125-151. Vgl. auch meine Broschüre ›Weltkonflikte der Gegenwart. Diagnosen und Therapien‹, Neuried 2008 als erweiterte Fassung (m)eines Vortrags.

[2] Neidhardt von Gneisenau, Plan zur Vorbereitung eines Volksaufstands, 1881, in: Guerrilleros, Partisanen, Theorie und Praxis, hrsg. von Joachim Schickel, 2. Auflage München 1970, S. 41.

Kapitel I

[3] Zitiert aus Jörn Leonhard, Die Büchse der Pandora, Geschichte des Ersten Weltkriegs, 2. Auflage, München 2014, S. 966.

[4] David Fromkin, A Peace to end all Peace, The Fall of the Ottoman Empire and the Creation of the Modern Middle East, London 1999, Neuauflage New York 2009, S. 407 f. bezogen z. B. auf Mustapha Kemal, über den sie und ebenfalls ihre Geheimdienste nichts wussten. Oder aber, so ein italienischer Diplomat, man habe oft den einen oder anderen Staatsmann über Karten gebeugt gesehen, der in sich hineinmurmelte: »Wo verdammt ist das …?« und mit dem ausgestreckten Zeigefinger irgendeine Stadt oder einen Fluss suchte, von dem er zuvor niemals gehört hatte, zitiert und übersetzt aus Fromkin, S. 400.

[5] Vgl. Irenäus Eibl-Eibesfeldt, Die Biologie des menschlichen Verhaltens. Grundriss der Humanethologie, München – Zürich, 4. Auflage 1997, S. 455.

[6] Ebd.

7   Hermann Parzinger, Die Kinder des Prometheus, Eine Geschichte der Menschheit vor der Erfindung der Schrift, München 2014, S. 37.

8   Eine weiterführende Einführung wäre: http://www.trend.infopartisan.net/trd0600/t190600.html (Abruf 27.5.2014, 11.45 h) oder das Suchwort »Austromarxismus«

9   Vgl. den ethisch alles andere als unproblematischen Rechtsgelehrten Carl Schmitt, Der Nomos der Erde im Völkerrecht des Jus Publicum Europaeum, 4. Auflage Berlin 1997, S. 112.

10 Man suche im Internet unter »Schweiz, Sprachen« und finde unter anderem diese Veranschaulichung: http://commons.wikimedia.org/wiki/File:KARTE_schweiz_sprachen.png

11 Wie so oft helfen Google-Bilder. Mit den Suchwörtern »Irak, Demografie« findet man aufschlussreiche Abbildungen zur Demografie des Irak, zum Beispiel (am 5.5.2014, 21.15 h): https://www.google.de/search?q=Irak+Demografie&source=lnms&tbm=isch&sa=X&ei=gU64U8SAOOGv7AaV7YGgDw&ved=0CAcQ_AUoAg&biw=1920&bih=941

12 Google bot am 5.5.2014 um 22.00 h zu den Suchwörtern »Galiläa, Juden, Araber« zum Beispiel diese Abbildung: http://de.wikipedia.org/wiki/Arabische_Israelis#mediaviewer/Datei:Arab_population_israel_2000_en.png Oder für den Iran unter »Ethnolinguistic map«: https://www.google.de/search?q=iran+ethnolinguistic+map&tbm=isch&tbo=u&source=univ&sa=X&ei=blm4U9SrIarG7Aa5goDIDg&ved=0CB8QsAQ&biw=1920&bih=941

13 Diverse Abbildungen finden sich bei Google unter dem Suchbegriff »Berlin, ethnische Gruppen«.

14 https://www.statistik-berlin-brandenburg.de/Publikationen/Aufsaetze/2012/HZ_201203-05.pdf, S. 51.

15 Wer im Internet »French riots« sucht, findet zum Beispiel hier eine Abbildung, die diesen Schluss nahelegt: http://en.wikipedia.org/wiki/2005_French_riots#mediaviewer/File:Paris _riots_satellite.jpg

16 Zur Veranschaulichung wieder Google am 5.5.2014, 22.30 h: https://www.google.de/search?q=iran+ethnolinguistic+map&tbm=isch&tbo=u&source=univ&sa=X&ei=blm4U9SrIarG7Aa5goDIDg&ved=0CB8QsAQ&biw=1920&bih=941#q=Kurds+maps&tbm=isch

17 Erstmals habe ich es in ›Weltkonflikte der Gegenwart‹, Neuried 2008, prognostiziert und viel früher in Vorträgen erläutert.

18 Siehe bei Google unter »Südsudan« sowie unter »South Sudan ethnic groups«.

19 Einen solchen Staatsumbau legt der übers Internet und Suchmaschinen (unter »Ukraine, ethnicity, languages«) abrufbare Sprachatlas der Ukraine nahe (Abruf 9.7.2014, 14.30 h).

[20] Siehe bei Google unter »Ukraine/Sprachen«. Zu Recht ließe sich einwenden, dass der sprachlichen Gewichtung die ethnische widerspräche. Dann ergibt sich bezogen auf die Ukraine dieses Bild (Abruf 9.7.2014, 14.33 h): http://en.wikipedia.org/wiki/Russians_in_Ukraine#mediaviewer/File: Russians_Ukraine_2001.PNG

[21] Basisinformationen bei Wikipedia unter »Thailand/Bevölkerung/ethnische Gruppen/Konflikte«. Optische Hilfen unter »Thailand ethnic map«.

[22] Siehe die Suchwörter »Osterreich-Ungarns Ende«.

[23] Zahlreiche, anregend informative Abbildungen zur demografischen Struktur von Bosnien-Herzegowina findet man unter Google-Bilder-Suchwörtern etwa nach folgendem Muster: Name des Staates, Bilder ethnisch, also »Bosnia Herzegovina Bilder ethnisch«, und bekam am 5.7.2014, 19.30 h zum Beispiel:
https://www.google.de/search?q=Bosnia+Herzegovina+Bilder+ethnisch&tbm=isch&tbo=u&source=univ&sa=X&ei=Eze4U_6jGILG7AbW94H QAQ&ved=0CCIQsAQ&biw=1920&bih=941

[24] http://www.europa-auf-einen-blick.de/bosnien-herzegowina/politik.php (Abruf 4.7.2014).

[25] Google präsentierte am 5.7.2014, 23.15 h unter »Jews, Israel West Bank maps«: https://www.google.de/search?q=iran+ethnolinguistic+map&tbm=isch&tbo=u&source=univ&sa=X&ei=blm4U9SrIarG7Aa5goDIDg&ved=0CB8QsAQ&biw=1920&bih=941#q=Jews+Israel+West+Bank+maps&tbm=isch

[26] Zahlen aus Wikipedia und anderen Internetquellen. Den amtlich eher politischen als faktischen Zahlenangaben ist, wenn überhaupt, eher proportional zu trauen.

[27] Friedrich Schreiber/Michael Wolffsohn, Nahost, Geschichte und Struktur des Konflikts, 1. Auflage 1987, 4. Auflage 1996, Kapitel XVII.

[28] Michael Wolffsohn, Wem gehört das Heilige Land? Die Wurzeln des Streits zwischen Juden und Arabern, 10. Auflage, München 2011.

Kapitel II

[29] Vgl. die Karte http://en.wikipedia.org/wiki/Religion_in_the_Philippines (Abruf 12.7.2014, 18h) und die Suchwörter »Islam auf den Philippinen«.

[30] Jenseits der schematischen Abbildung 5 in diesem Buch bieten Suchmaschinen unter den Stichwörtern »Kurds, demography« oder »Kurdish demography« hilfreiche Abbildungen, z. B. diese (Abruf 11.7.2014, 15.15 h): http://www.jinsa.org/fellowship-program/david-p-goldman/demographic-sources-turkeys-foreign-policy-crisis

31 Das Suchwort »Albaner« präsentiert im Internet brauchbare Schaubilder, zum Beispiel: http://de.wikipedia.org/wiki/Albaner#mediaviewer/Datei:Albanischer_Sprachraum.PNG (Abruf 11.7.2014, 23.06 h)

32 Die Suchwörter »Bosnien-Herzegowina/Demografie« bieten anschauliche Bilder, siehe auch unter »Bosnia ethnicity«.

33 Andreas Kappler, Russland als Vielvölkerreich, Entstehung und Zerfall, München 1992, S. 298.

34 Kappler, S. 289.

35 Kappler, S. 295.

36 John Dos Passos, Orient-Express, München 2013, Erstausgabe New York 1927.

37 Man suche bei Google-Bildern unter »Caucasus ethnolinguistic« und überzeuge sich selbst. Etwa auch durch diese Abbildung (Abruf 14.7.2014, 11.55 h): http://fs.huntingdon.edu/jlewis/syl/ircomp/MapsCaucasus.htm

38 Die Suchwörter »Abchasen, Osseten« führen uns zum Beispiel über Google-Bilder zum sichtbaren Verständnis; auch diese Abbildung: http://ramonschack.wordpress.com/2008/08/24/2718/

39 Weitere Informationen unter den Suchwörtern »Abchasen, Osseten«. http://ramonschack.wordpress.com/2008/08/24/2718/

40 Die Suchwörter »Ethnic Groups Central Asia« ergeben Aufschlussreiches (Abruf 14.7.2014, 13.03 h): http://www.lib.utexas.edu/maps/middle_east_and_asia/casia_ethnic_93.jpg

41 Man suche im Internet »Russia ethnic groups«und finde unter anderen die Veranschaulichung der ethnischen Dimensionen.

42 Friedrich Schmidt, Sibirien ist nicht die Krim, FAZ, 6.8.2014, S. 2.

43 Die Bild-Suchwörter »Russland, Tschetschenien« lohnen einen Blick wie diesen: http://www.hirtenhunde-liptak.de/blaettle/pages/laender/2004-06-tschetschenien.html oder: http://www.naturefund.de/erde/atlas_der_welt/ungeloeste_konflikte/tschetschenien_die_ausgeblutete_republik.html

44 Die Bild-Suchwörter »Russia Islam« sind hierfür sehenswert, zum Beispiel auch: http://www.economist.com/node/8961754.

45 Auch zu diesen Suchwörtern bietet das Internet (be)merkenswerten Anschauungsunterricht, zum Beispiel (am 28.7.2014, 14 h): http://www.payer.de/islam/islam.htm#EinfProzentFChrung

46 Optische Hilfsmittel bieten im Internet die Suchwörter »Syria ethnicity« (z. B. am 28.7.2014, 22.30 h): http://i.imgur.com/LYLj8.jpg

47 Siehe bei Wikipedia unter »Völkerbundmandat für Syrien und Libanon«.

48 Zum Beispiel http://www.economist.com/news/middle-east-and-africa/21604230-extreme-islamist-group-seeks-create-caliphate-and-spread-

jihad-across (Abruf 18.8.2014, 14.50 h). Die Suchwörter »Islamic State, Syria, Iraq« bieten in Google-Bildern gutes Anschauungsmaterial.

[49] Das verdeutlichen die Bilder zu den Suchwörtern »Shiites, Syria, Lebanon«.

[50] Siehe auch Wolffsohn, Weltkonflikte, S. 36, Abbildung 16 und 17. Wer die Suchwörter »Iran ethnic composition« eingibt, wird optisch sowie inhaltlich eines Besseren belehrt. Zum Beispiel unter http://images.nationmaster.com/images/motw/middle_east_and_asia/iran_peoples_82.jpg

[51] Vgl. http://azerb.com/az-south.html (Abruf 10.8.2014, 22.10 h); vgl. Wolffsohn, Weltfrieden, Abbildung 13, S. 34.

[52] Kurz, knapp und hilfreich die Wikipedia-Einführung zu »Aserbaidschan/ Iran/relations«.

[53] http://www.auswaertiges-amt.de/sid_34CAABEE6FF500B835D268AF9 A8E06D8/DE/Laenderinformationen/00-SiHi/IranSicherheit.html?nn= 337790#doc337572bodyText1 (Abruf 12.8.2014, 20.33 h).

[54] Ebd.

[55] Siehe zum Beispiel »Afghanistan/ethnic groups«, auch Wolffsohn, Weltkonflikte, Abbildungen 26, 27, 28.

[56] Siehe unter »Afghanistan/Languages«.

[57] Ebd.

[58] Näheres unter »pashtun ethnicity«.

[59] boe, FAZ, 5.9.2014.

[60] boe, FAZ, 5.9.2014.

[61] http://www.t-online.de/nachrichten/specials/id_67407450/ueberfall-in-saudi-arabien-bnd-agenten-unter-beschuss.html (Abruf 14.8.2014, 10.30 h).

[62] Vgl. die Abbildung unter: http://en.wikipedia.org/wiki/List_of_ethnic_ groups_in_China (Abruf 14.8.2014, 22.15 h). Die Suchwörter »China Ethnic groups« bieten im Internet reiches Anschauungsmaterial. Vgl. auch Wolffsohn, Weltkonflikte, Abbildungen 31 und 32, S. 44.

[63] Petra Kolonko, FAZ, 4.9.2014.

[64] Vgl. http://de.wikipedia.org/wiki/Tibet#Bev.C3.B6lkerung (Abruf 13.8.2014, 14.50 h).

[65] Vgl. die Abbildung in: Wolffsohn, Weltkonflikte, Abbildung 33, S. 44; außerdem:
http://en.wikipedia.org/wiki/South_Thailand_insurgency
sowie die Abbildung:
http://en.wikipedia.org/wiki/South_Thailand_insurgency#mediaviewer/ File:MalaysiaThailand_Prozent28enProzent29.png
(Abruf 14.8.2014, 19.15 h).

[66] Grundlegend zum Guerillakrieg: Herfried Münkler, Die neuen Kriege, Reinbek 2003; Beatrice Heuser, Rebellen, Partisanen, Guerilleros, Asym-

metrische Kriege von der Antike bis heute, Paderborn u. a.. 2013; Rolf-Dieter Müller, Militärgeschichte, Köln a. a. 2009; Michael Wolffsohn, Weltkonflikte der Gegenwart, Kapitel I.

67 Vgl. die Abbildung http://de.wikipedia.org/wiki/Sri_Lanka#mediaviewer/Datei:Sri_Lanka_-_Ethnicity_2012.png (Abruf 14.8. 2014, 19.40 h).

68 Vgl. die Suchbegriffe »Burma/history/conflict«.

69 Ankündigung des al-Qaida-Chefs Zawahiri, boe, FAZ, 5. 9. 2014.

70 Auch Abbildung 34 in: Wolffsohn, Weltkonflikte, S. 44. Eine gute Karte bietet im Internet unter den Suchwörtern »Islam, Verbreitung, Afrika« zum Beispiel (Abruf 28.7.2014, 13.30 h): http://libyen.com/Religion/Der-Islam-Fuenf-Saeulen-des-Islam

71 Weiteres unter »Islam in Africa«.

72 Zur theologischen Geografie Nigerias und den Geltungsgebieten der Scharia vgl. http://www.hlswatch.com/2012/01/21/more-inter-religious-violence-in-nigeria/ (Abruf 19.8.2014, 2.40 h); vgl. auch Wolffsohn, Weltkonflikte, Abbildung 41, S. 48.

73 Inaugurationsrede Thomas Jefferson, 4. März 1801, in: Documents of American History, hrsg. von Henry Steele Commager, Bd. I, New York 1968, S. 187.

74 Siehe auch unter den Suchbegriffen »Biafra, war maps«; zur Geografie des Öls in Nigeria siehe die Suchwörter »Oil, Nigeria«.

75 Jorge Luis Borges, Gesammelte Werke, hrsg. von Gisbert Haefs und Fritz Arnold, Der Erzählungen erster Teil, München 1988, S. 13-91.

76 Sascha Lehnartz, Adieu Elsass! Die Welt, 4.6.2014.

77 Siehe Bilder unter »Russian minority Estonia«, z. B. http://de.wikipedia.org/wiki/Estland#mediaviewer/Datei:Russians_in_Estonia_2010.png (Abruf 20.8.2014, 21.17 h) und für Lettland Bilder zu »Russian minority Latvia«.

78 Borges, ebd. S. 13.

79 Ausführlich dazu Michael Wolffsohn und Thomas Brechenmacher, Deutschland, jüdisch Heimatland, Die Geschichte der deutschen Juden vom Kaiserreich bis heute, München – Zürich 2008.

80 Auch hierzu Belege und Interpretationen bei Wolffsohn/Brechenmacher, Deutschland, jüdisch Heimatland.

81 Mic., FAZ, 22.7.2014.

82 FAZ, 8.8.2014; vgl. auch Freia Peters, Die Welt, 11.10.2014.

83 Jochen Buchsteiner, FAZ, 22.7.2014.

84 Vgl. zusammenfassend Barbara Köster, Der missverstandene Koran, Berlin 2010 (als E-Book 2012). Köster fasst hierin die höchst aufschlussreichen

und von der etablierten Wissenschaft sowie der Politik und islamischen Orthodoxie bestrittenen, doch nicht empirisch wiederlegten neueren Forschungsergebnisse der Gruppe »Inarah« (= Aufklärung) zusammen.

85 Ulrich Haarmann, Geschichte der Arabischen Welt, München 5. Auflage 2005, Kapitel V; auch http://books.google.de/books?id=GlsuLMW39nw C&pg=PA217&lpg=PA217&dq=Mamluken+halm&source=bl&ots=H72 9P3sUUv&sig=iKq4F1bBhPnpomf-4iGZN59wuvk&hl=de&sa=X&ei=8r b4U-fEGMbG0QWx04DwCA&ved=0CF4Q6AEwCA#v=onepage&q=Ma mlukenProzent20halm&f=false (Abruf 23.8.2014, 17.45 h).

86 Siehe für Berlin Wolffsohn, Weltkonflikte, S. 30, Abbildung 6 und im Netz unter »Bilder, Ausländer, Migranten, Berlin« (oder andere Städte, ggf. mit den entsprechenden fremsprachigen Suchwörtern). Für Paris siehe die Suchbegriffe »French, riots« und für London »London, ethnic groups«.

87 Vgl. http://www.nzz.ch/international/europa/halbwuechsige-jihadisten-aus-frankreichs-vorstaedten-1.18369447 (Abruf 25.8.2014, 18.10 h).

88 http://www.nzz.ch/international/von-oesterreich-in-den-heiligen-krieg-1.18369384
(Abruf 25.8.2014, 1835 h).

89 Frederik Bombosch, Berliner Zeitung 27.7.2014 (Abruf 24.8.2014, 23.15 h): http://www.berliner-zeitung.de/berlin/interview-mit-yasmis-kassar--wenn-es-im-nahen-osten-brennt--dann-brennt-es-auch--in-berlin-, 10809148,27959476.html

90 Wer will, überzeuge sich sicht- und hörbar: http://www.berliner-zeitung.de/berlin/interview-mit-yasmis-kassar--wenn-es-im-nahen-osten-brennt--dann-brennt-es-auch--in-berlin-, 10809148,27959476.html (Abruf 24.8.2014, 03.07 h).

91 Frederik Bombosch, Berliner Zeitung, 27.7.2014, ebd.

92 Babylonischer Talmud, Nesikin/Nesikin/Baba Kama. Auch im Babylonischen Talmud, Nedarim/Naschim. Selbstverständlich stammt dieses Gebot aus dem Babylonischen Talmud, nicht dem Jerusalemer. Dieser beschäftigte sich verständlicherweise – wenn überhaupt – eher selten mit dem Diasporajudentum.

Kapitel III

93 http://www.theodora.com/pipelines/world_oil_gas_and_products_pipe-lines.html
(Abruf 30.9.2014, 21.10 h).

94 http://susris.com/wp-content/uploads/2013/02/eia-5.gif
(Abruf 30.9.2014,15.15 h), zum Teil nicht aktuell, denn z. B. die Baku-

Tiflis-Ceyhan-Pipeline ist inzwischen fertiggestellt. Siehe auch Wolffsohn, Weltkonflikte, S. 46 und 47.

[95] Ebd. = http://susris.com/wp-content/uploads/2013/02/eia-5.gif; auch Wolffsohn, Weltkonflikte, S. 46 und 47. Man gebe die Suchwörter »Baku-Tblisi-Ceyhan pipeline« ein und finde gute Karten sowie Hintergrundinformationen.

[96] Man gebe die Suchwörter »Iran-Turkey pipeline« ein und finde Karten und Zusatzinformationen.

[97] http://www.todayszaman.com/news-338859-turkey-seeks-to-build-iran-pipeline-amid-uncertain-environment.html (Abruf 30.9.2014, 19.46 h).

[98] Deutschlandfunk, Forschung aktuell: http://www.deutschlandfunk.de/globale-ausbreitung-anschlaege-auf-energie-infrastrukturen.676.de.html?dram:article_id=295697 (Abruf 26.9.2014, 23.35 h).

[99] http://www.theodora.com/pipelines/russia_ukraine_belarus_baltic_republics_pipelines_map.jpg
http://en.ria.ru/images/16816/70/168167065.jpg
http://les-yeux-du-monde.fr/wp-content/uploads/2014/04/Pipelines-Eurasia.png
(Abruf 3.10.2014, 11.05 h).

[100] http://rt.com/files/business/news/russia-south-stream-launch-506/i2890c46e006a0865b663c2914fa60c2a_south_stream.jpg
http://www.invisible-dog.com/pictures/north-stream.jpg
Ein Gesamtbild der Erdgas-Pipelines Russland-Westeuropa:
https://de.wikipedia.org/wiki/Nord_Stream#mediaviewer/File:Gaspipeli
nesNachDeutschland.png
(Abruf 3.10.2014, 11.55 h).

[101] http://www.south-stream-offshore.com/project/route/
http://www.gazprom.com/press/news/2010/november/article106074/
(Abruf 3.10.2014, 11.30 h).
https://de.wikipedia.org/wiki/South_Stream#mediaviewer/File:South_
Stream_map.png
(Abruf 6.10.2014, 19.25 h).

[102] Näheres unter »south stream« sowie unter »russian gas pipeline to Europe«.

[103] Siehe unter »Tanap Pipeline«.

[104] Siehe »Tanap, map« sowie
https://en.wikipedia.org/wiki/Trans_Adriatic_Pipeline#mediaviewer/
File:Trans_Adriatic_Pipeline.png
(Abruf 6.10.2014, 21.20 h).

[105] http://eurasianhub.files.wordpress.com/2012/01/ipi-pipeline.gif
(Abruf 6.10.2014, 22.00 h).

[106] Auch hier bieten die Suchwörter Illustrationen und Informationen: http://eurasianhub.files.wordpress.com/2012/01/ipi-pipeline.gif (Abruf 6.10.2014, 22.00h).

[107] http://libyaproject.blogspot.co.uk/2012/06/chinese-energy-infrastructure-in.html; Weiteres unter den Suchbegriffen »Central Asia, China gas Pipeline«.

[108] https://deepresource.files.wordpress.com/2012/01/transportation-final.png (Abruf 6.10.2014, 22.35 h).

[109] Suche unter Kazhastan China Pipeline.

[110] Vgl. die Suchbegriffe »Eastern Siberia, Pacific Ocean Pipeline, maps«.

[111] http://les-yeux-du-monde.fr/wp-content/uploads/2014/04/Pipelines-Eurasia.png (Abruf 3.10.2014, 10.20 h).
Auch: http://www.theodora.com/pipelines/east_asia_pipelines_map.jpg (Abruf 7.10.2014, 10.46 h).
Siehe auch unter »Pipelines Eurasia, Pipelines East-Asia, maps«.

[112] http://www.google.de/imgres?imgurl=http://www.zum.de/whkmla/histatlas/seasia/shanstates.gif&imgrefurl=http://www.zum.de/whkmla/region/seasia/xshan.html&h=601&w=869&tbnid=nwyPEk_qJvl4DM:&zoom=1&tbnh=90&tbnw=130&usg=__GZgPPhzLPt5xq1CElwqxPzv3Q0I=&docid=wrFX12EVGFXtJM&client=firefox-a&sa=X&ei=0cAzVKCKH7KM7Aal9YHwCg&ved=0CDMQ9QEwBQ&dur=1928 (Abruf 7.10.2014, 12.30 h).

[113] http://eurasianhub.files.wordpress.com/2012/01/ipi-pipeline.gif (Abruf 6.10.2014, 22.00 h).

[114] http://www.theodora.com/pipelines/africa_pipelines_map.jpg

[115] Vgl. zum zwischenstaatlichen, auch algerischen Siedlungsgebiet der Berber https://de.wikipedia.org/wiki/Berber#mediaviewer/File:Distributions_of_Berber_people-map.png (Abruf 7.10.2014, 13.15 h).

[116] Vgl. die geografisch-ökonomisch weitgehende Variante http://www.manicore.com/documentation/solaire_graph9.jpg https://de.wikipedia.org/wiki/Desertec#mediaviewer/File:DESERTEC-Map_large.jpg (Abruf 7.10.2014, 13.25-45 h).

[117] hpe., FAZ, 9.10.2014.

[118] https://de.wikipedia.org/wiki/Desertec#cite_note-Konzept-2 (Abruf 7.10.2014, 13.55 h).

[119] Teile dieses Kapitels habe ich erstmals 1989 vorgetragen und 1990 veröffentlicht; wieder abgedruckt in: Wolffsohn, Über den Abgrund der Geschichte hinweg, S. 141–145.

[120] z. B. http://www.oekosystem-erde.de/html/bilder/welt-fluesse.gif (Abruf 22.8.2014, 18.15 h).

[121] Vgl. Wolffsohn, Weltkonflikte, S. 60, Abbildung 55 oder unter dem Suchwort »Nil« (z. B. Abruf 22.8.2014, 19.10 h): http://de.wikipedia.org/wiki/Nil#mediaviewer/Datei:River_Nile_map.svg http://de.wikipedia.org/wiki/Nil#mediaviewer/Datei:River_Nile_map.svg

[122] Kamel Zouhheiri: Israel et les eaux du Nil, in: Révue d'Etudes Palestiniennes 12 (1984), S. 37-50.

[123] Vgl. dazu Haaretz. 10.11.1989; David Makovsky, Jerusalem Post International, 23.12.1989; S. Zedaka, Haaretz, 7.1.1990; Radio Kairo, 9.1.1990, zitiert im Monitordienst der Deutschen Welle (Nahost), 11.1.1990.

[124] Vgl. die Abbildung in: Michael Wolffsohn und Friedrich Schreiber, Nahost, Geschichte und Struktur des Konflikts, Opladen, 4. Auflage 1996, S. 35 und http://upload.wikimedia.org/wikipedia/commons/3/31/Faisal-Weizmann_map.png (Abruf 14.9.2014, 15.00 h) und http://www.palestineremembered.com/Acre/United-Nations,-The-Palestine-Problem/M_PoP1.gif

[125] Vgl. »Jordan River System«, Bilder, zum Beispiel (Abruf 27. 8. 2014, 19.00 h) http://www.nzdl.org/gsdl/collect/ccgi/archives/HASH3a8f.dir/80858e0x.gif

[126] http://www.gtai.de/GTAI/Navigation/DE/Trade/maerkte,did=922486.html (Abruf 14.9.2014, 17.00 h).

[127] Näheres unter dem Suchbegriff »Ostanatolien-Projekt«.

[128] Zur Lage siehe unter »Haditha-Talsperre«.

[129] Siehe unter »Mosul-Talsperre«.

[130] Suchwörter »Afrika, Flüsse«.

[131] Vgl. »Niger/river/map«.

[132] Wikipedia präsentiert unter dem Stichwort »Nigeria/Völker« auch eine gute Karte.

[133] Auch hier sei unter dem Stichwort »Benue« die Wikipedia-Karte empfohlen.

[134] Vgl. »Congo/river/map«.

[135] https://en.wikipedia.org/wiki/Demographics_of_the_Democratic_Republic_of_the_Congo

[136] Näheres unter »Demokratische Republik Kongo, Karte, Sprache«; eine Karte der Ethnien bietet z.B. (Abruf 15.9.2014, 22.50 h) http://www.google.de/imgres?imgurl=http://www.artheos.org/images/4721.jpg&imgrefurl=http://www.artheos.org/cgi-bin/get.pl?c0Proze-

nt3DProzent26c1Prozent3DProzent26c2Prozent3DProzent26langProzen
t3DengProzent26pgProzent3D7Prozent26OProzent3D5316Prozent26P-
Prozent3D2030&h=635&w=750&tbnid=yUMo3xSqtKtAnM:&zoom=1
&tbnh=90&tbnw=106&usg=__zWTaLjD5OZiQXhr-YPhBsQKONbs=&d
ocid=my3l5GVy7Q_3tM&client=firefox-a&sa=X&ei=plAXVLqhJcvMygP
7m4CwBg&ved=0CCUQ9QEwAA&dur=3224
[137] Eine überzeugende Karte bietet (Abruf 15.9.2014, 23.10 h)
http://chinawaterrisk.org/wp-content/uploads/2012/02/Major-Rivers-
Sourced-in-Tibeet-1024x750.jpg

Schlusswort

[138] http://abcnews.go.com/GMA/story?id=5502860 (Abruf 7.10.2014, 23.05 h).

Register